2025년 제26회
젊은평론가상
수상작품집

2025년 제26회 젊은평론가상 수상작품집

2025년 6월 27일 초판 1쇄 인쇄
2025년 7월 4일 초판 1쇄 발행

지은이 | 백지은 김보경 박다솜 박동억 이은지 이희우 장은영 전청림 최선교 하혁진
기　획 | 한국문학평론가협회(회장 오형엽)
펴낸이 | 孫貞順
펴낸곳 | 도서출판 작가
　　　　(03756) 서울 서대문구 북아현로6길 50
　　　　전화 | 02)365-8111~2　팩스 | 02)365-8110
　　　　이메일 | cultura@cultura.co.kr
　　　　홈페이지 | www.cultura.co.kr
　　　　등록번호 | 제13-630호(2000. 2. 9.)

편집 | 손희 김치성 설재원
디자인 | 오경은 박근영
영업 | 박영민
관리 | 이용승

ISBN 979-11-94366-82-9 (03810)

잘못된 책은 구입하신 서점에서 바꾸어 드립니다.

값 17,000원

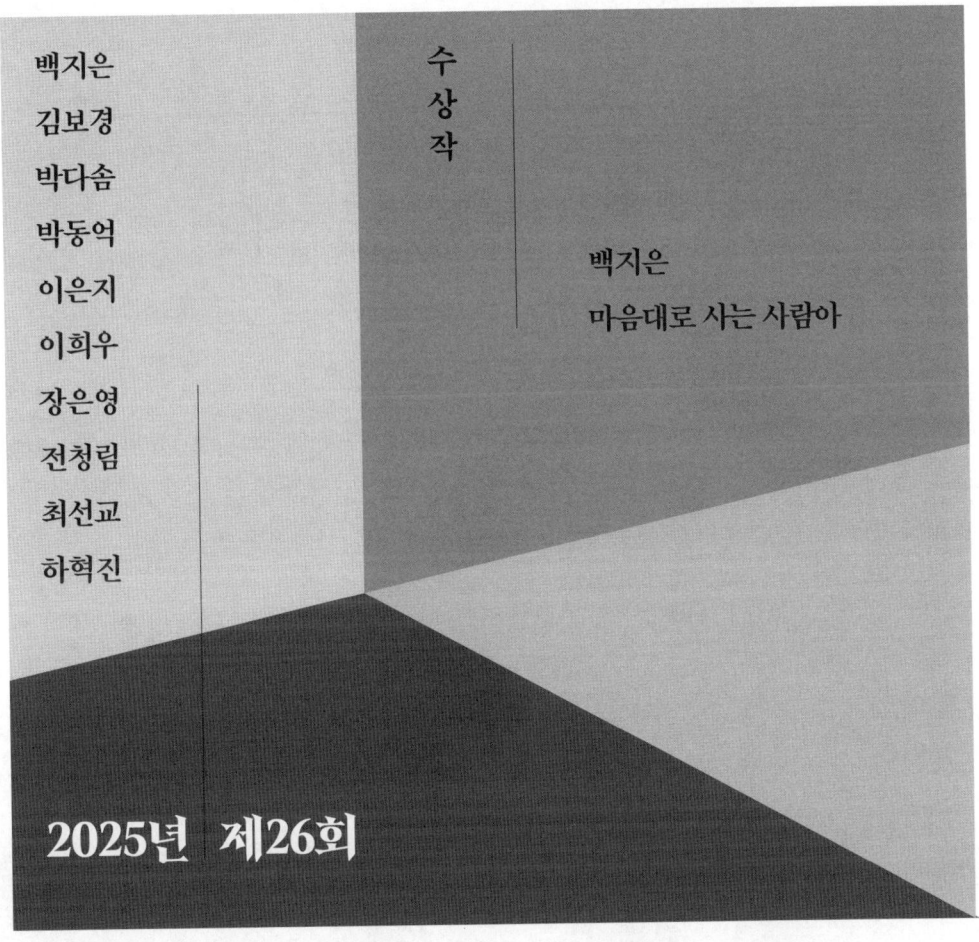

백지은
김보경
박다솜
박동억
이은지
이희우
장은영
전청림
최선교
하혁진

수상작

백지은
마음대로 사는 사람아

2025년 제26회

젊은평론가상 수상작품집

작가

2025년 제26회 젊은평론가상 취지서

　한국문학평론가협회는 2000년에 '젊은평론가상'을 제정한 이후 우리 비평의 현장성을 보여주는 동시에 개성적인 목소리를 유지하고 있는 평론들에 주목해 왔습니다. 더불어 2011년부터는 기왕에 출판된 평론집을 대상으로 선정하던 방식을 직전 년도 동안 문예지에 발표된 평론들을 선정하는 방식으로 변경하여 젊은평론가상 자체의 현장성과 동시대성을 높이고자 노력했습니다. 올해로 26회를 맞은 이 상은 그간 우리 문단의 대표적인 젊은 평론가들의 활동에 작지만 강렬한 응원을 보냄으로써 문단에 새로운 활력을 불어넣은 중요한 통로입니다.

　2024년 한 해 동안 각 문예지에 발표된 평론들 중에서 젊음의 열정과 새로운 시선으로 우리 평단에 새로운 목소리를 전하고 있는 우수한 작품들을 선정해 이렇게 『2025년 젊은평론가상 수상 작품집』을 내놓게 되었습니다. 이 책에 수록된 평론들에는 동시대 우리 문학의 다양한 모습들과, 그에 반응하면서 우리 문학을 조명해가는 평론가들의 치열한 고민과 문제의식이 뚜렷이 담겨 있습니다. 2024년도 한국문학의 새롭고 다기한 특성들을 음미해보고 역동적인 현장성을 느껴볼 수 있는 좋은 기회가 되리라고 생각합니다. 여기에 실린 평론들은 섬세한 시선과 다양한 목소리로 우리 문학이 발표되고 소통되는 현장을 점검해 보고 있기 때문입니다.

이번 작품집을 발간하는 일은 그동안 한국문학평론가협회와 손을 잡고 문예지《현대비평》을 출간해온 작가 출판사의 전폭적인 후원이 있었기에 가능했습니다. 점점 어려워지고 있는 출판 환경에도 불구하고 한국문학평론가협회와 작가 출판사는 우리 문학의 근간을 튼튼히 만들 수 있는 여러 가지 생산적인 활동을 펼쳐나가고 있습니다.

한국문학평론가협회는 1971년도에 창립된 이후 지금까지 한국문학의 현장에서 문학의 활력을 높이기 위해 노력해 왔습니다. 본 협회는 앞으로도 깊이 있고 활달한 논의를 통해 한국문학비평과 문학 전반의 생산력을 높이는 데 기여하도록 노력하겠습니다. 많은 관심과 격려를 부탁드립니다.

차례

2025년 제26회 젊은평론가상 취지서　　4

수상작

백지은　　10
마음대로 사는 사람아

후보작

김보경　　24
경이의 세계, 시라는 경이

박다솜　　54
너를 먹이는 것이 나의 존재 방식
— 돌봄의 숭고함과 모성 정체성의 결탁

박동억　　72
SF시란 무엇인가

이은지　　102
문학의 (이중의) 정치
— 문학의 민주주의에서 문학의 공화주의로

이희우　　124
매력의 두 문제
— 매력의 경제와 감성적 배움

장은영 ──────────── 156
부서진 신체들이 우리 앞에 떠오를 때
— 최세라, 김사이의 노동시에 대하여

전청림 ──────────── 186
막과 틈의 야생
— 젠더화된 채굴주의와 사물의 시간

최선교 ──────────── 218
갱신하는 말, 다시 쓰는 미래
— 세월호참사 10주년과 새로운 시적 시도들

하혁진 ──────────── 238
멸망 이후의 에피파니
— 영매가 된 주체들

제26회 '젊은평론가상' 심사경위 및 심사평　　268

작품 출전　　272

백지은

수상작

마음대로 사는 사람아

백지은

2007년 계간 《세계의 문학》 신인상을 받으며 평론 활동을 시작했다.
저서로는 『독자시점』(2013), 『건너는 걸음』(2021), 『그때 그 말들』(2022)이 있고,
공저로는 『문학은 위험하다』(2019)가 있다.

마음대로 사는 사람아

마음은 어디에 있는가

진아는 좋아했던 천희와 헤어지면서 선물로 대파가 심긴 화분을 받았다. 책상 위에 올려두고 삼일에 한번 물이나 듬뿍 주자 했는데 어느 날 들려온 파의 목소리, "귓불이나 귓바퀴를 타고 흘러들어온 느낌이 아니"라 "두개골 안쪽으로 곧장 들어오는 듯한" 소리가 "이상한 옛날 이야기 같은" 걸 들려주었다.[1] 천희는 원래 청둥오린데, 몇 년 동안이나 좋아하던 진아를 찾기 위해 사람으로 변해서 진아 앞에 나타났던 거고, 이제 오리의 수명을 거의 다했으니 죽기 위해 다시 새가 되었다는 이야기. 진아는 "처음부터 파의 말을 믿은 채로, 파의 말에 기대어 천희를 떠올"(32)리면서 그

---

1 김화진, 『나주에 대하여』, 문학동네, 2022, 30쪽. 이하 본문 인용 시 괄호 안에 쪽수만 표기.

이야기를 다 들었으면서도 파에게 묻는다. "너는 그걸 다 어떻게 알아? 너는 누구야?"(33) 파가 대답했다. "나는 천희가 남긴 마음이야. 너랑 같이 있고 싶은 마음. 사람들은 그걸 미련이라고 부르지."(33) 이 황당하고 귀여운 이야기의 전모는 김화진의 소설 「새 이야기」에서 확인할 수 있다.

이 소설의 화자인 진아가 천희에게 선물 받은 '파' – 또는 파가 전해준 '새 이야기' – 는, 그러니까 진아에게 남은 천희의 미련 아니면 떠나간 천희를 못 잊는 진아의 미련한 마음의 '객관적 상관물' 같은 것일까? 그런데 파는 처음부터 "이진아라는 사람이 하는 개인 방송을 하루 종일 듣고" 있었다고 말했으니, 파의 '새 이야기'는 당연히 진아가 만화로 구상 중인 그 '새 이야기'다. 결국 '파'는 "천희를 그리거나 천희로부터 비롯된 어떤 이야기를 그리고 싶었"(37)던 진아의 마음일 따름이다. 또한 파의 말처럼 그것은 "천희가 남긴 마음"이기도 하므로 두 사람의 마음이 얽혀, 더 정확히 말하면 진아가 천희를 상대로 만들어 낸 이런저런 '마음들'이 바로 '파'라는 말이다. 여기서 요점은, 어떤 '마음'이란 것이 누군가의 가슴속이나 머릿속에 있는 게 아니라 그의 눈앞에, 좋아한 사람이 주고 간 화분에 심긴 파 같은 것으로 그의 '바깥'에 있다는 것이다. 진아의 생각만으로 된 게 아니라 천희의 미련까지 침투한 어떤 '마음'이, 거기 '파 화분'으로 존재하면서 진아와 이야기를 주고받고 진아를 울고 웃게 한다.

'파-마음'에 주목하는 이유는, 사람의 '마음'이란 누군가의 내부에 들어찬 무형의 실체 같은 것만이 아니라고 말해보고 싶어서다. 천희가 좋았던 진아의 마음은 이렇게도 표현된다. "나는 그때, 천희가 떠나간다고 했을 때, 슬픔과 동시에 안도감을 느꼈다. 올 것이 오고 말았다는 생각. 상대방이 떠나갔으므로 이제 나 혼자서 맘껏 이 마음을 부숴보고 분류해 보고 들여다볼 수 있다는 설렘."(37) 만화를 그리는 진아가 천희를 향해 품게 된 마음은 제 속에 내장된 덩어리 같은 게 아니라 다른 무언가를 만드는 재료가 된다. 진아는 "천희에게 사랑받기를 원"하고, 동시에 그보다 더 "천희에게 느낀 내 감정을 그린 이야기가 모르는 사람들에게 사랑받기를 원"한다. 그리하여 누군가를 좋아하는 그 마음에는 진아의 "사랑받고 싶은 마음"이라는 지문이 찍히는 대신 다른 누구의 사랑과도 "이어지고 싶은 마음"이라는 형체가 입혀진다. 진아는 이 마음을 자신에게만 속한 에너지 같은 것이 아니라 남들도 알아보고 느껴볼 수 있는 무엇인 듯 바라보고 따져보고 말해본다.

"좋아하는 마음 때문에 새가 사람이 되고, 남은 미련이 파가 된다." 이런 이야기는 동화를 표방한 변신 환상물이 아닌 다음에야 사람의 '마음'을 요리조리 파헤쳐보자고 작정한 '마음 탐구'의 서사라고밖에 할 수 없을 것 같다. 탐구 결과, 최소한 다음과 같은 사실이 밝혀졌다 마음은 단지 누군가의 뇌에서 발생하는 인지 작용, 또는 외부 세계를 조작하는 뇌의 주권 행사가 아니라는 것. 최소한 두 사람의 마음이 얽힌 저 '파-마음'은, 진아의 머릿속에 있는 것이 아니라 진아의 머리가 진아의 몸과 외부 세계를 매개하는 자리에 놓여 있다는 것. 뇌와 몸과 물리적 세계의 '사이'로 떠넘겨진 마음은 어떤 사물이나 관계, 즉 '매체'로 존재하며 실제로 마음의 일을 담당한다. '파'라는 매체가 진아에게 전달된 천희의 마음 그 자체이자, 진아가 천희를 궁금해하고 그리워하는 마음의 일을 ('새 이야기'로) 대신 해주고 있듯이 말이다. 그리고 이런 매체가 있어서, 다시 말해 '파-마음' 덕분에, 진아는 제 마음을 더 효과적으로 활용할 수 있다. 천희의 문자를 받고 "누수가 된 수도관처럼 줄줄 울고 말았"(19-20)을 때조차 "격렬하고 대찬 이모티콘으로" "오케이!!"(20)하고 답장을 보내는 진아는, 울고 있지만 슬픈 것은 아니다. 진아의 마음은 눈물에 휘둘리지 않고 야무지게 사용되었다.

왜 거기에 있는가

「새 이야기」가 실려 있는 김화진의 소설집 『나주에 대하여』에는 무수한 마음들이 넘쳐난다. 원하는, 불안한, 떨리는, 궁금한, 부끄러운, 부러운, 우쭐한, 착잡한, 불쾌한, 신기한, 지치는, 아픈, 그런 마음, 마음, 마음들. 줄줄이 적다 보니, '마음 대체 뭘까' 하는 의문이 안 일어날 수가 없다. 뇌의 작용으로 친다면 생각과 감정, 하지만 아무래도 이성적 사고보다는 감성적 지각에 휘둘리는 쪽을 마음이라 부르는 듯하다. 그러면 모양도 소리도 없이 다만 뇌에서 일어나는 고요한 작용이라기보다 심박수, 체온, 안면 근육 등 신체적 지표로 엄연히 드러나고 측정되는 복합작용 같은 것일 수도 있겠다. 모든 인간에게는 공통으로 내재한 '보편 감정'이 있어 서로 다른 문화권에 속한 사람들도 표정이나 몸짓을 통해 기쁨, 슬픔, 분노, 놀람, 공포, 혐오 등의 기본 감정을 소통한다는 건 오래된 심리학적 견해로 알려져 있다. 한데, 김화진의 소설들에는 사실 저 다양한 마음들에 비하면 보편적으로 소통된다는 여섯 가지 감정 상태는 별로 많지 않다. 기본 감정을 조합하여 다시 스물 몇 개의 혼합 감정이 추출된다고도 하지만, 저 지지고 볶이는 마음들은 다양한 감정이라기보다는 차라리 다각도의 생각, 다방

면의 상념에 더 가까워 보인다.

인간의 보편 감정을 상정하는 견해가 고전적인 통념으로 여겨진 데는 최근 대중화된 뇌과학적 상식의 역할이 크다.[2] 인간의 뇌가 파충류의 뇌에서 포유류의 뇌로, 그리고 영장류의 뇌로 진화하여 오늘날 거대한 대뇌피질을 가진 '삼위일체의 뇌'에 도달했다고 하는 가설은 이제 오래된 편견으로 취급된다고 한다. 단백질 덩어리가 아니라 '복잡계 네트워크'에 가까운 뇌에는 약 860억 개의 뉴런이, 태어나서 죽을 때까지 멈추지 않는, 호흡과 같은 내인성(intrinsic) 활동을 유지하고 있다. 이 활동의 핵심 임무는 이성, 감정, 상상 등이 아니다. 생존을 위한 에너지가 언제 얼마나 필요할지 예측하여 가장 효율적으로 작동하도록 신체를 제어하는 것이 뇌의 핵심 임무다. 우리가 생각하고 느끼고 상상하며 수백 가지 경험을 만들어내는 정신적 활동은, '신체 예산'을 잘 관리하여 생존과 안녕을 최우선으로 유지하려는 뇌의 원칙으로부터 파생된 결과물이다. 인간의 사고나 행동은 외부 세계의 자극에 촉발된 반응이라기보다 사태를 예측하여 먼저 작용한 대응에 가깝다.

'예산 관리' 또는 '예측과 대응'이라고 하는 뇌의 활동은 자기의 신체 내부뿐만 아니라 외부 세계의 자원도 조절한다는 뜻이다. 우리는 혼자서 살아가는 게 아니므로 각자의 예산에 해당하는 외부 자원은 자기 외의 다른 사람들과 공유한 것일 수밖에 없다. 따라서 이를 조절하는 예측 활동이란 이미 다른 사람의 뇌-신체와 연관된 활동이다. 다시 말해 우리의 뇌는

---

[2] 이하 '구성주의 감정 이론' 및 뇌에 관한 과학적 내용은, 리사 펠드먼 배럿(Lisa Feldman Barrett)의 저서, 『이토록 뜻밖의 뇌과학(Seven and a Half Lessons Avout the Brain)』(변지영 역, 더퀘스트, 2021)과 『감정은 어떻게 만들어지는가?(How Emotions Are Made)』(최호영 역, 생각연구소, 2017)를 따랐다. 두 권의 책을 통해 얻은 지식을 '내 마음대로' 수용한 이해에 가깝다.

자기의 신체 안에서 발달했지만 주위 사람들의 신체 안에 있는 다른 뇌들과 '함께' 서로의 신체. 예산을 나눠 갖고 조절하며 직접적인 영향을 주고받는다. 물리적으로 서로의 신경계를 변화시킨다. 타인을 이해하고 공감하고 오해하고 꺼리는 등의 심리, 타인을 공격하고 위로하고 무시하는 등의 행위, 이런 인간 활동은 자기의 신체를 운영하는 예산은 물론 상대방의 신체 예산과 움직임을 예측함으로써 산출된다. 인간의 신경계가 '서로' 의존하며 사회적으로 연결되어 있다는 사실은 인간 생존의 조건이다.

김화진 소설의 마음들은 이러한 연결 작용 및 상호 조절의 무수한 경우의 수로 된 결과물 같다. 「꿈과 요리」의 수언과 솔지, "서로가 어울릴 만한 모습이나 합이 잘 맞는 성격은 아니라고 뿌리깊게 생각"(89)해 왔던 둘이 왜 "오 년 동안이나 친구일까? 생각해보면"(83) 오 년 전, 어느 저녁 카페가 문을 닫기 직전까지 이야기를 나눴던 그날이 떠오른다. "솔지는 수언에게 아, 하고 잊을 뻔했다는 듯 물었다. 너 글 계속 쓰니? 수언은 삼 초 정도 눈만 깜빡였다. 어, 계속 써. 그러자 솔지의 표정이 알 듯 모를 듯 변했다. 그렇구나. 솔지가 짓지 않을 법한 어색한 표정이었다. 그러나 그 표정은 느리게 눈을 한번 깜빡이는 사이에 사라졌다. 곧 수언이 아는 표정으로 돌아와 있었다. 다음에는 우리 집에서 보자, 하고 따뜻하게 웃었다. 다음에 수언은 정말로 솔지네 집에 갔다."(90) 이야기를 나누고, 눈을 깜빡이고, 표정을 짓고 읽고 지우면서, 두 친구는 끊임없이 상대방을 짐작하고 헤아리는 가운데 이런 마음이 되었다 저런 마음이 되었다 하며 오 년을 촘촘히 흘려보냈던 것이다.

"수언은 솔지가 항상 더 나아지리라고 기대하는 게 불쾌"(98)했는데,

그건 자기 자신을 너무 중요한 사람으로 여기는 솔지가 "나랑 어울릴 리 없다고, 괜한 심술을 섞어"(116) 생각했기 때문이다. 솔지는 언제나 "가만하고 고요하게"(87) 보이는 수언이 멋져 보였는데, 그건 "쟤 부럽다, 쟤는 좀 신기하다 같은 생각"(88)과 동시에 "자신이 언제나 수언에게 파악당할까봐 노심초사했"(113)기 때문이다. 둘의 마음은 '예측기계'인 뇌가 반복하는 시뮬레이션의 결과값에 따라 기뻤다 슬펐다 미웠다 화났다 하는 감정 상태를 겪기도 한다. 수언의 마음은 솔지의 뇌-신체의 영향을 직접 받은 것이다. 솔지의 감정은 수언의 마음에 대한 솔지의 마음이 빚어낸 결과값이다. 우리는 어떤 마음을 짓기 위해 다른 마음들을 알(아야 하고 알)려고 한다. 타인의 성격이나 기질, 기분이나 상태에까지 관심을 기울이게도 된다. 그렇게 지어진 마음들은 당사자(?)에게만 귀속된 것이 아니어서, 「새 이야기」의 '파-마음'이나 「꿈과 요리」의 '음식-마음'(솔지가 요리해서 수언과 함께 먹는)처럼도 존재한다. '말하는 파' 같은 환상이든, '오 년 우정' 같은 현실이든, 어떤 경험이란, 연결된 뇌(들)의 상호작용으로 생산된 것이다.

'내 마음'은 물론 '나'라는 한 사람의 성격과 '내'가 처한 상황과 '나 스스로' 내린 결정으로 생겨난 사적인 것이다. 동시에 그것이 생겨나기까지 벌어진 일들은 개인에 귀속되지 않는 집단의 또는 공동의 조건 안에서 복잡하게 출몰하는 다른 요소들과 함께 움직인 결과이므로 또한 '사회적'인 산물이 아닐 수 없다. 다시 말해 마음의 생성에는 집단의 또는 공동의 조건이 반드시 관여한다. 아니, 집단의 또는 공동의 조건이 마음이라는 것을 생성시킨다. 인간의 삶이 물리적 세계에의 대응 및 사회적 세계를 구축하는 타인들 - 혹은 타인들로 구축된 사회적 세계 - 에의 대응으로 지속되는 생존이라면, 살아있는 인간들이 상호 대응하는 어떤 지평이야말로 인간의 마음을 구성하는 근본 조건이다. 더 쉽게 말하자면, 수언과 솔지에게 저런 마음들이 생겨난 데는, 그들이 이 시대 한국에서 같은 한국말을 쓰며 같은 학교에 다녔다는 사실보다 더 근원적인 이유가 없다는 얘기다.

요컨대 마음은 사회적 구성물이다. 마음의 이모저모에 대해 보편적인 정의를 내리기는 어렵다. 앞에서 언급한 뇌과학적 설명대로, 서로의 신체예산을 조절하고 나눠 쓰는 사회적 동물에게 그 집단의 언어, 법률, 상식, 상징 등의 문화적 구성물은 서로의 뇌 활동에 직접 영향을 주는 중요한 장치들이다. 우리가 몸짓이나 표정으로 타인의 마음을 읽는 것은 마음에 보편성이 있어서가 아니라 마음을 표현하고 해석하는 주요 코드를 우리가 공유하기 때문이다. 감정도 마찬가지다. 지역, 인종, 종교, 역사, 문화 등의 차이와 무관하게 모든 인간에게 내장된 보편 감정 몇 가지가 있어 외부의 특정 자극에 그중 하나가 촉발되거나 동시에 여러 개가 혼합되어 실체화된다고 보기는 아무래도 무리가 있어 보인다. 예측하고 준비하는 뇌의 또 다른 활동이, 학습된 개념이나 경험한 이치들로 형성된 코드를 활용하여 자기 몸을 깨닫고 타인의 말을 읽으며 이런저런 해석을 내놓는다. 감정을 산출한다.

그래도 '내' 마음인가

마음이 사회적 구성물이라고 해서 내 마음이 나를 표현하는 게 아니라 내가 속한 사회의 뜻대로 만들어진다는 뜻은 아니다. 마음도 감정도 보편적으로 규정되거나 자연적으로 설정된 실체가 아니라는 범상한 얘기일 수도 있다. 인간의 마음에 관한 보편적인 특징으로 말해볼 수 있는 것 중 하나는, '기분'이라고 불리는 몸의 상태, 즉 "몸에서 일어나는 일반적인 느낌"이다.[3] 뇌가 매순간 신체 예산 조절에 쓰는 데이터, 즉 신체에서 일어나는 모든 일 – 장기, 호르몬, 면역계 등에서 생겨나는 심장박동, 호흡, 체온, 신진대사적 욕구 등 – 을 요약한 정보 같은 것이다. 이것을 (신경)과학자들은 '정동affect'이라고 부른다. 대개 유쾌하거나 불쾌한 것으로 구분되고 얼마나 활성화되었느냐에 따라 다르게 측정됨으로써 우리가 지금 어떤 상태인지 알려주는 지표다. 쉽게 이해하자면, 당이 올라가면 기분이 좋아지고 잠이 부족하면 기분이 가라앉는 식의 변형을 통한 지표이므로, 엄밀하지 않다. 또한 전적으로 지각하는 사람에게만 속한 것이므로, 객관적이지 않다. 그리고 신체 신호가 정신적 느낌으로 전환되는 데 대한 과학적 해명은 여전히 미스터리다.

인간의 정동이 보편적이라 하더라도 무엇이 어떤 정동을 만들어내는지는 개체마다 다르다. 어떤 이는 부드럽게 쓰다듬는 것을 싫어하고, 흥겨운 음악에 평온함을 느끼는 사람도 있다. 웃는 얼굴이 불쾌할 때도 있고, 어떤 때는 세게 맞는 게 시원하다. 여기에 표준이나 기준은 없다. 얼마든지 달라진다는 게 오히려 표준이겠으나, 시시각각 변하는 그것은 이렇게 저렇게 고정되곤 한다. 기분이 좋다고 꼭 행복한 건 아니다. 놀람의 연속으로 엄청난 쾌감을 느낄 수도 있다. 고조된 기분은 화를 내게 만들기도 하고 기쁨을 발산하게 만들기도 한다. 동일 문화권에 속하지 않은 사람들

---

[3] 이 글에서 기분과 정동에 대한 논의와 사례는 『이토록 뜻밖의 뇌과학』 6장 '인간의 뇌는 다양한 종류의 마음을 만든다'를 따랐다.

사이에서는 이 차이의 정도가 더 커진다. 다시 말해 정동은 기쁨, 분노, 놀람 등의 감정으로 해석되어 이해되고 경험된다. 정동은 누구에게나 일어나지만 그것을 어떻게 해석하는가는 모두에게 다른 식, 다른 결과다. 문화 차이나 주변 환경, 주위 사람이나 기존 경험치 등에 따라 다르게 구성된다.

이렇게 다양하게 '산출'될 수 있는 것이 감정이다. 또한번 「새 이야기」의 진아처럼, "해맑은 얼굴로 이상한 말을 하는 파"를 보며 아무 의미 없는 말에도 "여지없이 웃음"이 났다가 "재밌다고 한 말에 눈물이 터져" "누수처럼 우는 일"(25)에는, 어떤 감정도 미리 설정되어 있지 않다. 자기가 그린 만화가 재미없다는 자격지심으로 슬럼프에 빠진 진아는 '파-마음' 앞에서 웃다가 울다가 사소한 다짐도 한다. 이는 자기 마음을 들여다보며 감정을 구성하고 경험을 설계하는 일이다. 감정은 대개 불확실하고, 그것을 경험하는 입장이나 노력에 따라 다르게 생성되고 다른 방식으로 관철된다. 우리의 마음이 사회적 구성물이라 해도, 어떤 공동의 지평에서 바로 그러한 마음이 '내'게 지어져서 바로 이러한 방식으로 '내'가 느끼(지 못하)고 경험(하지 못)한다는 것은 무엇보다도 '나'에게 고유한, 중대한 사실이다. '나'를 규정하는 것은 '내 마음'이고, '내 마음'으로 인해 '나'는 만들어진다.

여러 가지 마음들로 우글대는 김화진 소설의 인물들은, 자기 자신을 이렇게도 만들어보고 저렇게도 만들어보는 실험에 적극적이다. 「근육의 모양」도 그런 실험을 보여주는 이야기다. 그들은 "어느 순간마다 자신의 마음을 들여다보는 일"(128)에 열중하여 "생의 목록"(138)을 만들고, "우연히 만나게 된 사람들의 얼굴에 깃든 표정을 살펴보"(125)기 좋아하여 "미묘한 표정에 이름을 붙이"(126)기를 즐기거나, 주변 사람들의 마음을 도대체 "무시할 수가 없어"(132) 고통스러워한다. 이런 실험들로 그들은 "열심히 들여다본 내 마음"을 붙잡아 자기를 지키기도 하고, 타인의 마음이 "모양을 바꿀 때마다 내 마음의 모양도 바뀌"(132)는 것을 느끼며 더 '나'다워지기도 한다. "해석하고 확신하는 건 언제나 민망했지만"(126), 혼란하고 불확실한 것에 대해 생각하고 또 생각하며 마음의 근육을 키우는 그들의 '생각 운동'은, 생존 본능 같기도 하고 운동 중독 같기도 하다. 요컨대 그들은 '마음대로' 산다.

그런데 이 '마음대로' 사는 것이야말로 좀 보편적인 일인 것 같다. 누구나 마음대로 살 수 있다. 인생이 내 마음대로 흘러간다는 뜻이 아니라 내가 스스로 내 마음을 움직이고 지키고 달래고 키우면서 내 인생으로 끌고 간다는 뜻이다. 인간을 능가하는 어떤 생물에도 기계에도 시스템에도 이 마음만큼은 깃들 수 없음을 근거로 여전히 인간 종의 자부심을 느끼고 싶다면 우리는 다만 '마음대로' 살아야만 하는지도 모른다. 마음이 인간이라는 종의 진화를 위해 특별히 창조주가 내려주신 은총이라서가 아니다. 제 마음대로 자기 경험을 설계해 온 인간은 마음을 제 속에 가둔 게 아니라 제 바깥의 개체, 환경, 사물 등에 의탁하고 확장하여 더 멀리, 더 복잡하게 연결되어 왔기 때문이다. 그리고 앞으로는 인간의 머리가 할 수 있는 모든 일을 또 다른 지능과 함께 처리하며 살아 보려는 쪽으로 진화의 방향이 잡힌 듯도 하다. 다만 아직 그 지능에는, 피가 돌고 숨이 차는 몸을 먼저 계산하는 생존 본능이 없으니, 오늘도 우리는 마음대로 살면 될 일이다.

김보경

후보작

경이의 세계, 시라는 경이

김보경

서울대학교 국문과 박사 수료. 문학과사회 신인문학상을 통해 평론 활동을 시작했다.
공저로 『한국에서 박사하기』, 역서로는 『에코페미니즘』 등이 있다.

경이의 세계, 시라는 경이

> 나는 열심히 딸기를 보았다.
> 그 숭숭이 얽은 구멍이 구멍마다 숨을 쉬고 있는 듯
> 쟁반 위의 딸기는 생동하고 있었을 뿐 아니라,
> 그 근처를 완전히 제압하고 있었다.
> 온 방안의 공기가 유리 안의 한 개 쟁반 위에 모조리 흡수되었다.
>
> 딸기는 그날 누구보다도 비장하였다.
> ─ 김춘수, 「딸기」

반인간중심주의라는 딜레마

버섯에 관한 다종(多種)적 얽힘의 역사를 펼쳐놓는 문화인류학적·생태학적 저술인 애나 칭의 『세계 끝의 버섯』을 읽다보면 의외의 '시적'인 면을 발견하게 된다. 저자가 시나 소설 일부를 종종 인용한다는 것, 혹은 그가 언급하고 있는바[1] 이 저술이 행하고 있는 모종의 경계 넘기, 즉 특정 학문 분과의 표준적인 연구 형식을 따르지 않는다는 것과 같은 글쓰기 스

---

[1] "대부분의 학술서와 달리, 이 책에는 짧지만 다채로운 장들이 펼쳐질 것이다. 나는 그 장들이 비 온 뒤 쑥쑥 올라오는 버섯과 같았으면 했다. 다시 말해서 넘쳐날 만큼 풍부한 것, 탐험을 부르는 것, 언제나 너무 많은 것이 되기를 바랐다. 각 장의 이야기가 모여 만드는 것은 논리적인 기계가 아니라 열린 배치(open-ended assemblages)다."(애나 로웬하웁트 칭, 『세계 끝의 버섯―자본주의의 폐허에서 삶의 가능성에 대하여』, 노고운 옮김, 현실문화연구, 2023, 8쪽)

타일 때문만은 아니다. 보다 근본적으로는 연구 대상인 버섯에 대해 저자가 취하는 특유의 태도 때문이다. 폐허가 된 오리건주의 숲에서 우연히 만난 버섯과의 강렬한 마주침에서 시작된 그의 저술 곳곳에는 지극히 개인적인 수준에서 경험한 버섯에 대한 매혹과 이끌림이 드러나 있다. 언뜻 보기에 이러한 특징은 연구 대상과의 거리 두기에 실패한 비과학적인 태도라는 인상을 주기도 한다. 하지만 과학적 연구 방법의 기본적인 요건으로 여겨져온 '거리 두기'가 실제로 이루어지는 경험을 잘 반영하고 있는지, 혹은 연구 대상에 대한 적절한 태도로 여겨질 수 있는지 비판이 되어왔다는 점을 떠올려보면, 이러한 인상이 성급한 것일 수 있다는 생각에 이른다. 초연하고 추상적인 권위자로서의 주체가 연구 대상을 주체의 목소리를 투사하는 거울이자 수동적인 대상으로 전락시키는 과정을 통해 이루어진 근대적 과학 지식 생산 방법론과 달리 연구 대상—특히 비인간 동물—과의 대화적 관계는 연구 대상을 타자화하지 않는 윤리적 접근법으로서 강조되고 있다.[2] 지식 생산뿐만 아니라 법적 판단과 추론, 나아가 행동과 실천에 있어서 동물의 삶에 대한 경이와 같은 감정의 역할을 강조하는 누스바움의 근래 주장[3] 역시 연구 대상과의 감정적·신체적 연루가 지식의 원천이자 행위의 동기로 작용함을 보여준다.

    이러한 태도가 '시적'이라 느껴지는 것은 왜일까? 시의 오래된 꿈 하나

---

[2] 샌드라 하딩, 『페미니즘과 과학』, 이재경·박혜경 옮김, 이화여자대학교출판부, 2002, 161쪽; Josephine Donovan, "Caring to Dialogue: Feminism and the Treatment of Animals", *Ecofeminism: Feminist Intersections with Other Animals and the Earth*, ed. Carol J. Adams, Lori Gruen, Bloomsbury, 2022.

[3] 마사 너스바움, 『동물을 위한 정의—번영하는 동물의 삶을 위한 우리 공동의 책임』, 이영래 옮김, 알레, 2023, 46–58쪽.

를 떠올려본다. '나'가 아닌 타자의 목소리로 말하기, 인간이 부여한 의미로부터 세계의 사물들을 해방시키기, 세계를 상징적으로 살해하는 표상적 언어를 거부하는 글쓰기…… 맥락에 따라 그 구체적인 의미나 용법은 조금씩 다르지만, 이러한 시의 꿈은 여러 시대와 지역에 걸쳐 이어져왔다. 시인들은 인간이 덧씌운 의미에서 벗어나 타자의 타자성, 사물의 사물성, 실재가 드러나고 그와 직면하게 될 때의 경이를 기록해왔다. 가령 애나 칭의 책에는 17세기 일본 시인 마쓰오 바쇼의 하이쿠를 존 케이지가 어떻게 '버섯과의 마주침'의 순간을 강조하는 방식으로 번역했는지 서술되어 있다.[4] 존 케이지가 번역한 문장은 다음과 같다. "무슨 잎인가? 무슨 버섯인가?" 이 시처럼 경이의 순간은 대체로 우리가 사용해온 기존 언어의 한계에 봉착하게 만드는 질문의 형태로 찾아온다. 내가 마주한 바로 저 잎, 저 버섯은 대체 무엇인가? 잎과 버섯과 마주친다는 것은 이들을 해독해야 할 기호로서 마주하게 된다는 의미다. 제사로 인용한 김춘수 시의 표현을 빌리자면 이는 사물의 "생동"하는 힘에 시적 주체를 포함한 주위의 존재들이 "제압"당하는 순간, 사물이 그 "누구보다도 비장"해지는 순간이다.

근래 인문사회과학에서 근대적 인간중심주의에 대한 비판적 사유로 부상한 포스트휴머니즘이 시와 접점을 갖는 주된 이유 중 하나가 위와 같은 시의 꿈, 즉 반(反)·비(非)인간중심주의를 지향하는 시가 지닌 특징 때문일 것이다. 그런데 이같이 사회과학의 영역이 문학적 감수성을 요청하며 둘 사이의 매개 가능성이 활성화되고 있는 상황에서, 이에 대한 회의적 견해와 우려의 목소리 역시 그에 못지않게 크다. 포스트휴머니즘 이론의

---

4   애나 로웬하웁트 칭, 같은 책, 93-96쪽.

효용 자체에 대한 우려는 차치하더라도,[5] 문학에서 비인간 타자(동물이나 식물, 사물 등)의 재현이나 그를 다루는 비평에 대한 비판들[6]은 다음과 같은 주장으로 정리해볼 수 있다. 동시대 문학에서 나타나는 비인간 타자의 재현이나 독법이 과연 인간중심주의를 벗어난다고 볼 수 있는가. 탈인간중심주의적 재현이나 독법이라는 것이 기실 인간과 비인간의 이분법을 재생산하고 그럼으로써 인간중심주의를 강화하는 것은 아닌가.[7] 사실 이러한 비판은 비단 문학과 비평만을 향한다고 보이지 않으며, 인간중심주의에 대한 비판을 요체로 하는 최근의 이론과 담론들에 흔히 던져지는 것이기도 하다. 흔한 비판이라고 해서 그 정당성이 결여되는 것은 아니겠지만 (오히려 정반대라고 말해야 할지 모르겠다), 개인적으로는 인간중심주의에 대

---

[5] 포스트휴머니즘 이론의 수용 맥락과 의의, 그 한계에 대해 검토하는 글로 황정아, 「이토록 문제적인 '인간'」, 《창작과비평》 2024년 봄호; 이광호, 「비평의 시대착오」, 《문학과사회》 2022년 가을호 참조.

[6] 송현지, 「어느 순례자로부터 온 편지―안태운론」, 문화일보 2023년 신춘문예 당선작; 박민아, 「미래는 죽은 사물의 시간―안태운·황유원의 시」, 서울신문 2024년 신춘문예 당선작; 이희우, 「기울어진 시, 찢어진 세계―21세기 생태시 비평을 위한 제안」, 《현대시》 2023년 7월호. 한편 이희우는 같은 글에서 이러한 비판을 반복하면서도 그 비판 자체에 내재한 이분법('인간의 편'이거나 '사물의 편'이라는 이분법)을 지양하는 방법론을 제안한다는 점에서 이 글과 문제의식을 공유하는 면이 있다.

[7] 이러한 비판들은 2010년대 중후반 페미니즘 리부트를 통과하며 활성화되었던 소수자 재현의 정치에 대한 비판과도 맥을 같이한다. 페미니즘 리부트 초기에는 페미니즘 퀴어 문학/비평을 평가절하하는 주된 논리로 문학성의 결여가 지적되었다면, 점차 그 비판은 재현을 통한 소수자의 주체화 내지는 가시화가 사회체제(a) 혹은 제도로서의 문학(b)에 안착하며 그 급진성이 약화된다는 비판으로 구체화되는 양상을 보인다. 이에 대한 a의 예시로 오혜진은 흔히 '여성 서사'로 불리는 소설에서 여성을 주체로 가시화하는 재현의 문법이 중산층의 평균적 삶/시민성에 안착하려는 열망으로 축소되는 것이 아닌지 물은 바 있다(오혜진, 「'주체'와 불화하는 글쓰기―최근 한국 퀴어/페미니즘 문학의 에토스에 대한 메모」, 웹진 《SEMINAR》 9호, 2021). 오혜진이 비교적 사회학적 접근을 하고 있는 데 비해 b의 예시로 강보원은 한국문학에서 여성이나 퀴어의 가시화가 결국 문학의 영토 확장에 기여하는 데 그친다며 다른 각도에서 그 한계를 주장한다(강보원, 「아주 조금 있는 문학」, 웹진 《크리틱-칼》, 2020. 7. 6). 이러한 글들은 문제삼고 있는 재현 대상의 범주가 여성 및 퀴어라는 점이 다를 뿐, 인간중심주의를 비판하는 주장과 유사한 논의의 틀(요컨대 대상의 가시화라는 재현 전략이 재현-대표 체제에 종속될 수밖에 없다는 점에서 한계를 가진다는 메타적 비판)을 공유하고 있다. 덧붙이자면 비인간 동물의 경우는 당사자성의 확보가 상대적으로 어렵기 때문에 동물의 재현-대표가 인간 중심적 재현 체제에서 벗어나기 어렵다는 비판이 좀더 쉽게 이루어지게 된다는 점도 짚고 싶다.

한 비판이 인간 중심적일 수밖에 없다는 비판은 발화자(인간)의 정체성을 비판의 근거로 삼는 손쉬운 비판의 사례가 되기 쉬우며, 생산적인 논의를 원천적으로 차단하는 논법이 될 수 있다는 점도 유념해야 한다고 생각한다.

이런 상황에서 나는 담론적 평가에 앞서서 우선 '시'의 자리로, 정확히는 시를 읽는 경험적 차원으로 돌아와보려 한다(굳이 부연하자면 이는 담론적 평가의 무효함을 주장하는 것이 아니다. 문학비평에서 담론적 평가는 언제나 작품에 사후적으로 작동하는 것이지 선험적 원리가 아니라는 평범한 사실을 재확인하는 것이다). 시가 되는 순간들은 무엇이며, 우리는 시를 읽고 무엇을 느끼며 시로부터 무엇을 배우는가? 나는 이 질문에 대한 하나의 대답으로서 '시적 경이'라는 개념을 제안해본다. 시적 경이는 아메드가 제시한 '경이'라는 개념에서 착안한 것으로, 그에 따르면 '경이'란 주체가 어떤 대상을 마치 처음 조우하는 것과 같은 감정을 의미한다.[8] 나는 '경이'가 시를 통한 미적 체험을 설명해줄 수 있는 개념이자 인식론적, 윤리적, 미적 차원에 두루 걸친 의미와 역량을 지닌 감정이라고 본다. 구체적으로 이하에서 실펴볼 신이인, 힌언희, 입유영이 시는 그러한 체험적 역량을 발휘할뿐더러 경이라는 개념을 정교화하는 데 도움을 준다. 시적 경이는 인간중심주의에 대한 공회전하는 논의를 새로운 방향으로 틀 가능성을 보여주는 개념이자, 지구상의 거주 가능성이 위협당하는 동시대 현실에서 세계와 세계 내 인간·비인간 타자들과의 관계를 재건하는 데 필요한 감정적 자원이 될 수 있을 것이다.

---

8 나는 과거에 성다영의 시집 『스킨스카이』(봄날의책, 2022)의 해설에서 이러한 '경이'의 감정을 페미니스트의 인식론적 자원으로 설명한 사라 아메드의 논의(Sara Ahmed, *The Cultural Politics of Emotion*, Routledge, 2014)를 참조한 바 있다. 본 글은 이 개념을 확장하고 전면화하는 시도가 될 것이다.

수치라는 경이─신이인, 『검은 머리 짐승 사전』

신이인의 시는 '나'에 대한 시다. 시인은 자기 자신을 삼갈 줄 모르며, '나'에 관해 이야기하기를 멈추지 않는다. 『검은 머리 짐승 사전』(민음사, 2023)의 표제시 「검은 머리 짐승 사전」은 시집 전체가 "검은 머리 짐승"으로 명명되는 자기 자신에 대해 질문하고 답하는 과정이라는 점을 암시한다(이때 '사전'은 특정한 대상의 정의를 담은 책이라는 점에서 '나는 무엇인가'를 질문하는 자기 탐구에 어울리는 형식이겠다). 또한 시집의 첫 시 「머리말」에는 "여기에는 입에 담을 수 없는 욕과 나에 대한 거짓말 그리고 유려하게 쓰인 아름다운 이야기가 있다. (……)/오늘 난 소중히 끌어안고 있던 상자를 열어 안에 든 것을 아무 데나 막 뿌린다. 설탕인지 소금인지 아편인지 청산가리인지 누구 뼛가루였는지 이젠 의미가 없다"와 같이 시인이 온갖 욕과 거짓말과 죽음과 아름다운 이야기 들을 함부로 늘어놓으며 '나'를 탕진하듯 시를 쓴다는 사실이 출사표처럼 적혀 있다.

신이인 시에 나타난 '나'의 자기 탐구와 몰입은 세상으로부터 자기에게 어울리는 적절한 이름을 부여받지 못한 자의 행위라는 점이 특징적이다. 화자는 자신의 이름을 스스로 부르고자 하는데, 이는 '나'를 오롯이 정립하는 것이 아니라 오히려 '나'를 허물고 헤집는 것으로 묘사된다. "고아에게 아무렇게나 이름을 짓듯/강의 동쪽을 강동이라 부르고 누에 치던 방을 잠실이라 부르는 것처럼//나를 위하여 내가 하는 일은/밖과 안을 기우는 것, 몸을 실낱으로 풀어, 헤어지려는 세계를 엮어,/붙들고 있는 것"(「작명소가 없는 마을의 밤에」)이라는 구절에서 암시되듯 이 세계는 "오리"와 "너구리", "여자"와 "남자", "안"과 "밖" 같은 이분법적 구분이 작동하는 세계로, 화자는 그러한 이분법적 개념에서 자신의 이름을 찾기보다는 이를 거부하며 자신을 "요괴"와 같은 존재로 인식한다. 이어 아래의 시를 보자.

>헌 옷 수거함에서 건져 올린 나
>옷걸이 구멍에 목을 집어넣을까 말까 고민하고 있다네
>하지만 나는 새 옷이라네
>누구도 한 번을 안 입어 주고 수거함에 처박았을 뿐
>믿어 주게 나는 새 옷이라네
>나는 여기에 있으면 안 되었다네
>주름을 다려서 펼쳐 보면 알게 될 걸세
>이 원단은 미래에서 왔다는 것을
>
>―「올드 앤드 뉴 트라우마」 중에서

>첫 허물을 벗어놓고 새끼 뱀은 도망친다
>깊은 안으로, 다음으로, 또 다음으로
>
>
>나는 나에게서 빠져나오려고 평생 공들여 지냈다
>여기는
>내가 도달할 수 있는 최선의 안쪽이다
>
>―「의류 수거함」 중에서

우선 「올드 앤드 뉴 트라우마」에서는 젊은 여성으로서 느끼는 '모멸감'이 중심 화제로 제시된다. "27세 여성. 165센티미터에 46킬로그램"에 "흰

유니폼"을 입고 "언제나 웃는 사람"이어야 했던 '나'의 모습에는 서비스직에 종사하는 여성들에게 요구되는 외적 규범이 투영되어 있으며, "나를 기분 좋게 해 주면 돈을 주지"라며 접근하는 할아버지의 성추행 장면, 외모에 대한 다른 사람들의 시선과 평가를 끊임없이 의식하며 자신이 내버렸던 "발목까지 덮는 옷"을 다시 돌려달라고 말하는 대목 등은 그 모멸감이 사회적 규범에서 기인한 것임을 보여준다. 특히 옷은 성별, 나이 등의 사회적 정체성을 표시하는 것으로서 그 정체성에 요구되는 규범이 부착되어 있으며, 이 규범에 순응하지 못하는 자에게는 종종 모멸감이나 수치심, 사회적 폭력을 불러일으키는 요인이 되기도 한다. 신이인의 시에서 옷은 단지 '나'를 이루는 한 요소에 불과한 것이 아니라 '나' 자신에 대한 환유로 제시된다. 위 두 시에서 공통적으로 등장하는, 의류 수거함에서 옷을 건져올리는 행위는 무수한 더미 속에서 '나'를 건져올리는 일로 그려진다. 옷이 정체성이자 사회적 규범에 대한 환유라면, 나 자신 혹은 남들이 입고 내다버린 헌옷이 가득한 의류 수거함 속을 뒤지는 일은 '나'를 찾는 일을 뜻한다고 볼 수 있다. 「의류 수거함」에서 화자가 허물을 벗어던지고 모멸과 수치의 대상인 '나'에게서 빠져나가기 위해 도망치는 행위가 '밖'이 아니라 오히려 '안'으로 향하게 되는 모순적인 장면은 이러한 자기 탐구의 속성을 잘 보여준다. 화자는 과거의 헌옷이나 허물로 빗대어진, 벗어나고 싶지만 '나'를 만들어낸 기원으로서의 모멸과 수치, 폭력의 기억에서 완전히 벗어나는 것은 불가능하다는 것을 안다.

    자기모멸과 수치심은 '짐승'이나 곤충, 벌레들이 등장하는 시편에서 좀더 강렬하게 드러난다. 이러한 시에서 인간인 화자는 동물과 조우하거나 동물과의 유사성을 발견하거나 동물이 된다(「배교자의 시」「왓츠인마이백」「악취미」「검은 머리 짐승」 등).⁹ 이들 시에서 공통적으로 동물과의 유사성은 미움과 경멸과 혐오의 대상이 되는 경험에서 발견된다. 화자가 "화장실 타일마다 기분 나쁘게 끼어서/빡빡 닦아도 안 닦이는 애들" 앞에서 "팬티를 내"리는 사람으로 등장하는 시 「검은 머리 짐승」에서 화자는 수치심 때문에 "머리끝부터 발끝까지 가려야 했"지만, 그가 '짐승'이라는 사실이 잘 숨겨지는 것 같지는 않다. 이 시를 비롯한 신이인의 시에서 동물 되기가 유발하는 수치심은 더럽고 오염된 것에 대한 거부감으로서 작동하는 혐오의 기제와 연관된다. 누스바움이 지적한바 이러한 혐오는 '인간다움'을 파괴하는 감정으로, 인간의 동물성과 유한성을 상기시키는 대상들을 향한다.¹⁰ 우리는 신이인의 시에서 가장 비천해지고 수치스러워지는 순간에 동물의 얼굴을 하게 되는 인간을 본다. 이 수치심은 이중적이다. 인간 사회의 규범과 정상성의 기준에서 벗어났다고 생각될 때 드는 감정이라는 점에서 인간적이며, 인간과 비인간의 경계가 무너질 때 드는 감정이라는 점에서 동물적이기 때문이다. 신이인의 시에서 화자의 내면에는 자기조차 받아들이기 어려운 징그러운 마음이 한편에 있어 "배를 갈라 죽이고 싶"(「펄쩍펄쩍」)은 개구리로 등장하거나 증식하는 "알"(「스톡홀름 증후군」)로 등장하기도 한다. 또한 자신이 누군가에게 건네는 사랑은 "바퀴벌레 알 무더기를 떠맡을 가능성을 내포"(「왓츠인마이백」)하는 것이어서 상대는 도망쳐버리고 만다. 이처럼 자기 안의 '짐승'과 벌레들은 자신이 부

---

9 전승민은 시집의 해설 「캠핑하는 동물들」에서 동물 이미지에 주목해 신이인의 시에서 나타나는 '인간의 동물화'가 인간과 동물의 동등성을 보여주며 타자성에 대한 사랑을 수행한다고 보는데(223쪽, 244쪽), 나는 신이인의 시에서 이러한 동물화가 주로 모멸, 모욕, 수치의 경험을 동반하는 것으로 나타난다는 점에 주목하며 해석을 달리한다.
10 마사 너스바움, 『혐오와 수치심—인간다움을 파괴하는 감정들』, 조계원 옮김, 민음사, 2015, 186쪽.

정하고자 하는 타자성이 외화된 이미지이자 자기모멸과 수치의 원천이라 할 수 있다.

신이인의 시들은 바퀴벌레와 마주하며 이로부터 자신의 동물성을 충격적으로 경험하는 클라리시 리스펙토르의 소설 속 주인공 G.H.를 떠올리게 만든다. G.H.는 부유하고 독립적으로 생활하는 여성 예술가로, 끔찍하고 혐오스러운 바퀴벌레를 마주하며 "내 가장 은밀한 삶과의 일치점을 발견했다"고 느끼는 동시에 이를 "붕괴"이자 굴욕적인 "추락"으로 경험한다.[11] 그에게 바퀴벌레와의 조우는 '나' 자신의 붕괴이자 인간의 위치로부터의 추락을 의미한다. 자신이 거주하던 세계, 즉 인간적인 세계로부터 튕겨나가는 순간에 그는 자기가 "인간이 아니라는 사실"[12]을, 혐오스럽고 끔찍한 생명을 자각하는 것이다. G.H.와 신이인 시의 화자들은 인간적인 세계로부터 추락하며, 혐오스러운 '나'를 마주하며 인간이 아닌 동물이 된다.

이 추락과 붕괴로서의 존재론적·인식론적 전환, 이는 경이의 첫번째 역량이다. 아메드가 설명한바 경이는 낯선 것과의 마주침으로 특징지어지는데, 이는 우리가 익숙하게 여기거나 이미 안다고 여겨지던 것들을 새롭게 인식하는 인식론적 전환을 수반한다.[13] 리스펙토르의 소설에서 바퀴벌레와의 조우는 물론 생명 자체와의 마주침을 보여주는 것이지만, 이는

---

11 클라리시 리스펙토르, 『G.H.에 따른 수난』, 배수아 옮김, 봄날의책, 2020, 80-83쪽.
12 같은 책, 94쪽. '인간의'는 '인간이'의 오자로 추정되어 수정함.
13 Sara Ahmed, op. cit. 나는 이 글을 쓰는 과정에서 이우연이 「살아 있음을 마주하기—클라리시 리스펙토르의 숭배와 경이」(웹진 《SEMINAR》 9호, 2021)에서 리스펙토르의 소설 속 바퀴벌레와의 마주침을 사라 아메드의 '경이'의 감정으로 해석한 글을 읽을 수 있었다. 리스펙토르의 소설 속 장면과 경이를 연관시키는 자세한 해석은 이 글을 참조하면 좋겠다. 한편 나는 리스펙토르의 소설과 신이인의 시에서 '경이'의 감정이 생명을 마주하는 신비적 체험이 아니라 '혐오'와 '수치'의 경험을 통한 주체의 붕괴를 통해 발생하는 감정이라는 점을 좀더 강조하고자 한다.

인간화된 삶과 도덕, 인식이 붕괴되며 '나'의 상실을 경험하는 것이라는 의미에서 더욱 '경이'롭다.

신이인의 시의 화자는 어떠한가. 이 같은 전환을 겪은 '나'는 "나는 인간을 한다"(「영매」)고 말하며(인간이 아닌 자만이 인간을 할 수 있다), '인간'을 하나의 수행적 개념으로 인식한다. 또한 「실패한 농담 보호소」에서 '나'는 "지옥" 같은 유기견 "보호소"에서 한 유기견이 "지옥에서 탈락되지 않고 네 발을 딛고 꼬리를 빳빳이 세우고 있는 모습"을 보며 "생명 냄새"를 느낀다. 이 보호소는 화자의 삶에 대한 은유이며, 따라서 또다른 유기견으로 그려지는 '나'는 "열 손톱이 전부 빠져나가기를 바라며" 보호소에서 나가기 위해 철문을 긁는다. 하지만 앞서 「의류 수거함」에서 살펴본바 "나에게서 빠져나오려고" 할 때 도달하게 되는 곳은 "최선의 안쪽"일 것이다. 이 "최선의 안쪽"이란 무엇인가? G.H.라면 '생명'이라고 불렀을 그것, '나'의 가장 깊은 수치이자 자기모멸의 핵. 신이인의 시는 여기서 벗어나는 것은 불가능하다고 말한다. 하지만 이는 비관이나 체념이 아니다. 다른 '나'가 된다는 것은, 인간이 인간이 아니게 된다는 것은 바로 그 가장 "안쪽"의 '나'를 마주하는 경이를 체험하는 일이기 때문이다. 신이인 시의 화자는 그 수치스러운 자기 붕괴와 상실의 체험을 반복하며, 다른 '나'가 된다. 신이인의 시가 보여준 이러한 존재론적 전환의 역량이 바로 경이의 첫번째 역량이다.

책임/응답의 역량으로서의 경이—한연희, 『희귀종 눈물귀신버섯』

한연희의 시집 『희귀종 눈물귀신버섯』(문학동네, 2023)에서는 "인간 연습을 한다/기침하고 코를 풀고 다리를 찢는다"(「미래에 없는」)라는 구절에서 보듯이 인간이라는 개념의 허구성과 수행성에 대한 인식을 확인할 수 있다. 「미래에 없는」에서는 유전공학 기술의 발달로 인간이 "신체"의 한계를 극복하여 "통증을 느낄 수 없는 인간 생활만이 존재"하고 "품종개량"이 일어나는 미래에 대한 상상과 감기에 걸려 몸을 돌보는 화자가 대비를 이룬다. 아픈 몸을 지닌 화자는 통증이 사라진 미래를 오히려 디스토피아로 전망하고, 통증을 다스리기 위해 "작두콩의 생명 유지 방법에 관해 연구"하기를 택한다. 작두콩은 강인한 생명력을 지니고 있으며 성질이 차 고열을 가라앉히는 데 도움을 주는 것으로 여겨진다. 이 시에서 인간과 동물을 구분하는 개념이 무너지는 것은 아픈 몸으로 인해서다("여전히 나는/코는 축축하고 다리는 흐느적거린다/두 개 네 개 다섯 개로 늘어나는 것만 같다/(……)/두 발로 직립보행하는 자가 인간이든 개든/이런 개념은 기침 한 번에 사라진다"). 이처럼 인간과 비인간 타자와의 유사성은 취약한 몸이라는 사실로부터 감각되고, 나아가 그러한 취약한 몸들이 살아가기 위해서는 서로 의존하며 협력적 관계를 맺을 수밖에 없다는 사실이 드러난다. 한연희의 시에서 이런 취약한 몸 혹은 동물성에 대한 자각은 수치가 아니라 상호 의존과 연결에 대한 감각으로 이어진다.

축축해진 손을 흙에 묻었더니

금세 와글와글한 이야기가 자라났다

(……)

주렁주렁 열린 손을 뻗는다
이 이야기가
부디
아무나 꽉 잡아주기를

　　　　　　　　　　　　—「손고사리의 손」 중에서

　한연희 시에서는 전반적으로 동물보다는 버섯 같은 균류나 식물의 이미지가 두드러지는데, 식물과의 상호작용 혹은 식물 되기를 보여주는 이미지에서 연결의 감각이 선명하게 드러나는 것을 볼 수 있다. 「손고사리의 손」은 '고사리 같은 손'이라는 관용 어구에서 착안한 시로, 고사리와 손의 유사성을 근거로 이미지를 전개해간다. '손고사리'는 고사리를 길러내는 손을 빗댄 환유적 이미지이자, 주렁주렁 열린 고사리를 빗댄 은유적 이미지이기도 하다. 나아가 손고사리는 "와글와글한 이야기"가 열리는, 즉 무성한 이야기를 펼쳐내는 행위자(agent)다. 「미래에 없는」이 작두콩의 질긴 생명력을 묘사했다면, 「손고사리의 손」에서 그러한 생명력은 이야기를 생성하는 힘으로 인식된다. 이야기를 생성하는 것은 인간만의 능력이 아니다. 한연희의 시에서는 비인간 존재들도 세계를 만들어가는 역량이 있는 존재로 인식되며,[14] 이는 그들이 지구상에서 역사와 이야기의 주체로서 살아간다는 것을 의미한다. 그런데 이야기는 해석과 대화, 번역의 과정이 없이는 전달될 수 없다. 한연희가 고사리와 손 이미지를 결합하며 고사리의 이야기가 전달되기 위해서 그 '손'을 누군가가 붙잡아주어야 한다고 서술한 이유도 여기에 있다. 고사리를 채집하듯 비인간 존재들의 이야기를 채집하고 번역하는 일은 그 존재들의 손을 잡는 연대의 이미지로 형상화된다.

이야기 채집가로서 시인이 채집하는 것은 인간과 비인간을 막론하고 주로 파괴된 자들, 아픈 자들, 취약한 자들, 죽은 자들, 슬퍼하는 자들의 이야기다(「기계 속 유령」「버섯 누아르」「12월」「겨울 회로」 등). 말할 줄 모른다고 여겨지거나 말하기를 억압당하거나 말을 할 수 없게 되어버린 자들의 목소리와 이야기가 시집 전반에 흐른다. 「계곡 속 원혼」에서는 화자가 계곡에 자란 버섯과 이끼들을 보며 "한때 정을 나누고 서로에게 의지했던 사이"인 누군가의 "원혼"을 느끼는 장면이 그려지는데, 기실 이 "원혼"은 특정한 대상만을 가리키지 않는다. (시집 표제이기도 한) "희귀종 눈물귀신버섯"은 시인으로 하여금 누군가의 이야기를 이어나갈 것을 강제하는 힘의 상징이다. 구체적으로 이들은 시집의 제사("여자를 닮은 이름 모를 야생버섯들은/홀로 나거나 무리 지어 난다./대개 순하지만 독이 든 경우가 더 많다./함부로 취해서는 안 된다.")에서도 암시되듯 완전한 인간(man)이 아니라는 이유로 타자화되었던 여자들과 종(種)적 타자들이기도 하다. 시인은 이들의 힘에 이끌려 응답의 책무를 다하는 존재로서 이들이 각자의 이름을 가질

---

14 세계-만들기라는 개념은 애나 칭의 책(54쪽)에서 따왔다. 그는 인간과 비인간 모두 흙, 공기, 물을 변형해 주거환경을 만들며 그 과정에서 다른 모든 생명체의 세계를 바꾸는 일에 참여한다고 설명한다.

수 있도록, 그리고 자기의 이야기를 이어갈 수 있도록 하는 매개자의 역할을 한다.

이처럼 한연희의 시에 나타나는 비인간 존재들의 생명력은 어떤 신비주의적인 힘이 아니라 이야기를 생성하는 힘이자 이야기를 함께 만들어가게 하는 힘이다. 여기서 경이가 윤리적 차원으로 도약하는 두 번째 차원이 열린다. 그의 시에서 확인할 수 있는바 경이란 곧 비인간 존재에 대한 책임/응답(responsibility)의 역량을 의미한다. 그의 시에서 비인간 존재와의 마주침에서 발생하는 경이는 단지 동물들의 생명에 대한 순간적인 매혹으로만 나타나지 않는다. 경이는 인간의 언어로는 잘 들리지 않으며 애초에 그 존재조차 없는 것으로 취급되는 이야기들을 듣고 쓰는 행위로 이어지기 때문이다("그렇게/씨가 나무로 나무가 연필로 연필이 진실로/이어지고 이어지는 세계", 「씨, 자두, 나무토막 그리고 다시」). 누스바움이 다종다양한 감각과 삶의 형태와 역량을 보여주는 동물들이 경이의 감각을 일깨우며 이것이 다른 방식의 미래를 향한 윤리적 실천으로 이어질 수 있다고 본 것과 같이,[15] 한연희의 시도 우리의 삶을 보다 윤리적인 방향으로 전환하는 데 필요한 경이의 중요성을 일깨운다. 그리고 이러한 경이의 실천적 역량은 지속적인 실천과 수행이 없으면 발휘되지 않는다.

생각하기를 멈춰선 안 돼

발을 구르는 동안에 우리는 쓸모없는 인간이 아니라지

---

15   마사 너스바움, 『동물을 위한 정의―번영하는 동물의 삶을 위한 우리 공동의 책임』, 47쪽.

우리는 혼자 남은 것이 아니라지

(……)

깨지고 흩어지고 망가지지만
숙제를 끝마쳐야 해
열심히 우리를 연습하고, 지워내고, 또다시 우리를 반복한다

구르는 굼벵이처럼
구르는 돌멩이처럼
구르는 주먹처럼

—「주먹밥이 굴러떨어지는 쪽」 중에서

　　인간과 비인간이 얽혀 생성되는 세계에서 잘 들리지 않는 이야기를 듣고, 받아쓰고, 이어 쓰는 일은 "쓸모없는 인간"이 되지 않는 일이자 인간으로서의 책임을 다하는 일로 여겨진다. 인간을 역사적 진보의 주체이자 유일한 행위자로 여기는 인간중심주의적 관점 대신 다종다기한 존재들이 얽힌 연결망으로서 세계를 재구성한다는 것은 흔히 오해되는 것처럼 단지 인간의 행위성을 소거하거나 인간을 역사적 책임으로부터 면제하는 일이 아니다. 한연희의 시는 인간을 소거하는 방식으로 탈인간중심주의의 함정에 빠지지 않고, 인간의 행위성과 책임을 선명하게 드러내 보인다. 위의 시에서처럼 인간의 책임과 비인간 타자와 함께 사는 법에 관한 생각을 멈추지 않고 발을 구르는 것은 인간에게 주어진 "숙제"이기도 한 것이

다. 한편 이 시에서도 「미래에 없는」에 나온 '연습'이라는 표현이 등장한다. 「미래에 없는」에서 "인간 연습"이 비인간 타자를 배제하는 방식으로 구성되는 인간 개념의 허구성을 자각하고 인간으로서의 규범을 수행한다는 의미였던 것처럼, 여기서도 인간을 "연습하고, 지워내고, 또다시 우리를 반복"하는 과정이 제시된다. 그런데 이제 여기에 한 가지 의미를 더 추가해야 할 것 같다. 즉 '인간 연습'은 "우리가 아니"라 여겨지는 것들과 함께 "우리가 되어서"(「주먹밥이 굴러떨어지는 쪽」) 확장된 '우리'를 만들어가는 수행적 과정이기도 하다. 주먹 쥔 손과 굼벵이와 돌멩이와 "피에 엉겨붙은 건초 더미, 입안에서 뭉개진 알갱이, 원인과 결과를 알 수 없는 사건, 파리떼에 휩싸인 흙구덩이"와 함께 뭉쳐져서, '우리'의 이야기와 역사는 "예측 불가능한 쪽으로"(같은 시) 그렇게 굴러간다.

세계에 대한 사랑―임유영, 『오믈렛』

임유영의 시집 『오믈렛』(문학동네, 2023)에서 화자는 구태여 무얼 하지 않는다. 작위적이지 않은 태연한 태도로 평범하고 일상적인 사건이나 풍경들을 서술할 뿐인데 은은한 아름다움이 펼쳐진다. 예컨대 이런 식이다. "이 둘레를 따라 걷고 있다 둘레는 늘어나고 줄어들고 거듭하고 까치의 것이었다가 까마귀의 것이었다가 비둘기의 것이길 반복한다 담배 피울 수 있는 곳은 없다"(「구역」). 혹은 다음의 시를 보자. "삼십 년 전에 아버지, 어머니, 언니, 나, 이모, 이모부, 외사촌 둘은 울릉도에 갔다. 누구의 결정이었는지는 모른다. (……) 그 밖의 것들, 배를 덮치던 물보라, 어른들의 정강이까지 빠지던 깊은 눈밭, 그보다 조금 얕은 눈밭, 너무 많은 눈, 너와 집이라는 이상한 이름의 이상하게 생긴 집, 오래 보관했던 하얀색 소라껍데기, 그걸 주운 곳, 파도가 치면 바람에 파도가 실려오던 좁고 구불구불한 해안가 도로, 검은색 지프차 택시. 어떻게 돌아왔는지는 기억나지 않는다. 누가 좋아하냐고 물으면 좋아지고 싫어하냐고 물으면 싫어졌다. 남이 뭐라고 불러주면 그게 좋았다."(「나리분지」) 전자는 화자가 걷고 있는 장소를 묘사한 시며, 후자는 과거 가족들과 갔던 여행을 회상한 시다. 두 시에서 모두 화자의 존재는 분명히 드러난다. 화자는 특정한 장소를 걷고 있거나 기억을 떠올리고 있다. 하지만 전자의 시에서 그 장소는 사람이 점유하는 공간이 아니라 까치와 까마귀와 비둘기의 것으로 인식되며, 후자의 시에서 화자는 누군가의 질문에 따라 감정이 바뀌고 누군가의 부름에 기쁨을 느낀다. 이러한 수동성은 여행을 간 곳에 있던 사물들과 풍경의 선명한 존재감과 대비된다. 흔히 시적 주체(인간)의 감정이입이나 해석, 관념을 절제하고자 하는, 인간적인 것의 최소화가 임유영의 시에도 나타난다고 할 수 있다.

   인간의 감정적·관념적 개입을 최소화하는 이 같은 태도는 '반인간주의'라고 명명되는 시적 흐름의 전통을 형성해왔다.[16] 한국시사에서 이러한 전통의 대표적인 사례로 김춘수의 무의미 시론이 꼽힌다. 단순화를 무릅쓰고 정리하자면, 그가 지향한 '무의미'는 이미지가 관념을 전달하는 도구가 되어서는 안 된다는 것, 즉 인간에 의해 부여되는 관념(의미)으로부터

---

16   박상수는 이수명의 시를 김춘수, 이승훈, 오규원으로 이어지는 한국시의 반인간주의/비인간주의적 전통의 계보에 배치한 바 있다(박상수, 『너의 수만 가지 아름다운 이름을 불러줄게』, 문학동네, 2018, 380쪽). 나는 이 같은 반인간주의 시의 계보가 2000년대 한국문학의 '탈서정' 경향과 환유 중심주의로 이어진다고 본다. 이수명, 이장욱 등의 시가 이에 해당할 것이다.

의 사물의 해방을 뜻한다.[17] 인간적인 의미에 구속되지 않는 사물 그 자체가 드러나는 경이야말로 시가 꿀 수 있는 최대치의 꿈이다. 한편 그는 이렇게 쓴다.

> 같은 서술적 이미지라 하더라도 사생적 소박성이 유지되고 있을 때는 대상과의 거리를 또한 유지하고 있는 것이 되지만, 그것을 잃었을 때는 이미지와 대상은 거리가 없어진다. 이미지가 곧 대상 그것이 된다. 현대의 무의미 시는 시의 대상과의 거리가 없어진 데서 생긴 현상이다. 현대의 무의미 시는 대상을 놓친 대신에 언어와 이미지를 시의 실체로서 인식하게 되었다고 할 수 있다.[18]

이 대목은 '무의미 시'가 이르게 될 아이러니한 결과를 암시한다. 그에 따르면 무의미 시는 a) 이미지가 대상 그 자체를 드러내게 된다는 의미에서 이미지와 대상의 거리가 없어진 현상을 의미하는 동시에 b) 언어와 이미지가 시의 실체가 됨으로써 지시 대상으로서의 대상이 사라지는 현상이다. 즉 무의미 시에서 '대상' 즉 사물은 그 자체로 드러나는 동시에 사라진다는 모순을 품고 있다. 결과적으로 의미의 구속과 포획으로부터 자유로워진 시의 극단은 김춘수가 스스로 밝히듯 '허무'에 이르고야 만다.[19] 이 글에서 김춘수의 시론을 깊이 검토할 것은 아니지만, 이 글의 맥락에서 강

17　김춘수의 무의미 시론에 대한 요약은 하재연, 「'순수 언어'의 추구와 현대시의 방향—김춘수 시론 연구」,《한국근대문학연구》 2권 2호, 한국근대문학회, 2001)에 잘 정리되어 있다.
18　김춘수, 「한국현대시의 계보」, 『김춘수전집 2—시론』, 문장사, 1982, 369쪽.
19　김춘수, 「의미에서 무의미까지」, 같은 책, 389쪽.

조하고 싶은 것은 무의미 시로 향해 가는, 요컨대 인간 중심성을 소거해 나가는 과정에서 도달하는 도착(倒錯)적 결과다. 사물 그 자체를 현시하려는 시의 욕망은 애초에 불가능한 것이 아니었을까? '사물 그 자체'가 하나의 관념적 고안물이라면, 무의미 시는 궁극적으로 "대상을 놓"치고 어두운 심연이자 허무로 귀결될 수밖에 없는 것이 아닐까? 이를 반인간주의에 대입해보자면 이런 질문을 던져볼 수 있을 것이다. 인간적인 것으로부터의 해방이라는 꿈은 세계를 자유에 이르게 하는 것이 아니라 세계를 상실하게 만드는 것은 아닐까? 일부 극단적 환경주의자들이 인구 감축을 진지하게 주장하며 인류 없는 미래를 꿈꾸거나, 인간화된 동물로 여겨지는 '가축' 동물이 해방될 수 있는 길은 곧 죽음이라고 주장하거나, 혹은 시대적 병리로서의 기후 우울증으로 인한 자살이 증가하고 있는 현상은 반인간주의의 아이러니한 귀결인 '허무' 그리고 세계 상실과 과연 무관한 것일까?

위와 같은 이유로 임유영의 시를 반인간주의 전통에 서둘러 안착시키려는 시도를 유보할 때, 우리는 다음과 같은 시에 주목할 수 있게 된다. 이 시가 위에서 언급한 도착적 도달점에 이르지 않는 경이로운 통로를 열어주기 때문이다.

> 그들은 자신의 손가락 끝마다 심장이 하나씩 달려 힘차게 박동하는 것 같다고 느꼈다. (……) 알 수 없는 것을 알 수 없다는 이유로 붙잡아두어도 될까. 둘의 신발을 벗기고 싶어진다. 이상하게. 싸늘한 밤의 강변을 맨발로 걸어가라. 그래도 그런 기분을 완전히 적을 수는 없다. 강 건너에 불을 질러본다. 일정한 속도, 일정한 보폭, 일정한 온도로. 넓어지세요. 옮겨지세요.

퍼지세요. 멀리멀리 가보세요.

　　손잡아. 그냥 한번 꽉 잡아봐.

　　보이지 않는다는 이유로 계속 보이지 않게 두어도 될까. 따뜻한 거 먹이고 싶다. 삼겹살에 묵은지 지글지글 구워서 쌈 싸주고 싶다. 그러나 두 사람은 외투에 냄새 배는 게 싫다며 사양하였고, 나는 마침내 손에 거절을 쥐고 다른 잠으로 사라질 수 있었다.

—「만사형통」 중에서

　　이 시는 손을 맞잡은 두 사람을 묘사하는 것으로 시작한다. 시의 마지막 구절("나는 마침내 손에 거절을 쥐고 다른 잠으로 사라질 수 있었다")에서 암시되는바 이 장면은 화자의 꿈이나 환영으로 보인다. 두 사람의 맞잡은 손 사이로 하얀 쥐, 탁구공, 흰 빵덩어리, 산토끼 꼬리, 버섯, 아기 주먹 등이 자라난다. 둘 사이의 애틋한 감정과 관계를 빗댄 이미지일 작고 하얗고 소중한 것들이 자라나는 그 매혹적인 환영을 바라보며 화자는 두 가지 상충하는 욕망—이 장면을 붙잡아두고 싶다는 욕망과 보이지 않게 두고 싶다는 욕망—을 느낀다("알 수 없는 것을 알 수 없다는 이유로 붙잡아두어도 될까" "보이지 않는다는 이유로 계속 보이지 않게 두어도 될까"). 화자는 두 사람의 신발을 벗겨 이들이 자기의 시야에서 멀어지지 않도록 붙잡아 두고 싶으면서도 동시에 이들을 자유롭게 두고 싶어 한다. 이 모순적 욕망은 이들에게 강변을 따라 멀리 걸어가라고 말하면서도 이들이 너무 멀어지지는 못하도록 강 건너에 불을 지르는 데서도 드러난다. 화자는 두 사람에게 따뜻한 것을 먹이며 애정을 다하려 하지만, 이들은 그 제안을 부드럽게 거절하고 화자는 마치 이들의 손을 쥐듯 거절을 쥐며 꿈/환영 밖으로 물러난다.

이 '두 사람'은 시적 대상이면서 화자의 눈앞에 놓인 세계 자체의 환유다. 대상을 붙잡고 싶은 동시에 자유롭게 두고 싶은 양가적인 마음은 자신이 마주한 대상에 대한 애정이 불러일으키는 양가적인 마음이기도 하다. 앞서 정리했듯 반인간주의의 욕망이 인간적인 의미에서 벗어난 대상 그 자체를 포착하고자 하는 욕망에서 출발해 대상을 상실하게 되는 결과에 이른다면, 「만사형통」은 대상을 붙잡아두려는 마음과 자유로이 두려는 마음 사이의 긴장을 놓지 않음으로써 대상을 소유하지도 상실하지도 않는다. 시인의 마음은 세계의 소유와 상실 사이에 놓여 있다고 할 수 있을 텐데, 임유영의 시는 바로 이 균형점에 위치함으로써 허무의 심연에 빠지지 않는다. 그리고 이것이 가능한 건 '만사형통'을 바라는 마음, 즉 사랑 때문이다. 사랑은 대상을 소유하고자 하는 마음과 자유롭게 두고자 하는 마음 사이의 긴장을 놓지 않고 그 균형을 힘겹게 맞추는 과정이다. 소유하고자 하는 마음이 강해질 때 대상은 내 옆에 있을 수 있지만 그 본모습을 잃게 되고, 자유롭게 두고자 하는 마음이 강해질 때 대상은 본모습을 유지할 수는 있지만 나에게서 멀어진다.

그러므로 임유영 시의 은은한 아름다움과 온기는 그가 아름다운 시어를 써서가 아니라, 아름다운 이미지를 형상화해서가 아니라, 그가 마주하고 있는 이 세계에 대한 사랑이 그 균형점에 정확히 위치하기 때문에 발생한다고 말해야 한다. 여기서 우리는 경이의 세 번째 힘, 사랑의 역량을 확인한다. 세계와의 경이로운 마주침은 세계를 소유하지도 상실하지도 않는 방법으로서의 사랑을 가능케 하는 것이다. 이 사랑은 구체적으로 지구상에서 '소유'라는 자본주의적 삶의 양식을 멀리하면서도 (정신적 도피, 초월 혹은 허무주의, 절멸, 자살과 같은 형태로) 세계를 '상실'하지 않게 만드는 굳건한 지지대가 될 수 있다. 사랑은 말 그대로 살아가게 하는 힘이다. 하지만 우리는 현재와 같은 방식으로는 살 수 없다. 이는 당위적인 주장이 아니라, 치솟는 지표 온도와 불타는 삼림, 대규모의 홍수, 창궐하는 전염병이 보여주는 사실이다. 이러한 세계에서 살아간다는 것의 의미는 무엇일까?

임유영의 또 다른 시 「파」 「라」 「목」 「토」 연작에는 미술가 박선민의 2021년 개인전 도록을 위해 쓴 시라는 각주가 붙어 있으며, 「담자균문」에는 이 연작이 박선민의 2019년 작품 〈버섯의 건축〉(2019)에 나오는 버섯의 이미지에서 영감을 받았다는 정보가 제시되어 있다. 〈버섯의 건축〉은 작가가 제주 곶자왈을 다니며 다양한 버섯들의 모습을 촬영한 영상 작업이다.[20] 이 작품을 통해 마주한 버섯의 다종다양함이 불러일으킨 경이가 시 「담자균문」에도 일부 반영되어 있는데, 「파」 「라」 「목」 「토」 연작에는 버섯 채취꾼을 따라 산에 올랐다가 내려오는 것으로 그 내용이 변주된다.

구역 전경(全景)은 버섯 채취꾼에게는 익숙한 풍경인데, 풍경의 요소들은 매분 매초 급진적으로 변화하고 있으니 같은 장소에서 본 어제와 오늘의 풍경이 같다고 할 수는 없다. 버섯 채취꾼은 편안한 마음으로 주위를 둘러본다. 곧 그는 팻말이 있는 등산로를 벗어난다. 그는 어떤 버섯을 어디에서 찾을 수 있는지 알고 있다. 버섯 채취꾼이 긴 지팡이로 땅을 두드리며 가볍

---

20 https://www.frieze.com/ko/article/park-sunmin

게 걸어간다.

—「파」중에서

    오늘 버섯 채취꾼은 다 말라가는 으름덩굴의 잎사귀 하나가 가을 햇빛을 받아 마치 봄의 신엽처럼 환하게 빛나는 모습을 오래도록 바라보았다. 우리는 버섯 채취꾼이 멈춰 설 때마다 멈춘 이유를 전부 알 수 없지만 그와 같은 쪽을 볼 수는 있다. 어쩌면 그 순간 버섯 채취꾼과 우리가 보는 풍경은 같다고 표현할 수도 있을 것이다.

—「라」중에서

    버섯 채취꾼의 바구니에 버섯이 가득하다. 우리는 버섯 채취꾼을 따라 하산한다.

—「목」중에서

    오늘 버섯 채취꾼을 따라 산에 들어간 우리와 출발한 곳으로 되돌아왔다고 생각하는 우리가 같은 우리라고 말할 수는 없을 것이다. 지금 분명하게 버섯이 여기 있다. 눈에 보이지 않는 버섯 포자 수천 개가 우리들의 몸에 묻어 있다. 우리가 머리칼을 풀썩일 때, 외투깃을 가다듬을 때, 서로의 어깨를 털어줄 때, 누군가 재채기할 때, 수만 개의 버섯 포자가 우리로부터 떨어져나와 사방으로 퍼져나간다.

—「토」중에서

    이 연작에서는 세 가지 화소가 중요하다. 하나는 '버섯', 두 번째는 '채취꾼', 세 번째는 이 채취꾼과 동행한 '우리'이다. 시에는 제각각의 모양과 특유의 향으로 존재감을 드러내는 버섯이 그려진다. '버섯'은 애나 칭이 보여주었던바 세계-만들기에 인간과 함께 참여하는 행위자이자 폐허 속에서 창발하며 "자본주의의 내부임과 동시에 외부"[21]인 가장자리에서 우리에게 다른 방식의 삶의 가능성을 보여준다. 임유영의 시에서 채취꾼은 이 버섯의 경이로움에 매혹되어 버섯을 채취하러 산에 오르고, 다른 이들은 그 채취꾼을 따라 그가 가리키는 풍경을 보고, 매혹되고, 출발했을 때와 "같은 우리라고 말할 수는 없"는 다른 '우리'가 된다. 버섯과의 마주침은 상호적이다. 있는 그대로의 자연이란 개념이 관념적 고안물에 불과하다면, 인간의 손길이 닿지 않은 자연 그 자체를 보호하자는 주장은 너무 급진적이기 때문이 아니라 실제와 거리가 멀기에 호소력이 없는 주장일 수 있다. 「파」 「라」 「목」 「토」 연작은 인간의 손길이 거둬진 자연을 그리는 것이 아니라 인간의 손길을 통해서 변화하는 자연과 자연을 통해 변화하는 인간을 그린다. 이 손길은 "지금 분명하게 버섯이 여기 있"게 하는 동시에 다른 '우리'가 되도록 만든다는 껍에서 다른 방식의 삶의 가능성을 연다. 그렇다면 이렇게 말해보자. 사랑은 '우리'를 다르게 살아가게 만드는 힘이 될 수 있다고 말이다.

마지막으로 나는 이 연작에 등장하는 '버섯' '채취꾼' '우리'를 각각 앞선 설명 틀의 개념 중 세계와 시인, 독자에 대응시켜 다음과 같이 말해보고도 싶다. 시인은 독자인 우리를 경이로운 세계와 타자를 마주하도록 이끌어주는 안내자이다. 시시각각 변화무쌍한 세계에서 시인은 우리보다

---

21 애나 로웬하웁트 칭, 같은 책, 493쪽.

조금 멀리 걸어가는 자이며, 그래서 조금 더 많이 보는 자이다. 그가 바라보는 풍경을 함께 보며 우리는 경이를 경험한다("어쩌면 그 순간 버섯 채취꾼과 우리가 보는 풍경은 같다고 표현할 수도 있을 것이다"). 우리는 '버섯'을 가득 안은 시인을 따라 하산하며, 시인은 자기가 채취한 각양각색의 '버섯'들을 아낌없이 늘어놓는다. '버섯'이 그 누구의 소유물도 완전한 미지의 대상도 우리가 상실해버린 실재도 아니듯, '시'는 그렇게 "여기 있다". 시가 내게 가르쳐준 바에 의하면, 시를 쓰고 읽는 일은 세계와 함께 변화하는 도약이다. 그렇게 우리는 전혀 다른 우리가 되고, 수만 개의 버섯 포자가 우리 몸에 묻어 사방으로 퍼져나간다.

경이의 역량

살펴본 바와 같이 경이는 아름다운 것에 대한 경탄 그 이상의 의미를 지닌다. 미적 경험이자 인식론적 전환을 불러일으키며, 나아가 실천적 역량을 발휘하는 경이라는 감정은 그간 서로 구별되는 것으로 여겨진 감정, 인식, 행위 사이를 매개하는 개념이기도 하다. 특히 이러한 연결성이 중요한 이유는 포스트휴머니즘을 비롯해 근대적 인간중심주의에 비판적으로 개입하는 이론들에서 이론과 현실 사이의 괴리가 유독 문제시되기 때문이다. '인류'를 단위로 삼는 이론 자체의 거대함과 추상성은 이론과 현실 사이의 거리를 넓히는 데 일조하며, 이에 따라 이론 자체의 비판적 개입과 실천적 역량은 재차 의심의 대상이 된다. 이런 이유로 나는 미적이고 개인적인 범주로 여겨지는 감정이 지닌 인식론적, 실천적 역량으로서의 가치를 활성화하고 이론화하는 일이 이론과 현실의 괴리를 극복하는 데 반드시 필요하다고 생각한다.[22] 이러한 맥락에서 경이와 같은 감정은 궁극적으로 '반인간주의'라는 단일 회로로 향하지 않으면서 세계와의 관계를 재편하며 비인간 타자와 함께 살아가게끔 하는 역량이 될 수 있다는 점을 보여주기 때문에 더욱 중요하다. 포스트휴먼의 시대에 문학은 더욱 왜소해지고 시대착오적인 것이 되진 않았는지 우려하는 풍문이 계속 들려오지만 그럴 때면 나는 조금 갸우뚱하며 모나게 굴고 싶어진다. 적어도 어떤 문학은 경이로운 일을 하기 때문이다.

---

22 이러한 문제의식은 에코페미니스트들에게 광범위하게 공유되는 것으로, 나는 이를 「'동물화'의 모욕을 넘어」(웹진 《비유》 2022년 3월호)에서 다룬 바 있다.

박다솜

후보작

너를 먹이는 것이 나의 존재 방식
― 돌봄의 숭고함과 모성 정체성의 결탁

박다솜

한양대학교 사회학과 졸업. 국어국문학과 대학원 졸업. 동아일보 신춘문예로 등단.
현재 한양대학교, 경희대학교 강사. 주요 관심사는 정신분석과 페미니즘, 그리고 가족 담론이다.

너를 먹이는 것이 나의 존재 방식
― 돌봄의 숭고함과 모성 정체성의 결탁

본가에 갈 때면 늘 소화제를 챙겨 가는 친구가 있다. 오랜만에 만난 엄마가 한가득 퍼주는 고봉밥을 덜어놓고 먹기가 죄송스러워서 일단은 다 먹고 나중에 몰래 소화제를 먹는다고 한다. 언젠가 한번은 밥을 덜어두고 먹었다가 엄마가 굉장히 서운해하셨고, 그 후로는 지금처럼 소화제를 들고 다니게 되었다는 것이다. 친구의 이야기는 아주 오랫동안 내 머릿속에 남아 있었다. 사랑하는 마음으로 꾹꾹 눌러 담은 고봉밥과 탈이 날 것을 알면서도 끝내 그것을 다 먹어내는 친구의 모습, 싹싹 비운 밥그릇을 뿌듯하게 바라보는 친구의 어머니와 방문을 닫고 조용히 삼키는 소화제. 이런 것들이 한데 뒤섞여 감사하면서도 어딘지 화가 나는, 가슴이 아리게 애틋하면서도 그 애틋한 가슴이 터질 것처럼 갑갑한, 모순적인 감정들이 병치되어 있는 기묘한 장면으로 말이다.

'엄마의 밥상에는 뭔가 특별한 힘이 있다'라는 식의 통념이 얼마나 오랜 기간 여성들을 부엌에 붙잡아 두었는지 생각해 본다면 이 이야기를 한 개인의 특수한 가정사적 문제로만 치부할 수는 없을 것이다. '엄마의 밥상' 신화는 여성을 부엌에 종속시키는 동시에 부엌을 벗어나려는 여성들에게 심리적 죄책감을 심어주고 사회적 지탄의 대상이 되게끔 했다. 그리하여 '먹이는 자'로서의 여성의 역할에 대한 고정관념은 밥을 덜어두고 먹는 것에도 상처를 받는 비틀린 모성을 낳고 말았다.

가정 내 돌봄 노동의 젠더화된 특성에 대항하며 시작한 돌봄 논의는 이제 탈가족주의를 지향하고 공적 돌봄을 요청하며 사회정치적 구성원리로 확장되어 가는 듯하다. 돌봄과 민주주의를 상호의존적 개념으로 사유해야 한다고 주장하는 조안 C. 트론토의 『돌봄 민주주의』(김희강·나상원 옮김, 박영사, 2021.)나 "우리는 너무 많은 돌봄 요구를 너무 오랫동안 '시장'과 '가족'에 의존해 해결해왔"으며 이제는 "그 의미의 범주가 훨씬 넓은 돌봄 개념을 만들 필요가 있다."[1]는 더 케어 컬렉티브의 견해가 그러하다. 한데 이처럼 자꾸만 넓어지려는 돌봄 개념은, 지금껏 가정 내 돌봄 노동을 수행해 온 여성 주체에게 가부장제의 피해자라는 단조로운 정체성만을 부여하고는 표표히 떠나버리는 듯도 하다. 말하자면 가정 안에서 돌봄 노동이 만드는 파문은 어쩐지 충분히 읽힌 것 같지 않다. 여성 주체는 모성의 역할을, 돌봄 수행자로서의 위치를 그저 떠맡기만 했는가?

슬라보예 지젝은 '희생'도 정체성 수립의 도구가 될 수 있다고 말한다. 그는 모든 집안일을 혼자 도맡아 하며 가족을 위해 희생하는 어머니 상을 제시하면서, 사실은 이 희생만이 그녀의 인생에 의미를 줄 수 있음을 날

---

1 더 케어 컬렉티브, 『돌봄 선언』, 정소영 옮김, 니케북스, 2021, 82쪽.

카롭게 간파한다. 만약 가족 구성원 그 누구도 더 이상 그녀의 희생을 필요로 하지 않는다면, 그녀는 존재론적 기반을 상실하고 말 것이다. 따라서 '희생하는 어머니'가 포기할 수 없는 단 한 가지가 있다면 그것은 '희생' 그 자체다.[2] 역설적이게도 '희생하는 어머니'는 자기 자신을 희생하면 희생할수록 더욱더 견고한 정체성을 확립하게 되는 것이다.[3]

가족들을 먹이기 위해 평생 부엌 주변을 종종거리며 재료를 손질하고 다듬고 끓이고 볶고 삶고 쪄내는 엄마의 희생적 삶의 이면에서 식(食)고문과 다를 바 없는 살풍경이 연출되는 것은 이런 이유에서다. 가족들을 먹이는 일이 모성의 정체성과 연동되어 있을 때, 식사를 거부하는 것은 엄마의 존재를 거부하는 일이기도 하다. 더 이상 아무도 집밥을 먹지 않는다면 엄마는 당장 무엇을 하며 하루를 보내야 할까? 무엇으로 자신의 존재를 확인받을 수 있을까? 따라서 엄마의 밥상이 만들어내는 따뜻한 온기는 일차원적 사랑으로만 구성된 것이 아니다. 가족들의 섭식과 모성 정체성의 끈끈한 동맹 관계가 만들어낸 모종의 열기가 엄마의 밥상에는 담겨 있다.

1. 엄마의 밥상을 신화화하는 SF적 방식 – 정은우의 『국자전』(문학동네, 2022)[4]

---

[2] 슬라보예 지젝, 『이데올로기의 숭고한 대상』, 이수련 옮김, 새물결, 2013, 336-338쪽 참고.
[3] 엘리자베트 벡 게른스하임은 이를 "자아실현으로서의 자아상실"이라고 표현했다. (엘리자베트 벡 게른스하임, 『모성애의 발명』, 이재원 옮김, 알마, 2014, 62쪽.)
[4] 1장에서 정은우의 『국자전』을 인용할 때는 괄호 안에 쪽수만 표기한다.

제46회 '오늘의 작가상' 수상작인 정은우의 『국자전』은 SF의 방식으로 엄마의 밥상을 신화화한다는 점에서 흥미로운 작품이다. 『국자전』은 모성의 음식을 문자 그대로의 의미에서 '신화'로 구성해낸다. 소설은 초능력을 타고난 사람들의 존재를 전제한다. 염력, 투시력, 예지력, 시간을 되돌릴 수 있는 능력, 초인적인 신체적 능력 따위의 초능력을 가진 사람들을 국가에서 훈련시켜 기능력직 공무원으로 임명한다는 것이 『국자전』의 기본 설정이다. 주인공인 '국자' 역시 초능력자인데, 그녀는 자신이 만든 음식으로 사람의 마음을 움직일 수 있는 능력을 가졌다. 그래서 "국자의 하루는 냉장고를 열면서 시작되었고, 닫을 때 끝이 났다."(121) 국자는 딸인 미지가 독립을 선언할 때마다 일단 밥부터 먹고 이야기하자며 "식욕을 당기는 불그스름한 양념에 은근한 불향까지"(10) 입힌 제육볶음을 만들거나 "막 무친 새콤달콤한 겉절이와 따뜻하고 윤기가 도는 수육"(11)을 내놓는다. 식사가 끝나면 독립에 대한 미지의 열망은 언제 그랬냐는 듯 사그라든다. 이처럼 소설은 엄마의 음식이 가진 불가해한 힘을 직접적으로 신비화한다. 평범한 레시피인데도 엄마의 손맛만 더해지면 이상하게 맛있는 음식이 된다는 오래된 표현에 '초능력'을 그 근거로 제시하는 것이다.

그런데 소설에서 국자의 능력은 마냥 따뜻하거나 다정하게만 작동하는 것은 아니다. 그녀는 음식으로 누군가를 아프게 할 수도 있으며 심지어는 그 능력을 미지에게 쓴 적도 있다. 어릴 적 미지가 국자의 말을 거역하고 어울리지 말아야 할 친구와 놀았을 때, 국자의 주먹밥을 먹은 미지에게 갑자기 아토피가 발병했었다. "갑작스러운 아토피 증상에도 국자는 당황한 기색이 없었다."(132) 대신 "국자는 미지에게 당분간 친구 집에 가지 말자고 달랬다. 아토피가 사라질 때까지."(133) 이렇게 아토피를 이유로 미지와 친구의 관계는 소원해졌었다. 원칙적으로 국자의 초능력은 음식을 통해 타인을 '조종'하는 것이기에 때로 자신의 뜻을 관철하기 위해서라면 미지를 아프게 할 수도 있는 것이다. 그러므로 미지에게 내놓는 국자의 음식에는 딸을 걱정하는 엄마의 애정과 함께 번뜩이는 폭력성도 담겨 있다.

소설은 부모-자식 관계에 내재된 미시적 폭력을 다양한 양태로 재현한다. 미지의 친구인 '혜수'의 엄마는 도통 사과할 줄 모르는 사람이다. 혜수의 엄마는 "사과하면 지는 줄 알고" 사과하지 않기 위해 "어떻게든 상대방 잘못을 끄집어내"(378)는 방식으로 스스로의 잘못을 희석시키는 정서적 폭력을 행하기도 한다.[5] 한편 작품의 마지막에서 미지는 우여곡절 끝에 겨우 독립하는데, 이삿짐을 옮기는 날 국자와 남편(미지에게는 아버지)은 예고 없이 미지의 집으로 찾아온다. 그들이 주문한 불그스름한 체리나무 침대와 짙은 색의 호두나무 테이블, 누런 소나무 의자, 분홍색 꽃무늬 가득한 침구와 함께. 전혀 자신의 취향이 아닌 가구들에 미지는 뜨악하지만 침대와 테이블, 의자는 이미 미지의 공간을 하나둘 채워간다. 소설에서 국자는 미지만의 공간을 허락하시 않거나 함부로 침범한다. 서른이 넘은 딸에게 비정상적으로 집착하며 결코 온전한 성인으로 대우하지 않는 국자의 태도는, 자녀의 자립을 받아들이지 못하는 우리 사회의 뭇 부모들의 모습을 상기시키기도 한다.

아마 이것이 "손목 인대가 늘어나고 허리가 쑤셔도 힘들다는 말은 한

---

5   혜수는 "엄만 사과하면 지는 줄 알고 죽도록 싫어해. 어떻게든 상대방 잘못을 끄집어내려고 들지. 그래서 늘 내가 사과했어. 어렸을 땐 그게 너무 억울하고 싫어서 얼른 어른이 되고 싶었는데. 지금은 그냥 그러려니 해. 엄마랑 나는 다른 사람이니까 별 수 없지. 다른 사람인데 어떻게 엄마 답이 내 답이 되겠어."(378)라고 말하며 이를 개인의 성격적 특성으로 치환한다. 그러나 과연 그래도 될까? 혜수의 엄마는 어린 혜수에게 '잘못 했을 때는 사과를 해야 한단다'라고 가르치지 않았을까?

마디도 하지 않"은 채 "거침없이 도시락을 싸고 반찬을 만"(388)드는 국자가 숭고하면서도 고집스럽게 느껴지는 이유일 테다. 소설은 SF라는 형식 속에서 엄마의 음식이 가진 양면성을 세심히 조명한다. 모성이 가족들을 먹이는 행위로 스스로의 존재 가치를 수립할 때, 음식은 단순히 음식일 수 없으며, 거기에는 너무 많은 의미와 비가시적 폭력이 내포되곤 한다. 국자의 남편은 아내를 안심시키기 위해 그녀가 만든 도시락을 열심히 먹는데, 심지어는 한여름 더위에 상해버린 도시락까지도 먹고 장염으로 고생한다. 이 일이 있은 후로 여름이 되면 국자는 아이스박스에 도시락을 넣어준다. 남편은 "불평 한번 없이 그 무거운 아이스박스를 이고 지고 다"(388)닌다. 더운 여름 거래처를 돌아다니며 일하는 남편에게 묵직한 아이스박스를 들려 보내며 마음의 평안을 도모하는 국자의 모습은 어딘지 섬뜩하다. 그가 이고 지고 다니며 악착같이 챙겨 먹어야 하는 것은 한낱 도시락이 아니라 국자가 세운 집안의 룰이다. 그러니 가족들이 국자의 음식을 섭취하는 행위가 그녀의 정체성에 대한 전적인 추인 그 자체가 아니라면 무엇이겠는가.[6]

2. 욕망 이론을 역전시키는 모성 정체성 – 백은선의 「숨은 귤 찾기」

이처럼 먹이는 행위가 폭력성을 띠는 이유는 모성이 그 행위에 자신

---

[6] 한편 아버지는 국자가 받을 상처를 염려해 무거운 도시락을 거절하지 못한다. "도시락은 내가 먼저 말하기는 좀 그래. 너희 엄마가 마음을 정해야지. 네 생각보다 여린 사람이라, 불안해하거든."(387) 이처럼 화내거나 맞붙어 싸우는 대신 상처받고 서운해 하는 정서적 표현으로 상대에게 죄책감을 심어주는 것은 가부장적 모성 개념에서 발견되는 은밀한 폭력성의 또 다른 국면이기도 하다.

의 자아를 의탁하기 때문이다. 너를 먹이는 일이 곧 내가 존재하는 방식일 때, 너는 먹어야만 한다. 배탈이 나더라도, 체하더라도. 네가 먹지 않으면 나는 의미 있게 존재하기 어려우니까. 백은선의 시 「숨은 귤 찾기」는 이와 같은 모성 정체성의 근원적 메커니즘을 보여준다.

너는 자꾸 귤! 귤! 소리치며 집안을 뛰어다닌다
귤 없어 귤 없어 나는 대답하는데

한밤중에 귤

눈 내리는 밤 오래 걸어 편의점에 다녀왔다
잠
잠 속의 일이었다

(…)

귤나무가 집 앞에 있어서
먹고 싶을 때마다
따올 수 있으면 좋겠다

(…)

귤

> 귤에 대해 생각하다
> 빛나는 심장을
> 쟁반에 담아
> 식탁에 올려두었다
>
> 눈뜨면 네가 제일 먼저 볼 수 있게
>
> ―「숨은 귤 찾기-이선에게」 일부

「숨은 귤 찾기-이선에게」에서 아이(아마도 '이선'이라는 이름의)는 한밤중에 귤을 찾는다. 시의 화자는 "귤 없어 귤 없어" 대답해 놓고는 집 앞에 귤나무가 있었으면 좋겠다고, 그래서 아이가 먹고 싶어 할 때마다 따올 수 있으면 좋겠다고 생각한다. 어쨌든 집 앞에는 귤나무가 없고, 시의 시간은 곧 잠자리에 들어야 할 "한밤중"이므로 귤을 구할 수 있는 다른 방도도 없다. 생각 끝에 화자는 귤 대신 자신의 심장을 꺼내 식탁에 올려둔다. 아침에 일어나 눈을 뜬 아이가 제일 먼저 볼 수 있길 바라면서 말이다.

귤을 찾는 아이와 귤이 없어 곤란해하는 엄마의 모습을 그리는 이 시는 일견 절대적 모성애를 형상화하고 있는 것처럼 읽힌다. '나는 너를 위해서라면 내 심장도 꺼내줄 수 있어'라고 말하는 엄마의 모습은 우리가 익히 보아온 애끓는 모성애의 재현이라고 봐도 무방할 것이다. 그런데 아침이 오고 아이가 잠에서 깨어나면 쟁반 위 피가 흥건한 심장을 보고 과연 뭐라고 말할까? 아이는 원하던 귤 대신 엄마의 심장을 받았다. '나는 너를 위해서라면 심장도 꺼내줄 수 있어' 말하는 엄마에게 아이는 '하지만 나는 그냥 귤을 원해'라고 답할 수도 있지 않을까? 이런 역전은 조금 기이하다.

라캉은 욕구·요구·욕망을 구분하면서, 아이의 언어적 '요구'("귤! 귤!")
에는 생물학적 '욕구'(귤나무의 열매를 원함)와 그것을 넘어서는 더한 것에
대한 갈망-'욕망'(내가 원하는 것을 어떻게든 구해주는 데서 드러나는 엄마의 사
랑)-이 있다고 주장한다. 욕구는 대상을 획득하면 즉각적으로 해소되지만
(귤을 받으면 아이는 만족할 것이다), 그럼에도 충족되지 못한 욕망이 남아 주
체를 결핍되도록 한다(엄마는 정말 나를 사랑해서 귤을 준 것일까? 혹시 귤을 달
라고 떼쓰는 내 목소리가 듣기 싫어서 귤을 줘버린 것은 아니었을까? 타인의 사랑
에 대한 의심은 이런 식으로 무한히 진행될 수 있다.)는 것이 라캉의 요지다. 그
런데 「숨은 귤 찾기」는 아이의 요구("귤! 귤!")에 엉뚱하게도 심장을 주는
모성을 그리고 있다. 귤을 받지 못했으니 이선의 욕구는 해소되지 못한 채
일 것이다. 하지만 심장을 엄마의 전적인 사랑이라고 본다면, 어쩌면 이선
의 욕망은 충족되었을지도 모르겠다.
　라캉의 주체가 '충족된 욕구와 불충족된 욕망'의 상태라면, 백은선의 시
에서는 반대로 '불충족된 욕구와 충족된 욕망'의 상황에 주체가 놓여 있다.
라캉의 아이는 원하던 귤을 받았으나 이것이 사랑의 표현인지 확신할 수
없었다면, 「숨은 귤 찾기」의 이선은 원하던 귤은 받지 못했으나 확고한 사
랑을 받았다. 내가 원하는 것을 주지는 않지만 혹은 내가 원한 적 없는 것을
주지만, 분명한 사랑으로써 그렇게 하는 모성은 이 과잉된 사랑-희생을 통
해 스스로의 정체성을 수립하고 있는 것은 아닐까? 가령 독립한 자녀에게
1인 가구로서는 도저히 감당 불가능한 분량의 반찬을 떠안기는 낯익은 엄
마의 모습은 분명 자녀에 대한 엄마의 사랑을 압축하는 한 장면이지만, 엄
마 자신에 대한 엄마의 사랑이 포착되는 순간이기도 하다. 엄마의 음식은
가족을 먹임으로써 스스로의 쓸모를 재확인하는 주체화 작용의 일환인

까닭이다. 그러므로 「숨은 귤 찾기」에서 아침이 되어 눈을 뜬 이선이 심장(즉, 엄마의 사랑)을 의연히 거부하고 다시 귤을 찾을 때 '희생적 모성애의 주체'로의 승인을 거부당한 시의 화자는 기어이 상처받을 것이다. 그런 의미에서 위 시편의 "빛나는 심장"은 국자의 음식과 닮은꼴이다.

3. 모성 계보와 승계되는 존재론적 죄책감- 현호정의 「연필 샌드위치」(『자음과모음』 2022년 가을호)[7]

현호정의 「연필 샌드위치」는 이미상의 「모래 고모와 목경과 무경의 모험」, 정세랑의 『시선으로부터,』, 최은영의 『밝은 밤』 등 최근 우리 소설이 천착하는 모성 계보 구축의 한 사례에 해당한다. 할머니-엄마-은정으로 이어지는 모성 중심 계보는 작품 안에서 "영적인 탯줄"로 직접 지칭된다. 여성 고유의 육체적 특성에 대한 작가의 관심이 전작 「라즈베리 부루」에서는 생리혈을 소재로 퍼져나가는 여성 신화를 가능케 했다면, 「연필 샌드위치」에서는 탯줄로 이어지는 모성 계보를 그려볼 수 있게끔 한다.

'계보'라고 할 때, 그것이 누구로부터 누구로 이어지는 연속성을 지칭함인가, 즉 계보의 구성원이 누구인가 하는 점 못지않게 중요하고 또 궁금한 것은 계보를 통해 '무엇'이 전승되는가 하는 문제일 것이다. 무엇이 이어져 내려오는가, 어떤 가치가 이들의 연쇄 속에서 영속되는가 하는 것 말이다. 과연 「연필 샌드위치」에서 여성 삼대를 연결하는 영적인 탯줄을 통

---

[7] 3장에서 현호정의 「연필 샌드위치」를 인용할 때는 괄호 안에 쪽수만 표기한다.

해 승계되는 것은 무엇일까? '구수한 맛'에 대한 화자의 각별하고 깊은 사색이 그 정체를 밝혀준다.

"보리차, 숭늉, 된장국 따위에서 나는 맛이나 냄새와 같다." 구수함의 사전적 정의는 이러했는데 아무리 생각해도 보리차와 숭늉과 된장국의 공통점은 최후의 음식이라는 것뿐이었다. 흉년이 들어 먹을 게 없을 때, 몸이 아플 때, 마음이 아플 때. 내 연명이 누군가에게 폐를 끼치는 일이라고 여겨질 때, 그러니까 내가 음식을 먹고서 하루를 더 살아가는 게 이 세계와 주변에 누가 되는 게 거의 확실해졌을 때 그럼에도 불구하고 마주할 수 있는 밥상. 선택할 수 있는 가장 낮은 밥상의 맛이라는 것이었다. 어쩌면 구수한 맛이란 먹는 사람을 죄인으로 만들지 않는 유일한 맛. (163)

"구수한 맛이란 먹는 사람을 죄인으로 만들지 않는 유일한 맛"라는 문장이 직접 언명하고 있거니와, 소설에서 '구수한 맛'은 먹는 행위에 내속적인 죄책감을 기반으로 하여 설명되고 있다. 먹지 않으면 생존할 수 없다는 점에서 이는 존재 자체에 부과되는 죄책감이기도 하다. 어쩌면 화자의 존재는 기본적으로 환대받지 못하기 때문에, 심지어는 천대받기 때문에 존재를 유지하기 위해 먹을 때 화자는 죄의식에 시달리는 것인지도 모르겠다. 성 감별 낙태로 인한 1990년대의 기형적인 성비나, 아들을 낳을 때까지 이어지는 출산과 그로 인한 딸부잣집의 풍경 같은 것을 떠올려 본다면, 나의 존재가 환대받지 못한다는 감각이야말로 가부장제 사회의 여성들이 공유하는 것일 테다.[8] 요컨대 현호정이 그리는 모성 계보에서 영적인 탯줄을 통해 상속되는 것은 존재 자체에 대한 죄책감이다. 나 같은 것이 감히 살아 있다니, 계속 살겠다고 열심히 먹어대는 모습이라니.[9]

물론 "내 연명이 누군가에게 폐를 끼치는 일이라고 여겨질 때, 그러니까 내가 음식을 먹고서 하루를 더 살아가는 게 이 세계와 주변에 누가 되는 게 거의 확실해졌을 때"와 같은 표현은 인간 아닌 것들을 파괴해야만 가능해지는 인류의 생존을 비판하는 생태론적 관점에서 읽을 수도 있을 것이다. 그러나 여성 주체의 생존에 부속된 이 죄책감이 영적인 탯줄 속에서 더해지고 또 덜어지는 기이한 방식을 보노라면, 생태론적 독해가 미처 포섭하지 못하는 영역이 선명함을 곧 알게 된다.

「연필 샌드위치」의 엄마는 운영하던 식당이 어려워지자 거식 증상을 보이며 체중이 줄어든다. 그러자 '나'는 식당 운영을 돕는 한편 "내가 탯줄을 통해 엄마의 몸에 음식을 공급한다는 생각을" 하며 "평소보다 두 배는 많은 음식을 먹"(166)는다. 거식 증상을 보이던 엄마가 밥을 다시 열심히 먹게 되는 것은, 병으로 섭식이 어려워진 할머니를 보살피기 시작하면서부터. 화자와 엄마, 할머니는 영적인 탯줄로 이어져 있어서 그들의 섭식 행위는 서로의 몸에 영양분을 공급하는 것처럼 인지된다. 그들은 나 아닌 다른 사람을 돌보기 위해서 먹을 때에만 열심히, 또 많이 먹을 수 있다.[10]

---

8 이는 한연희의 두 번째 시집 『희귀종 눈물귀신버섯』(문학동네, 2023)이 천착하는 지점이기도 하다. "질투가 났다/태어나자마자 축복을 받는 일은 어떤 것일까?"(「질투 벌레」), "괜히 태어난 게 아닐까 하는 마음"(「미안해를 구성하는 요소」)과 같은 구절을 시집 안에서 얼마든지 찾을 수 있다.

9 할머니에 대한 화자의 거부감도 이런 식으로 구조화되어 있다. "나는 할머니가 멸치를 볶을 때면 할머니가 밥을 먹기 위해 정말 노력한다는 인상을 받을 수밖에 없었다. 그리고 어린 나는 그것이 싫었던 것 같다. 할머니가 열심히 밥을 먹는 것."(164)

10 그러니 현호정식 모성 계보에서 승계되는 것은 죄책감이라는 존재 방식뿐만 아니라 돌봄 노동의

이 연명은 결코 나를 위함이 아니니까, 나 따위가 살아남겠다고 먹는 것이 결단코 아니니까.[11]

 이처럼 생을 죄의식으로 감각하는 일은 먹는 행위를 얼마든지 고통스럽게 만든다. 소설을 장악하고 있는 '연필 샌드위치'의 이미지는 섭식의 곤란함을 효과적으로 표상한다. 화자가 꿈에서 먹어야만 했던 "두 장의 식빵 사이에 연필들을 빽빽하게 끼워"(159) 만든 연필 샌드위치는 미각적 불쾌감을 극대화한다. "나무 안에서 검은 가루로 툭툭 터지며 침을 지독히 떫고 묵직하게 만"(159)드는 흑연을 씹는 기분은 처참하다. "차마 목구멍으로 넘어가지 않는 까맣고 진득한 액체를 계속 우물대고 있다 보니 잇몸과 이의 틈이 시큰거리"(159)기까지 한다. 이 식감을 보완하기 위해 치즈를 닮은 지우개를 넣어보기도 하고, 겨자 소스나 양상추를 한가득 올려보기도 하지만 연필은 연필인 것이다.

 한편 연필 샌드위치는 먹는 일의 고초뿐만 아니라 먹이는 행위의 폭력성도 아울러 제시한다는 점에서 더없이 중요한 이미지다. 화자가 연필 샌드위치를 만들어 먹는 장소는 꿈속의 한 문구점인데, 문구점 카운터의 아주머니는 나를 감시하고 있다. 그녀는 사실 나에게 연필 샌드위치를 먹으라고 강요하고 있는데 그 강요의 방식이 꽤나 문제적이다. "신문에 시선을 집중한 것처럼 보여도 실제로는 그녀가 나에게 집중하고 있다는 것을 모를 수 없"(161)는 방식으로 그녀는 내게 연필 샌드위치를 강제한다. 강

의무이기도 하다.

11 이러한 연결을 여성들 간의 일종의 섭식-연대로, 얼마간 긍정적으로 볼 수도 있지 않을까? 그런 관점은 퇴로가 없는 선택이란 결국 강요된 선택임을 은폐하고 있다. 섭식-연대 속에서는 내가 탯줄을 끊으면 엄마나 할머니가 죽을 수도 있다. 나의 행동을 원인으로 하는 타인의 죽음을 감내해야만 끊어낼 수 있는 연대라는 점에서 이는 차라리 강요된 연대에 가깝다.

압하지 않되 강압하는 이런 방법의 효율성은 두말할 나위 없이 확실해서, 문구점 아주머니는 말 한마디 없이도 그녀가 원하는 것-내가 연필 샌드위치를 먹는 것-을 성취해낸다.

꿈속에서는 룰이 바뀐 것을 직관적으로 체감할 수 있다고 말하는 대목("꿈속의 명령은 말이나 글로 전달되지 않는다. 나는 그것을 그저 알며 느낀다." 160)에서 우리는 이 글의 서두에서 소개한 이야기로 뇌돌아간다. 추측건대 친구의 어머니는 밥을 덜어두고 먹는 자녀에게 '서운하다'라고 결코 소리내어 말하지 않았을 것이다. 단지 상심한 얼굴로, 깊은 한숨 소리와 한 톤 낮아진 목소리로 언짢음을 표현했을 것이다. 식탁의 룰은 말이나 글로 전달되지 않는다. 우리는 그 비언어적 표현들을 그저 알며 느낀다. 그래서 친구는 애초에 밥을 조금만 달라고 말하는 대신, 산더미처럼 쌓인 밥을 자신의 입에 밀어 넣고 우걱우걱 씹어대길 선택했을 것이다.

*

이 글은 가부장제에 의해 일방적으로 여성에게 강요되었다고 믿어온 것-즉, 돌봄 노동의 수행자인 모성-에서 여성의 주체적 정체성 형성 흔적을 발견하고자 했다. 어떤 면에서 이것은 고통스러운 깨달음이기도 할 것이다. "돌봄에 복잡하게 연루된 권력에 주목하는 일은 자칫 이제야 수면 위로 담론화되기 시작한 돌봄의 가치를 훼손하거나 왜곡하는 일이 될 수도 있"[12]다는 염려는 타당하다. 그러나 내게는 두 가지 믿음이 있어서 이

---

12 인아영, 「Healers, carers, and lovers: 돌봄은 문학에서 어떻게 정치적 공간을 만드는가?」, 《뉴 래디컬 리뷰》 2권 3호, 2022년 가을호, 130쪽.

글을 쓰고 싶었고 쓸 수 있었다. 첫 번째는 당연하게도, 강인함에 대한 믿음이다. 여성 주체가 자신의 피해 사실을 탐구하고 폭로하는 것은 피해자 정체성에 머물기 위함이 아니며, 냉철하고 객관적인 현실 인식을 통해 새로운 주체성을 창안해 나가기 위함이다. 두 번째는, 지금 내가 놓인 상징적 지평에는 나 자신의 무의식적 욕망이 투영되어 있음을 실감하는 데서 가부장제적 모성 개념의 폭력성을 탈피할 수 있는 첫 걸음이 시작될 것이라는 믿음이다. 자신의 향유(jouissance)를 자각할 때 비로소 다른 선택지를 고민할 수도 있는 법이다. 주체화가 예속화의 다른 이름이라는 푸코의 말이나, "어머니의 과실은 단지 순순히 착취당하는 희생자 역할을 감내하는 비능동성에 있는 것이 아니라 자신이 그런 역할의 수행으로 축소되는 사회적·상징적 네트워크를 능동적으로 부양하는 데 있다."[13]라는 지젝의 말은 바로 이렇게 읽혀야 할 것이다.

---

13 슬라보예 지젝, 앞의 책, 338쪽.

박동억

후보작

SF시란 무엇인가

박동억

2016년 중앙일보 중앙신인문학상 평론 부문에 당선됨. 저서 및 공저로 『오규원 시의 아이러니 수사학』 『끝없이 투명해지는 언어』 『침묵과 쟁론』 『1950년대생 비평가 연구 2』가 있음.

SF시란 무엇인가

1. SF, 타자와의 새로운 관계

알폰소 쿠아론 감독의 영화 <그래비티>(2013)에는 시와 SF의 장르적 차이를 넘어서는 듯한 하나의 이미지가 제시된다. 그것은 바로 우주로 내던져진 인간이다. 영화의 핵심은 우주정거장에서 일어난 조난 사고이다. 라이언 스톤 박사는 허블 우주 망원경을 수리하기 위해서 우주정거장에 파견되는데, 우주를 떠도는 잔해가 우주왕복선에 부딪히면서 순식간에 우주로 튕겨 나간다. 막막한 우주 속에서 한 인간이 생환하는 과정이 이 영화의 서사이다. 이 영화의 전반부는 시적인 관조, 즉 텅 빈 우주에서 중심을 잃고 휘청거리는 스톤 박사의 얼굴을 비추며 그가 느끼는 공포와 불안을 묘사하는 데 초점을 둔다. 이 영화의 후반부는 과학적 사고, 즉 합리적 판단에 근거하여 생환하는 방법을 찾아내는 과정에 초점을 둔다.

세상에 내던져진 존재라는 진실 앞에서 우리는 어느 방향을 보아야 할까. 자신의 얼굴을 들여다보는 것이 시 장르의 시선이라면 세상으로 나아가는 자신의 뒷모습을 바라보는 것이 SF의 시선이다. 존재 이유에 대하여 자신의 내장을 추궁하여 답을 구하는 자가 시인이고 세계의 질서를 탐구하여 답을 얻는 자가 과학자이다. 시와 SF는 장르적으로 다를 뿐만 아니라 근본적으로 다른 삶의 자세이기 때문에 동궤에 놓기 어렵다. 그렇기에 <그래비티>에서 가장 흥미로운 장면은 라이언 스톤 박사가 난관을 극복할 수 있는 의지와 해결책을 환상의 형식으로 얻는 대목이다. 영화의 후반부에서 스톤 박사는 간신히 비상 탈출용 우주선에 도착하지만, 연료가 없다는 사실을 깨닫고 절망한다. 그는 웅크린 채 죽음을 받아들인다. 그때 우주정거장의 사고로 죽은 동료의 환상이 나타나 그에게 힘을 북돋고 살아남을 수 있는 계획을 알려준다. 이 환상은 과학적 사실과 시적 모호성이라는 경계를 흐트러트린다. 죽은 이의 목소리가 환상이라는 형식으로 '내면에서' 솟아올라서 합리적 해결책을 제시할 때 시적인 시선과 SF적인 시선은 교차한다.

이보다 의미심장한 것은 타자의 환영이라는 형식이다. 스톤 박사는 분명히 체념한 채 죽음을 받아들이고 있었다. 타자의 환영은 자신을 미리 애도하던 자, 동시에 해결할 수 없던 난관에 부딪힌 자에게 삶의 의지와 해답을 전한다. 무엇보다 어떠한 타자인가. 쿠아론 감독이 선택했을 이 환상은 가족이나 친구의 형식이 아니라 '같은 장소에서 죽음을 경험한 사람', 즉 우주정거장의 사고 때문에 희생된(심지어 스톤 박사를 위해 희생한) 동료의 형식으로 나타난다. 이 장면에서 <그래비티>는 하나의 윤리적 물음을 남긴다. 삶을 가능하게 하는 것은 무엇인가. 무엇으로부터 우리는 살고자 하는 의지를 얻고, 무엇 때문에 삶을 탐구하려는 자세를 견지하는가. 이 장면은 어쩌면 인간의 감성과 이성이라는 내면의 원동력을 넘어서 살아갈 이유를 만들어주는 것은 '나와 같은 경험 속에서 죽어가는 타인의 목소리'라는 사실을 암시한다.

    이 글의 서두에서 영화 <그래비티>에 대한 분석을 통해서 암시하는 동시에 내가 미리 주장하려는 바는 다음과 같다. 만약 SF시라는 장르가 가능하다면, 다시 말해 우리 시대에 합리적 사고와 정서적 사고가 동궤에 놓이는 '말하기 방식'이 장르화될 수 있다면 그것은 타자에 대한 새로운 윤리적 태도를 정립하는 의지와 떼어놓을 수 없다는 것이다. 내적 성찰과 세계의 탐구라는 두 가지 시선 사이에서, 우리와 똑같이 세상을 바라보며 나란히 선 타자가 있다. 실상 그 타자야말로 우리가 관계할 수 있고 의지할 수 있는 세계의 가장 확고한 지평이다. 그리고 우리는 이 수평적인 토대로부터 '응답받을 때' 비로소 우리는 세계를 살아낼 수 있고, 또한 세계를 기록할 의지를 얻는다. 나는 바로 타자에 대한 윤리적 태도야말로 SF시의 기원이라고 주장하고자 한다.

    이 글의 목적은 한국 현대시에서 SF시 장르가 규범화될 수 있는지 그 가능성을 탐구하는 것이다. 제1절에서는 <그래비티>에 대한 분석을 통해 SF시의 가능성과 그 조건, 그리고 SF시 장르의 필요성을 미리 암시하고자 하였다. 이제 문학적인 탐구로서 제2절은 SF 장르의 역사를 정리하는 데 할애된다. 하지만 이 글의 핵심적인 논지와 현대시의 분석만을 확인하고자 하는 사람은 제2절을 건너뛰고 제3절부터 독해하여도 좋을 것이다.

2. SF장르의 역사

과학소설(Science Fiction)이라는 단어에서 'fiction'이라는 단어는 한국 사회에서 서사 장르를 가리키는 데 통용되고 있다. 이 때문에 SF시라는 용어는 성립할 수 없거나 느슨한 의미로만 통용할 수 있는 것처럼 보인다. 하지만 과학소설이라는 용어를 최초로 사용한 이는 1851년 영국의 시인이자 비평가인 윌리엄 윌슨(William Wilson; 1801 ~ 1860)이었으며, 그는 '과학소설이란 그 자체의 시적이거나 진실할 수 있는 즐거운 이야기로 조직된 드러난 과학적 사실'이라고 규정했다.[1] SF라는 용어를 떠올리는 최초의 과정에서 '시적인(poetical)'이라는 단어를 연상했다는 사실은 흥미롭다. 흔히 문학이 욕망된 미래를 예시하고 과학이 실현 가능한 미래를 예시한다는 차이를 떠올려 보았을 때, 윌슨의 용례는 오히려 과학적 사실과 시적인 욕망이 변증하는 순간 SF 장르가 탄생한다고 설명하는 듯하다.

SF문학 혹은 'SF적인' 문학은 언제 탄생했을까. SF의 기원을 설명하는 방식에는 적어도 두 가지가 있다. 하나는 미적 형식으로부터 그 기원을 추론하는 과정이다. 이것은 미국에서는 1970년대 무렵부터 SF에 관한 학문적 연구가 진행되면서 나타난 이해의 방식이다.[2] 상당수의 연구자는 메리

---

[1] Science Fiction이라는 표현을 최초로 사용한 용례는 윌리엄 윌슨의 평론집 *A Little Earnest Book Upon A Great Old Subject: With The Story Of The Poet-Lover*(1851)의 10장에서 발견된다. "Science-Fiction, in which the revealed truths of Science may be given interwoven with a pleasing story which may itself be poetical and true." 이 인용구는 미국 사학자 H. 브루스 프랭클린 (Howard Bruce Franklin; 1934 ~)의 홈페이지에서 재인용하였다(https://www.hbrucefranklin.com/articles/history-of-science-fiction/).

[2] 대표적인 1970년대 SF문학 연구서로는 브라이언 올디스의 『10억 년의 잔치』(*Billion Year Spree*; 1973)와 다르코 수빈의 『과학소설의 변형』(*Metamorphosis of Science Fiction*; 1979) 등을 꼽을 수 있다.

셸리의 『프랑켄슈타인』(1818)을 SF의 효시로 꼽는다.³ 하지만 브라이언 올디스는 조너선 스위프트의 『걸리버 여행기』(1726)를 SF의 효시로 볼 수 있는지 숙고했다. 더 나아가 SF 소설가이자 연구자인 아담 로버츠는 길가메시 서사시의 새로운 세계를 찾아 헤매는 영웅을 SF의 전형으로 이해하는가 하면, 존 밀턴의 『실낙원』(1674)을 SF문학의 기원으로 제안한다.⁴

SF의 기원을 설명하는 또 다른 방식은 SF문학을 소비할 수 있는 문화적 토대가 형성된 시기를 살피는 일이다. 이 경우 SF 장르를 대중에게 보급하는 잡지가 형성되는 시기가 주안된다. 미국에서 SF라는 용어를 일상적으로 사용하는 데는 휴고 건스백(Hugo Guernsback)의 기여가 크다. 그는 1916년부터 줄곧 'Scientifiction'이라는 용어를 사용하여 일군의 작품을 장르화하려고 했고, 1926년 4월 최초의 SF 펄프 잡지 〈어메이징 스토리스〉(Amazing Stories)를 창간했다. 비록 1929년 건스백은 파산했지만, 1920년대 말에서 1930년대까지 경쟁적으로 SF 펄프 잡지들이 창간되었다. 이로써 1930년대 미국에서 SF 생산하는 작가층과 소비하는 독자층이 형성될 수 있었다.⁵

한국이 경우 식민지 시기부터 조금씩 SF문학이 번역되거나 창작되었다. 한국에 최초로 번역된 SF문학은 쥘 베른의 『해저 2만리』(1870)의 일부를 중역한 「해저여행기담」이며, 이것은 1907년 3월부터 1908년 5월까지 유학생 학회지인 〈태극학보〉에 소개되었다. 비록 유학생을 위한 학회지에 수

---

3 SF문학의 효시를 『프랑켄슈타인』으로 보는 관점은 한국 SF 연구자들에게도 폭넓게 수용되었다. 고장원, 『SF의 법칙』, 살림, 2008, 26쪽 참조.

4 더 정확히 말해서 아담 로버츠는 메리 셸리의 『프랑켄슈타인』과 더불어서 퍼시 셸리의 『마브 여왕』(1813), 윌리엄 블레이크의 『천국과 지옥의 결혼』(1793), 존 밀턴의 『실낙원』(1674) 등으로 SF기원을 소급한다. Adams Roberts, *Sciencie Fiction*, Routledge, 2000, p.55 참조.

5 셰릴 빈트·마크 볼드, 『SF 연대기 – 시간 여행자를 위한 SF 랜드마크』, 송경아 옮김, 허블, 2021, 1장 참조.

록했다는 한계 때문에 많은 독자가 접할 수는 없었지만, 일본에서 유학하던 박용희가 쥘 베른의 번역에 임했던 동기는 '허식'과 '공상'에 빠진 전래의 소설을 극복하고 유학생들이 과학적 진리를 받아들이도록 하는 데 있었다.

대중을 위해 번역된 최초의 SF문학은 1908년 11월 희동서관에서 출간된 『과학소설 철세계』라고 할 수 있다. 이는 쥘 베른의 『인도 왕비의 유산』(1879)을 이해조가 번안한 소설이다. 〈황성신문〉 1908년 12월 10일의 기사 「科學小說 鐵世界」를 살피면, 이 작품이 미국의 소설가 '가이워니(迦爾威尼)'(쥘 베른)의 소설이며 "신지식계발에 유용"하기 때문에 추천하고 있음을 확인할 수 있다.[6] 이후에도 『과학소설 비행선』(동양서원, 1912) 『제클과 하이드』(조선야소교서회, 1921) 『월세계여행』(박문서관, 1924) 등이 간행되었다. 이러한 작품들은 문해력을 갖춘 소수의 독자에게만 유통되었을지라도 SF문학을 대중에게 알리는 계기가 되었다.

보다 본격적으로 SF장르의 독자층이 형성되려면 과학적 지식을 통해 세상을 이해하는 세대의 출현이 전제되어야 한다. 이 때문에 한국 최초의 창작 SF문학인 김동인의 단편소설 『K박사의 연구』(1929)은 비교적 이른 시기에 등장하지만, 본격적인 SF소설과 그 수용층이 등장하는 시점은 한국전쟁 이후에야 가능했다. 한국전쟁 이후 냉전체제에 편입된 한국 사회에서 과학 교육은 이념 경쟁에서 승리하기 위해서 필요한 것이었다. 출판사들은 경쟁적으로 과학에 관련한 아동서적을 간행했고 『어린이과학전집』(김용사, 1947) 『소년소녀 세계과학모험전집』(아테네, 1959) 등이 대중에게 보급되었다.

---

6 「科學小說 鐵世界」, 〈황성신문〉 1908. 12. 10.

한국 사회에서 SF장르의 독자층이 형성되는 것은 1960년대 전후의 일이라고 할 수 있다. 과학 교육의 입안과 맞물려 1960년대에 SF장르가 일반화될 수 있었다. 최초의 SF 장편소설인 문윤성의 『완전사회』(수도문화사, 1967)는 바로 이러한 배경에서 간행될 수 있었던 것이다. 또한 〈학생과학〉(1955. 11. ~ 1983. 12.)과 같은 청소년 과학 교양지가 창간되며 SF문학이 어린 세대를 매혹하게 된다. 하지만 SF문학을 하위 장르로 이해하는 관점이 지속했다. 이것은 1960년대 SF문학이 근본적으로는 우주를 개척하는 남성 주인공을 등장시켜 제국주의적 남성 문화의 확장을 실현해가는 이데올로기 서사의 변주에 지나지 않았다는 분석처럼,[7] 1960년대까지 SF장르가 순수문학의 소재적 변주로만 이해되었음을 뜻한다.[8] 이처럼 SF문학의 형성에는 정치적·사회적 요구가 큰 영향을 끼쳤으며, 작품의 다양성과 별개로 SF문학을 소비하는 방식은 리얼리즘적이었다고 할 수 있다.

이와는 달리 현재의 SF문학은 1990년대 탈중앙적인 소통의 매체, 즉 PC통신이 등장하는 과정을 배경으로 삼고 등장했다. 1990년대는 냉전 체제가 무너지고 자유롭게 소통의 장을 만늘어낼 수 있는 네트워크가 형성된 시기이다. 1990년대에 복거일과 듀나와 같은 SF작가가 창작과 비평 양면에서 활동하며 주목받기 시작한다. 또한 2000년대에는 인터넷을 통한 SF 공모전이 등장하면서 장르 소설을 전문으로 하는 작가가 본격적으로 등장한다. 최근 활동하는 김보영·김초엽·정세랑 작가의 SF소설에서 다루

---

7 장수경, 「1960년대 과학소설의 팽창주의 욕망과 남성성」, 《아동청소년문학연구》 제23호, 245-277쪽 참조.
8 이지용의 최근 연구 또한 문윤성의 작품 세계를 분석하며 "분단국가라는 거대한 사회적 구조 안에서 대중문화로서 다양한 서사를 형성하는 것이 얼마나 어려웠는지를 확인하게 해준다"라고 결론 내리고 있다(이지용, 「한국 SF 소설의 역사가 보여 준 특징과 현재」, 《문명과 경계》 제6호, 2023, 236쪽).

는 주제와 동시대 순수문학에서 다뤄지는 주제는 구별되지 않는다. SF문학은 사회적 관계에 대응하거나(페미니즘), 기후위기를 예각화하거나(인류세), 인류의 미래를 예견하는(포스트휴머니즘) 주제를 다루고 있다.[9]

한 가지 간명한 사실은 SF장르의 중심에는 언제나 소설이 놓여있었다는 것이다. 번역과 창작 양면에서 모두 그렇다. 이는 마치 국가와 국가 사이에서 과학적 상상력을 유통하는 방식, 그리고 국가 내에서 과학적 지식을 재생산하는 방식으로서 '소설'이 적절하다는 것을 암시하는 듯하다. 근본적으로 SF장르가 미래를 예시하는 장르라면, 서정적 순간을 다루는 시 작품보다 서사적 시간을 다루는 소설 작품이 SF적인 것은 타당해 보인다. 시간을 표현하는 데 있어서 소설이 SF적인 인과관계와 합리적 세계관을 표현하는 데 적합하기 때문이다. 하지만 이러한 한계에도 불구하고 이 글이 밀어붙이고자 하는 것은 SF시라는 개념이며, 더 정확히 말해서 다음과 같은 질문이라고 할 수 있다. 우리 시대에 SF시라는 개념은 왜 필요한 것인가.

3. SF시의 가능성 : 불안의 정동으로부터 불안의 상상력으로

한국 문화에서 SF문학은 적어도 세 가지 의의를 지니고 있다. 첫째로 SF장르는 지식인 계급이 과학 지식이나 합리적 사고에 대한 대중의 폭넓은 관심을 유도하기 위한 교육의 도구였다. 식민지 시대에 쥘 베른의 SF소설이 한국에 번역되어 소개된 사례가 대표적이다. 둘째로 SF장르는 국가 차원에서 다른 국가와의 기술 경쟁에 임할 수 있는 젊은 세대를 육성하기

---

9 이지용, 위의 글, 248쪽 참조.

위한 매체로 확장한다. 이는 한국전쟁 직후 정부의 '과학화' 기조와 맞물려 과학소설전집이 발간되고 SF잡지가 창간되는 현상으로 나타났다. 그리고 1990년대 이래 SF장르는 PC통신의 성립과 맞물려 대중적 소통의 장으로 변화했다. 이러한 움직임은 SF문학과 순수문학의 경계를 흐릿하게 만들었으며, 여성운동, 환경파괴, 동물권 등과 같은 주제를 공유하게끔 하였다.

중요한 것은 이러한 역사적 전개에서 SF문학은 곧 SF소설이었다는 사실이다. 따라서 귀납적으로 묻자. SF시 또한 SF소설과 마찬가지로 과학적 교육의 도구이거나 과학 지식의 매체가 될 수 있는가. 이러한 목적을 위해서라면 시 장르는 적절한 수단이 될 수 없을 것이다. 왜냐하면 시 장르는 근본적으로 세계에 대한 보편적 앎을 나누는 방식이 아니라 세계에 대한 고유한 표현이기 때문이다. 시에 과학을 도입하는 순간 언제나 과학적 경험에 대한 사적 체험의 승리가 행해지기 마련이다.

그렇다면 SF시의 가능성이 형성되는 시기는 적어도 SF장르가 대중의 다성적인 발화구로 이행하는 1990년대 후반이라고 추정할 수 있다. 다시 말해 SF가 과학 지식의 전달방식이 아니라 과학적 경험을 분유하는 대화 수단으로 인지될 때 비로소 하나의 시 작품에서 SF적인 요소를 발견하는 과정이 의의를 지니게 된다. 최초로 가정할 것은 기술 발전을 공통의 현실로 '목격하는' 1970~1980년대 도시시의 주체가 기술을 주체화의 과정으로 '체험하는' 1990~2000년대 SF시의 주체로 이행한다는 전제이다. 주목할 것은 가능한 현실이 아니라 가능한 주체인 셈이다.

몸 속에 웹 브라우저를 내장하게 되었어. 야금야금 제 속을 파먹어 들어가는 달. 신이 몸 속에 살게 되었어. 신은 이제 몸 속에서 키울 수 있는 존재야. 몸 속에는 사철나무, 산. 목이 잘린 불상. 금칠이 벗겨진 십자가. 당신이 보낸 천년에 한 번 우는 새. 당신이 내게 올 때 걸었던 최초의 오른발과 왼발. 기어이 제 살을 다 파먹은 달. 그물로 된 달. 그물에 걸린 신들의 꼼지락거리는 손가락들과 발가락들을 생각해봐. 몸 속이 점점 비좁아지고 있어. 십계명을 새긴 돌이 자궁 속을 굴러다니고 있어. 사막을 건너 아버지가 찾아와 내 몸이 신전이니 죽은 아버지가 새벽마다 기도해. 몸 속은 무덤이 아니야. 방금 네가 날 검색했잖니. 서른 닢의 은전도 받지 않고, 새벽은 아직 멀었는데, 쉬지 않고 아버지를 부정해. 더 이상 신전은 몸 밖에는 없어. 이제 낮과 밤은 몸 속에서 만나고, 낮과 밤은 몸 속에서 헤어지고. 신들은 내 몸을 로터스 꽃처럼 먹고 꾸역꾸역 자라. 몸은 구멍투성이야. 신들의 취미는 피어싱. 구멍은 신들의 수유구. 아니면 주유구. 세상은 구멍이야. 만개하는 몸이야. 열리고 닫히는 몸

— 이원,「몸이 열리고 닫힌다」전문,
『야후!의 강물에 천 개의 달이 뜬다』(문학과지성사, 2001)

본격적 SF시는 아니지만 SF적인 성격을 띠는 이원 시인의 두 번째 시집 『야후!의 강물에 천 개의 달이 뜬다』를 상기해 보자. 시인은 이미 첫 번째 시집 『그들이 지구를 지배했을 때』(문학과지성사, 1996)부터 PC, 드라마, 대중음악 등의 소재를 다루면서 대중매체가 인간의 인식 속도에 미치는 변화를 표현하고자 했다. 매체의 영향이라는 주제는 두 번째 시집에서 더 첨예해지며, 시「몸이 열리고 닫힌다」에서는 아예 '몸속에 삽입된 웹브라우저'라는 이미지로 형상화되고 있다. 이 작품에서 '몸'은 웹브라우저로 가득 차 비좁고 끝내 구멍 난 것으로 훼손된다. 이러한 이미지는 첨

단 기술에 대한 공포를 표현한다.

더 정확히 말해서 이 작품은 1997년 서비스되었던 웹사이트 Yahoo에 대한 시인의 비판적 인식을 드러낸다. 인간 존재는 웹브라우저에 의해 장악될 것이다. 의미심장한 것은 이 작품이 '신'이라는 타자를 호명함으로써 주제를 강화하고자 한다는 점이다. 새로운 시대에 웹브라우저는 '몸속에 살게 된 신'이 되었다. 이제 몸은 웹브라우저를 모시는 '신전'이고, "더 이상 신전은 몸 밖에는 없"다. 인터넷이라는 세속적인 신성은 이제 기존의 신성성을 파괴할 것이다. 이때 이러한 메시지는 신앙에 근거했다고 보기 어렵다. 시인의 최근 시집까지 살펴보았을 때 신성은 주된 소재가 아니라는 점을 확인할 수 있기 때문이다. 그런데도 '신'과의 관계를 부각하며 시인이 부각하려는 것은 신체의 황량함이다. 신본주의 시대의 종말과 더불어 세계를 상실하는 듯한 불안의식이 두드러지게 된다.

동시대의 첨단 문물에 대한 공포와 불안은 현대시에서 지속해왔던 주제처럼 보인다. 즉 무분별한 도시 발전을 비판하는 작품들을 연상케 한다는 점에서 이 작품은 놀랍지 않아 보인다. 하지만 이 작품을 특별하게 만들어주는 것은 화자이다. 이 작품은 기술적 변화를 목격하는 '농민'이나 '시민'과 같은 계급적 입장에서 서술되는 것이 아니다. 대신 단순히 새로운 기술을 받아들이는 '사용자'를 화자로 내세운다. 웹브라우저를 사용하는 '나'는 마치 웹브라우저 또한 '나'를 사용하는 듯한 감각에 사로잡히는데, 이로써 "방금 네가 날 검색했잖니"라는 문장은 가능하다. 따라서 야기되는 불안은 사회적 불안이 아니라 실존적 불안이며, 그러한 불안은 하나의 새로운 도구와 접촉함으로써 발생하는 것이다. 세상이 송두리째 재구성되는 듯한 감각이 곧 '신'에 대한 호명으로 표현되는 셈이다.

불안의 근원은 하나의 새로운 발명품이 '나'의 신체를 재구성하는 듯한 이질감이다. 더 정확히 말해서 여기서 '나'를 재구성하는 것은 정보의 패턴이다. 캐서린 헤일스는 현실에 기초하는 전통적 소설과 달리 가상의 시공간에 기초하는 SF문학의 서사를 '정보 내러티브'라고 부른 바 있다. 이때 정보 내러티브는 물질적 시공간이 아니라 신체와 사이버스페이스 사이에서 정보를 교환하는 '패턴'이 곧 서사를 이룬다. 헤일스의 독창적 주장은 정보와 접촉하고 수용하며 이해하는 패턴 자체가 곧 우리의 신체를 인식하는 방식을 재구성한다는 것이다. 기술 문명이 발전한 시대에 "패턴은 현존을 압도하"는 것이다.[10] 느슨하게, 이원의 시는 SF적이라고 말할 수 있다. SF시는 SF소설처럼 정보 내러티브를 서사화하는 장르는 아니다. 그러나 SF시는 정보 내러티브의 본질적인 '패턴'을 형상화한다. 이원의 시는 신성성이 파괴된 신체, 정보를 받아들이는 '주유구'로 전락한 신체를 표현한다는 점에서 절망적 정동으로 주조된 신체적 패턴을 그려낸다고 할 수 있다.

　　기지가 건설됐다. 사람의 힘으로 막을 수 없는 사람의 힘 덕분이었다. 그로써 달이 사라졌다. 파도가 가라앉았다. 푸른 자정의 순환이 사라진 심해에서 숨죽인 이들의 허파꽈리가 물거품으로 떠올랐다. 죽은 달의 사정액처럼. 앞으로도 영영 기지에는 아무도 살지 않는다. 기지는 빈 기지일 뿐. 이름 없는 군함들이 기지를 조문하고 사라졌다. 기지의 노포핵이 껍질을 벗었다. 커졌다. 우뚝 섰다. 조준과 발사. 때때로 정체가 분명한 다국적 유령선들

10　캐서린 헤일스, 『우리는 어떻게 포스트휴먼이 되었는가』, 허진 옮김, 열린책들, 2013, 80쪽.

이 기지를 뚫지 못하고 해체됐다. 파스칼, 얼굴들은 물러나야 해. 물러나서 얼굴들은 기지의 촌에 숨어 있는 자들이 되어야 해. 파스칼이 입을 다물고 있을 때 얼굴들은 사람이 다시 사람이 되는 일의 기진맥진함을 저 멀리 불어 터진 허파들로부터 찾으려 했다. 기지는 홀로 드넓어졌다. 기지의 피스톤 운동을 피해 얼굴들은 멸종 위기에 처했다. 멸종의 미토콘드리아는 생물의 어깨 위로 내렸다. 붉은 눈이었다. 얼굴들은 1헤르츠씩 주저앉는 어깨를 맞대고 서로에게 호흡을 쌓았다. 파스칼은 시간을 가로질러 가려 했다. 얼굴들은 입을 모아 실패한 공작을 이야기했다. 파스칼, 얼굴들에게 남은 건 단 한 번의 기회뿐이야. 기지는 황홀하게 황폐해졌다. 얼굴들은 기지의 핵심으로 모였다. 얼굴들은 융합되고 폭발했다. 백과 흑. 바다에 구멍이 뚫렸다. 기지는 기지로 기지로 기지로 기지를 넓힌다. 기지는 신속하고 정확하게 섬으로 뻗어 온다. 구멍을 지나온 파스칼은 최첨단의 불안을 안고 단단한 바위 해변의 입구에 당도했다. 붉은발말똥게들이 달빛을 생포한 집게다리를 사납게 쳐들고 줄지어 좌로 좌로 이동 중이었다. 파스칼은 해변의 끝에 있는 미래의 기지를 향해 dp5를 움직였다. 과거에 찍히는 파스칼의 발자국들이 점점 더 선연해졌다.

— 김현, 「THE FUTURE」부분[11], 『글로리홀』(문학과지성사, 2014)

실존적 정동과 패턴의 측면에서만 SF를 연상케 한다고 볼 수 있는 이원의 시와 달리, 김현의 첫 시집 『글로리홀』은 뚜렷이 SF적 소재를 차용한 작품집이다. 퀴어 시집의 전형으로 간주할 수 있는 『글로리홀』에서 비교

---

11 본래 『글로리홀』 전반의 시에는 각주가 달려있다. 각주로는 가상의 내용을 부기하거나 한 시구를 어떻게 감상해야 하는지 안내하는 내용이 덧붙여진다. 여기서는 각주를 제외한 본문 전체를 인용하였다.

적 소수의 작품이 SF소재를 다루고 있는데, 여기 「THE FUTURE」는 우주적 규모의 기상이변으로 인해 세상이 멸망하는 과정을 그리는 작품이다. '달'이 사라졌고 "푸른 자정의 순환이 사라진 심해에서" 사람들은 심해에 '기지'를 건설하면서 생존하고 있다. 그러나 그 '기지'조차 더 이상 아무도 살지 않는 공간이 되어버린 뒤, '다국적 유령선'이 나타나 기지를 침략하고자 시도하거나 사람이 부재한 기지가 홀로 '드넓어지는' 미스테리한 사건이 뒤따른다.

이 작품의 서사는 의도적으로 모호하다. "실패한 공작"이 일어나고 "바다에 구멍이 뚫"리며 희망이 사라지는 묵시록적 분위기만이 뚜렷하다. 모호함을 가중하는 것은 "기지의 노포핵이 껍질을 벗었다. 커졌다. 우뚝 섰다."라는 표현처럼 '기지'가 곧 남근을 연상케 한다는 점이다. 기지가 성애를 연상케 한다면, '홀로 드넓어지는 기지'란 고착된 성욕을 떠올리게 한다. 더불어 사람을 '얼굴들'이라는 제유로 총칭하는 것 또한 눈에 띈다. "사람이 다시 사람이 되는 일의 기진맥진함"이라는 표현처럼, '얼굴들'은 사람다움을 잃은 채 숨어있거나 죽어가는 것으로 묘사된다. 이를 배경으로 삼아서 '파스칼'이라는 인물이 걸음을 옮기고 있다. 그의 걸음은 '시간을 가로지르며' 미래로 나아가는 전진으로 규정된다. 그가 "최첨단의 불행"을 끌어안은 채 "해변의 끝에 있는 미래"로 나아가는 것은 곧 이러한 묵시론적 세계를 받아들이는 과정으로 이해된다.

이 시의 과도한 모호성 때문에 유의미한 해석에 도달하려면 징후적 독법으로 옮아가야 할 것이다. 내면, 관계, 세계라는 세 층위에서 모든 것이 병증을 앓고 있다. '홀로 드넓어지는 기지'로 빗대어 표현된 성욕은 고착된 채 배출되지 못한다. 한편 "사람이 다시 사람이 되는 일의 기진맥진함"

을 깨달은 '얼굴들'은 숨거나 찾아 헤맬 뿐이고, 애초에 멸종위기에 처해 있다. "얼굴들은 융합되고 폭발했다"라는 시구처럼 관계는 언제나 파국으로 치닫는다. 마지막으로 '바다'는 구멍이 뚫린 채 소실되고 있다. 그렇다면 표면상 이 작품의 주제는 욕망의 죽음이고, 관계의 상실이며, 세계의 종말이다. 무엇보다 이 주제의식을 매끄럽게 서사화하지 못하는 시 형식 자체가 가장 근본적인 징후이다.

그런데 이 시는 유희적 태도로 일관하고 있는 것은 아닌가. 이 시를 징후적 독법으로 읽어나가면 결국 자연스럽게 세계에 대한 정합적 인식을 상실한 주체를 유추할 수 있다. 따라서 이 시 또한 불안의식을 주제로 한다. 하지만 이러한 결론은 만족스럽지 않다. 의도적으로 SF적 스펙터클을 차용하고 있다는 사실 또한 고려해야 하기 때문이다. 어쩌면 시인은 SF소재를 차용함으로써 불안을 '느끼는' 위치에서 불안을 '상상하는' 위치로 이행하는 것은 아닐까. '달이 사라지는' 우주적 규모의 상상력부터 '멸종의 미토콘드리아'라는 현미경적 상상력에 이르기까지, 이 시의 정조인 불안의식은 SF적 상상력에 의해 탄력적으로 변주된다. 이러한 상상 덕분에 세상 모든 것이 위태로운 풍경을 그려내는 마음이 곧 그것과 유희하는 태도로, 이 시의 표현을 빌리자면 '황홀하게 황폐해지는' 태도로 전이될 수 있다.

앞서 이원 시인의 시는 웹브라우저를 최초로 사용하는 세대의 충격을 반영한다. 그는 새로운 매체의 사용자가 느끼는 불안의식을 '정보가 삽입된 신체'의 이미지로 그려낸다. 그의 '몸속'에서 육체의 신성성은 정보의 패턴으로 대체된다. 이에 비해 김현 시인의 시에서 불안은 묵시론적 세계관으로 확장한다. 이원의 시에서는 신의 상실이라는 주제 속에서 사람이 무엇에 기댈 것이냐는 물음을 연역할 수 있다. 하지만 김현의 시에서 자아, 타인, 세계가 모두 몰락하는 것으로 묘사된다는 점은 그 어느 곳도 기댈 수 없다는 징후를 표현한다.

그런데도 이원의 SF적인 시로부터 김현의 SF시로의 이행은 중요한 가능성을 지닌다. 김현은 스펙터클과의 유희 속에서 불안을 'SF적 문법을 빌려' 다시쓰기하는 능동적 태도를 보인다. 이로써 새로운 매체가 야기했던 불안의 정동은, 다시금 그 매체적 경험을 빌려 자아·관계·세계를 재인식하는 태도와 맞닿게 된다. SF가 가능한 미래에 대한 응답이라면, 가능한 미래가 야기하는 수동적 정동을 능동적 상상력으로 이행하는 힘이야말로 바로 SF시가 지닌 중요한 형식인 셈이다.

4. 2020년대 SF시의 양상

'사회적 기반 없이 이성은 실현될 수 없다'라는 유물론적 테제에 덧붙여, 우리는 새로운 사회적 기반을 받아들이는 마음 없이 이성은 실현될 수 없다는 테제를 세워볼 수 있겠다. SF시는 새로운 물질적 기반에 대한 정동적 반응이다. 그런데 우리가 숙고할 것은 새로운 사회적 조건을 수용하기 위해서는 기존의 사회적 조건을 애도해야 한다는 사실이다. 이 이율배반을 우리는 제3절에서 음미할 수 있었다. 디지털 시대에 대한 반응으로서 이원 시인은 신성성이 상실을 애도한다. 또한 김현은 SF적 묵시록을 도입하여 세계 전체를 애도하는 자세를 보인다.

끝없이 발전하는 기술 문명 속에서 인간의 느끼는 불안의식이 SF시의 주조라면, 인간은 어떻게 그 미래를 의연하게 받아들일 수 있는가. 끝없는 발전이 자아내는 두려움은 어떠한 타자에게 기댈 때 극복 가능한 것인가. 이제 'SF적인' 시를 벗어나 최근의 SF시를 논의해 보도록 하자. SF시란 간단히 시인 자신이 SF라고 표명한 작품과 이러한 작품들과 유사한 장르군이라고 규정할 수 있다. 만약 SF시가 고유한 장르적 규범을 가진다면 우리는 SF시를 귀납적으로 살펴보고 SF시의 개념을 얻어낼 수 있을 것이다.

—절벽만 있는 곳이 우주라면 이 땅이 그랬습니다

방독면을 쓴 소년은 하얀 바이러스들이 무릎까지 차오른 번화가로 나갔습니다—공중의 소형 비행기들은 날개를 접는 법을 잊어버리고 미지로 날아갔지만—소년은 날 수 있다는 사실을 잊어버리고—잡초가 무성한 팔을 흔들며 걸었습니다

—탐사선들이 보낸 미지의 사진들은 이상한 그리움을 불러일으켰습니다만

잘리지 않고 남겨진 나뭇가지의 심정으로 소년은 걸었습니다—여기저기서 아득한 굉음들이 방사형으로 퍼져가는 날들—소형 비행기들은 고물이나 괴물이 될까봐 날개를 접지 않는다는 사실을 늦게야 떠올렸고—소년에게 새하얀 하늘은 그저 죽기에 적합할 뿐—태초로 향하는 비행기는 없었습니다

—처음으로 돌아갈 수 없는 곳이 우주라면 이 땅이 그렇습니다

그러나 이상하게도 모든 것이 이 땅으로 옵니다—목성의 아침 인사였

던 새가 이곳으로 왔듯이—새가 날아가면 시민들은 연유를 모르는 채 시선을 빼앗깁니다—나 또한 너처럼 지구와 너무 다르지 않니—라는 눈빛으로—가끔은 아침의 거리에서 얼굴을 꺼내 묻곤 합니다—나는 누구와 함께 이곳에 온 것이지?

— 김향지, 「지구에서 발견된 필름—SF」 전문,
『얼굴이 얼굴을 켜는 음악』(문학동네, 2021)

총 5편으로 이루어진 '지구에서 발견된 필름' 연작은 소재와 주제 양면에서 SF시에 부합한다고 할 수 있다. 이 연작의 주제의식은 그 무엇도 나아지지 않는다는 정체감이라고 할 수 있는데, 「지구에서 발견된 필름—SF」에서는 묵시론적 분위기가 부각되고 있다. 대지는 바이러스로 뒤덮였고, "여기저기서 아득한 굉음들이 방사형으로 퍼져가는 날들"이 지속된다. 하늘과 우주는 도피처가 되지 못한다. '소년'은 저 소형 비행기처럼 미지로 날아가는 방법을 '잊었을'뿐더러 "소년에게 새하얀 하늘은 그저 죽기에 적합할 뿐"이다. 다만 '처음으로' 되돌릴 수 없는 삶 속에서 '이상하게도' 모든 것이 이 땅에 도착하고, 또한 시민들은 '연유도 없이' 새를 올려다보고 있을 뿐이다. 여기서 상실된 것은 세상을 바로 보거나 갱신하려는 인간의 의지이다.

음미해 볼 것은 "나는 누구와 함께 이곳에 온 것이지?"라는 마지막 시구의 반문이다. 마치 온 세상이 죽음을 받아들이는 듯한 체념의 세계 속에서 왜 시인은 내면이나 세계에서 답을 구하는 것이 아니라 '누구와 함께 이곳에' 온 것인지 묻고 있는가. 왜 그는 최후의 순간 곁을 찾아 헤매는가. 따라서 시인이 근본적으로 문제 삼는 것이 유대감의 상실이라고 유추할 수 있다. '바이러스'라는 시어로 연상케 하는 코로나 팬데믹이나 '굉음' 이라는 시어로 연상케 하는 전쟁이나 파괴는 유대를 상실케 하는 원인으로 지목할 수 있다. 시인이 회복하기를 체념한 것은 바로 '소년'과 '시민'과 '새'가 호흡을 나눈다는 감각, 즉 생명의 유대감이다.

그렇다면 SF적 소재는 어떠한 기능을 하는가. 이 작품이 향수하는 것이 생명의 유대라면, 이 작품은 우주적 규모에서 생명의 가없음을 사유하도록 유도한다. 따라서 SF시에서 항상 유대란 휴머니즘을 벗어나 포스트휴머니즘적인 것, 즉 인간을 둘러싼 자연 환경으로써 '새'를 사유하는 것이 아니라 "목성의 아침인사였던 새"를 사유하는 것이라고 할 수 있다. '새'는 지구의 일부로서 인식되는 것이 아니라 우주의 일부로서 인식된다. 여기 시인이 의식적으로든 무의식적으로든 상상하고 있는 유대의 토대는 바로 인간을 중심에 놓지 않고 성립하는 우주적인 생명의식인 셈이다.

우주 밤은 기억을 재생해
밤마다 시간을 다시 살아
저장된 기억이 부분적이고 뒤죽박죽이라
어떤 날은 시 같고 어떤 날은 악몽 같지만
허락된 인생의 절반을 이미 살았다면
이제 지난 삶을 관람하는 것만으로도
남은 생을 모두 살 수가 있는데
이것마저 돈이 들어서 매일 공중 도시의 교각을 타며
이천 개씩 볼트를 조여야 해

올 거지?

응, 전쟁이 나도.

심하게 싸운 뒤에도 너는 점령군처럼

당당히 왔다 나는 함락당해 기뻐한다

닿아도 돼?

이런 거 묻지 않았잖아

응 근데 오늘은

물어야 할 것 같아서

볼트를 하나 조일 때마다 우주 밤에서 재생할 기억을 가다듬는다

더욱 생생한 영상을 위해서 그날 입었던 옷 색깔

주고받았던 대화의 단어 하나하나를 복기한다

원하는 꿈을 꾸기 위해 노력하듯

기억을 윤색한다 내 잘못이니까

전쟁이 나도

공중도시 긴 교각의 H빔을 조일 때

균형을 위해 양쪽에서 마주보며 조여와야 하는데

그런 작업을 할 때마다 하루에 딱 한 번 마주치는 순간

할당량을 채우지 못하는 날이 늘어났다

— *작업 패턴 분석: 1/2 지점에서의 지체 현상을 해결 바람*

— *주의: 할당량을 채우지 못하면 미달한 양에 상관없이 지급액의 40%를 삭감한다*

남의 기억에 접속한다고?

무슨 의미를 찾을 수 있지?

색다른 재미를 위해서라면 그러고 싶지 않아

아니 누군가 되고 싶을 때

난 네가 되고 싶은데

마주 온다고 모두 만나지는 것은 아니니까

— 김원석,「우주 밤」부분[12],『엔딩과 랜딩』(문학동네, 2022)

김원석 시인의 경우 기술의 발전이 도리어 인간을 노동의 굴레에 옥죄는 근미래를 상상하고 있다. 노동자들의 작업 패턴과 작업량은 시스템에 의해 관리되고 있다. 그들은 먹고 살기 위해서, 혹은 취미를 위해서라도 "매일 공중 도시의 교각을 타며" "이천 개씩 볼트"를 조여야만 한다. 그들의 유일한 낙은 '우주 밤'이라고 불리는 기억재생장치를 사용하는 것이다. 아마도 그들은 자신이 가장 행복했던 시간으로 되돌아갈 것이다. 휴식을 잠시 취하고 나면 다시 일터로 돌아오기를 반복할 것이다. 여기서 '우주 밤'은 다만 사회 시스템을 유지하는 수단이라는 인상을 남긴다.

---

12 우주 밤이라는 시어에 다음과 같은 각주가 달려 있다. "2039년, S사에서 개발한 기억 재생 장치. 2042년, 정부는 우주 밤의 미성년 사용을 금지했다. 삼 년 간의 베타 테스트 후 유료화되며 전 세계적으로 수많은 폭동이 일어났다. 테스트 초기, 논란이 되었던 기억 조작 의혹은 단순한 기기 조작 오류로 밝혀졌으나 의도적 오작동으로 기억을 훼손하는 사용자들은 점점 늘어났다."

한편 똑같은 처지에 놓인 '나'와 '너'는 애틋한 마음으로 서로에게 위안이 된다. 그들은 상대와 주고받았던 단어 하나, 상대가 입었던 옷 색깔조차 간직하려 한다. 때론 그러한 만남에 사로잡혀 할당량을 채우지 못하는 날도 있다. 더 나아가 이 시는 하나의 SF적인 상상력에 도달한다. '우주 밤'을 통해서 '나'와 '너'의 기억을 교환할 수 있다면 어떨까. 즐겁기 위해서가 아니라 아예 '나는 네가 되고 싶다'. 존재 이해를 넘어서 존재 일치에까지 도달하기를 욕망할 때 말 건넴은 곧 사랑의 극한을 표현한다.

'우주 밤'이라는 도구를 상상함으로써 김원석 시인이 예시하는 미래는 두 가지다. 첫째로 기술의 발전은 인간을 사회 시스템의 부품으로 전락시킬 것이다. 사회는 인간의 '기억력'마저도 효율적인 노동을 위한 수단으로 만들어버릴 것이다. 둘째로 기술의 발전 속에서도 인간은 인간과 유대하는 방식을 찾아낼 것이다. 그것은 지극한 사랑의 이미지, '나'와 '너'를 일치하고자 하는 욕망으로 표현된다.

이 작품에서 우리가 숙고해볼 것 또한 두 가지다. 더 나은 삶을 위한 사회 시스템의 영구발전과 더 내밀한 존재의 결속을 이루어지는 사랑의 영구지속은 근본적으로 다른 힘이라고 할 수 있을까. '우주 밤'이라는 도구를 통해 그것이 나란히 놓이듯, 실상 발전의 욕망과 에로스는 동궤에 놓이는 힘은 아닐까. 프로이트는 그렇기 때문에 말년에 "에로스의 목적은 개인을 결합시키고, 그 다음에는 가족을 결합시키고, 그 다음에는 종족과 민족과 국가를 결합시켜, 결국 하나의 커다란 단위—즉 인류—로 만드는 것이라는 생각을 덧붙일 수 있다. 왜 이런 일이 일어나야 하는지는 우리도 모르지만, 에로스가 하는 일은 바로 이것이다"라고 반문했다.[13] 마지막 물음

---

13 지그문트 프로이트, 「문명 속의 불만」, 『문명 속의 불만』, 김석희 옮김, 열린책들, 2020, 301쪽.

은 이 글에서 해소하기 어려운 것이다. 왜 기억재생장치의 이름은 '우주 밤'인가. 아마도 시인은 인간의 기억과 에로스가 '우주적인' 힘을 간직한다고 믿었을지도 모른다. 그러나 확실하지는 않다. 이 물음은 음미할 만한 것으로 남겨두도록 하자.

> 네가 죽을 때까지 내려다볼게
> 떠나면서 너는 그렇게 말했지만
>
> 엘리노어, 정말로 보고 있어?
>
> 아무도 태우지 않은 전철이 이 시간이면 지나가
> 같은 자리를
>
> 성냥은 그으면 꺼지고
> 그으면 꺼져서
>
> 뭐가 변하고 있는지 잘 모르겠어
> 왜 처음 겪는 불행도 익숙한 걸까?
>
> 사람 키우는 게임을 했지
> 집을 짓고 직장을 구하다가 정말로 사는 모습 같아지면
> 일시 정지하고 섹스를 했다

이렇게는 살지 말자고

무서운 표정

벌써 다 자라서 부서진 사람의 얼굴

그래서 우린 눈을 감았나 봐

이런 표정은 유전자에 이미 있었던 걸까?

때가 되면 밖으로 나오는 걸까?

네가 뭘 더 알고 있는지 궁금했다

게임으로는 언제든 돌아갈 수 있었지

얌전히 서 있던 사람들에게 다시 일을 주고

집을 짓게 했지

너를 상상해, 엘리노어

하얀 옷자락을 펄럭이면서

둥둥 떠다니겠지

가끔 거기 있는 것 같아

네 눈으로 나를 보는 것 같아

그럴 때면 나는 너무 작은 점이고

그러면 덜 가엾고

따뜻해

정적 속에서는 모든 게 직선으로 이어지겠지
순환선처럼

엘리노어,
너는 미래의 시간에 살고
나는 과거의 빛을 보지

여기 있어
여기 있어

어떤 말들은 이제 알 것 같다

오늘도 전철이 지나가
같은 시간에

너의 아이는 어떤 표정을 짓는 어른이 될까

엘리노어, 아직 보고 있어?
　　　　— 조시현, 「아이들 타임」 후반부[14], 『아이들 타임』(문학과지성사, 2023)

14　본래 제목에 다음과 같은 각주가 달려 있다. "2888년 지구에서 발굴된 일기장으로 2500년대에 쓰인 것으로 추정된다. 글씨가 매우 비뚤고 군데군데 얼룩이 져 있어 일부는 추측으로 메웠다. 기록자는 지

김현과 김향지의 시가 세상이 멸망하는 과정을 그린다면, 조시현의 「아이들 타임」은 아예 '지구가 멸망한 이후에 남겨진 기록'이라는 형식을 취한다. 이 작품의 제목에는 각주가 달려 있는데, 기록의 연대는 2500년대이며 글쓴이는 지구의 마지막 생존자이지만 빈민이었기 때문에 다른 행성으로 떠나지 못한 채 남겨진 자라고 설정되어 있다. 따라서 이 작품의 목소리는 지구를 떠나간 이주민인 '엘리노어'를 향한 말 건넴이면서도, 공허한 방백이 될 것을 두려워하는 독백이라고 할 수 있다.

　　가난하기 때문에 홀로 남은 지구의 생존자, 이것이 자본주의 사회에서 벌어지는 계급 차별의 극적인 과장이라는 것은 쉽게 유추할 수 있다. 지구의 중력에서 벗어나지 못한 이유는 곧 가난에서 벗어나지 못했기 때문인 셈이다. "왜 처음 겪는 불행도 익숙한 걸까?"라는 반문은 빈민층의 불행을 직설적으로 표현한다. 또한 "벌써 다 자라서 부서진 사람의 얼굴"의 이미지와 이어지는 "이런 표정은 유전자에 이미 있었던 걸까?"라는 진술은 그러한 불행이 누대에 걸쳐 상속되는 것임을 암시한다.

　　의미심장한 것은 남겨진 자가 타인의 시선을 요구한다는 점이다. "엘리노어, 정말로 보고 있어?"라는 물음처럼 '나'가 바라는 것은 엘리노어의 시선이다. 이 요구가 극적으로 느껴지는 이유는 '나'는 "사람 키우는 게임"을 플레이하면서 '일'을 주고 '집'을 짓게 하고 있었다는 것 때문이다. 자연스럽게 다음과 같은 연상이 가능해진다. 마치 게임 캐릭터를 바라보듯, '나'는 엘리노어가 '나'를 내려다 보아주기를 바라고 있다. 다시 말해 '나'

구의 거의 마지막 생존자로 보이며, 때문에 기록은 상상으로밖에 채울 수 없었던 지구의 마지막을 복원하는 일에 매우 귀중한 사료가 되었다. 기록자가 도시 빈민이었기에 적절한 때 우주로 떠나지 못했을 것이라고 연구가들은 덧붙인다."

는 우주로 떠난 이주민을 향해 최소한의 관심을 간청하고 있는 셈이다. 그렇기에 이 시는 "엘리노어, 아직 보고 있어?"라는 물음으로 마무리되며 남겨진 자의 비참은 심화한다.

5. 무엇으로부터 답을 구하는가

SF시란 무엇인가. 이 글에서 소략한 결론을 내리자면, SF시에서 '세계'란 우리에게 주어진 현실에 대한 부정태이다. 한 해의 간격을 두고 간행된 김향지·김원석·조시현 시인의 SF시에서 공통된 것은 묵시록적이거나 멸망해 버린 현실이다. 그들이 그려낸 것이 가까운 미래이든 먼 미래이든 현실은 사람이 살아내기에는 너무나 괴로운 공간으로 그려진다. 어떤 의미로 이것은 여러 번의 참혹한 사건과 코로나 팬데믹을 겪은 세대가 지닐 수밖에 없는 세계관의 투영일 수 있다. 혹은 문명이 곧 자연이 되어버린 이 시대의 굴레로부터 벗어나기를 포기한 세대의 세계관일 수도 있겠다.

그런데 이렇게 물을 필요가 있다. 삶의 원천은 주어진 사회의 물질적 조건만이 아니지 않은가. 우리가 오늘 하루를 살아내고자 하는 힘은 타인의 목소리와 타자의 몸짓을 확인하는 순간에도 얻어지는 것은 아닌가. 김향지 시인의 물음을 빌리도록 하자. 그는 질병이 창궐하고 어떤 붕괴가 암시되는 미래를 상상한 뒤 "나는 누구와 함께 이곳에 온 것이지?"라고 물었다. 그것은 더는 살아낼 수 없는 세상이 응답하기를 기다리는 것이 아니라, 이 고통스러운 세상을 견디는 또 다른 생명을 향해 답을 구하는 방식이라고 할 수 있다.

바로 이 물음에 응답하기라도 하듯 김원석 시인은 '같은 입장에 놓인 타인'을 그려낸다. 그것은 사람과 사람 사이의 말 건넴을 통해 삶의 이유를 발견하는 휴머니즘적 입장이라고 할 수 있다. 한편 김향지 시인과 조시현 시인은 '위를 향해' 묻는다. 그들은 우주를 향해서, 이 세상을 살아낼 이유가 무엇인지 추궁한다. 세상의 중심이 인간이기를 폐기한 이후에 '삶'이 무엇인지 묻고 있다는 그들의 질문 방식은 놀라운 것이다. 이들의 시는 살아갈 이유가 없는 세상에서 인간이란 무엇인지, 또한 소외된 인간에게 세상이란 무엇인지 되묻기 위해서 가능한 미래를 시 장르를 통해 상상한다. 그들이 찾아 헤매는 것은 삶의 이유고, 더 근본적으로는 삶의 정당함을 가능케 하는 타인과 타자와의 관계이다.

지금까지 이 글에서 제기한 질문과 결론은 섣부른 것이기도 하다. 그것은 SF시가 하나의 장르로 형성될 수 있을 만큼 그 작품의 양이 담보되지 않기 때문이다. 그렇지만 우리는 SF시가 매개하는 중요한 물음을 최근의 시에서 발견한다. 그것은 바로 인간에게 삶이 가능한 것이라면 삶의 조건은 물질의 충족만이 아니라는 점이다. 삶을 홀로 짊어지지 않는다는 것, 여기 '함께 이곳에 온 것'임을 확신할 때 삶은 긍정될 수 있다. 문명이 물질로부터 삶을 부양할 때, SF시는 관계로부터 삶을 예시한다. 사람은 그저 살아있다는 사실만으로 삶을 용납할 수 없다. SF시가 찾아 헤매는 것은 삶을 확신하기 위한 조건이다. 그들이 행하는 최초의 실천은 곁을 향해 말 건네는 것이다. 그 곁에는 쉽사리 응답하지 않는 우주가 놓인다. 저 막막한 어둠속에 인간을 왜소한 점으로 보이게 만드는 가없는 타자의 세계가 놓인다.

이은지

> 후보작

문학의 (이중의) 정치
— 문학의 민주주의에서 문학의 공화주의로

이은지

문학평론가. 1986년생. 중앙대학교 불어불문학과를 졸업하고 동 대학원 독어독문학과 박사과정을 수료했다. 2014년 창비신인평론상을 통해 등단하였으며, 역서로 『성인 언어』 『외계의 칸트』가 있다. 현재 《쏨》 편집위원으로 활동 중이다.

문학의 (이중의) 정치
— 문학의 민주주의에서 문학의 공화주의로

1. 눈멂 대 눈멂

세월호 참사 10주기를 맞이하여 개정 발간된 『세월호, 다시 쓴 그날의 기록』(진실의 힘 2024)은 세월호 침몰을 둘러싼 사실들을 기록한 책이나. 880쪽에 이르는 방대한 분량은 거기에 담긴 사실들의 내용을 떠나서 호소하는 측면이 있는바, 참사에 대한 사실 자체가 온갖 음모와 억측으로 인해 왜곡되어온 것을 바로잡겠다는 결연한 의지와 더불어 그러한 의지가 작동해야 할 만큼 세월호가 그간 정쟁과 갈등의 도구로 악용되고 소모되어 왔다는 참담함으로 읽힌다. 이 두 가지를 단단히 엮어 써 내려간 책의 서문이 고발하는 것은 '세월호 침몰 이후의 침몰'이다. "큰 사건과 그에 따르는 희생과 고통이 있었다는 사실 자체"에 머무르지 않고 "참사가 일어나지 않을 수 있었다는 사실, 막을 수 있었다는 사실"(6쪽)을 기억해야 한다는 의지는 "세월호를 한국 사회의 근본적 변화를 추동하는 계기로 삼아야 한다는 초기의 문제의식"이 "무고한 생명을 앗아간 가해자들을 찾아내 형사처벌하자는 주장"(7쪽)에 밀려나는 것을, 그러한 본질의 전도가 아이러니하게도 세월호 조사위원회가 진행될수록 짙어졌으며 사회 구성원들 또한 "참사의 진상규명을 통한 사회의 개선과 개혁을 더 이상 염원하지 않게"(9쪽) 되었음을 목도하는 참담함으로 폐색되어간다.

 책을 집필한 이들의 곡진한 진정성은 의심할 여지가 없지만 "우리 모두가 세월호의 진실을 원했"으며 "모두가 한마음으로 그런 것처럼 보였다"(7쪽)는, 기대와 실망이 뒤얽힌 문장으로부터 이야기를 풀어가보려 한다. 왜냐하면 '모두가 한마음인 것처럼 보였다'는 착시에서부터 본질의 전도가 시작되었을지도 모른다고 생각하기 때문이다. 결론부터 말하면 세월호 이후의 문제의식이 침몰하지 않기 위해서는 1) '우리 모두'가 세월호의 진실을 원하지는 않는다는 것과 2) 우리 모두가 원하는 것은 '세월호의 진실'이 아니라는 것, 나아가 이 두 가지를 정교하게 분리하여 직시하는 작업이 필요했으리라고 생각하기 때문이다.

 이러한 분리의 감각에 대한 요청은 박민규 소설가의 글 「눈먼 자들의 국가」(『눈먼 자들의 국가』, 문학동네 2014)에서 일찍이 찾을 수 있다. 참사 당시의 정황과 참사 이후 정부와 의회에서 벌어진 일들을 작가 특유의 흡인력으로 속도감 있게 풀어가는 이 글에서 가장 눈에 띄는 것은 세월호가 "사고와 사건이라는 두 개의 프레임이 겹쳐진 참사"였다는 진단이다. 그는 세월호가 "선박이 침몰한 '사고'이자/국가가 국민을 구조하지 않은 '사건'"이므로 사고의 프레임에 사건의 측면이 들러붙지 않도록 "이 두 장의 필름을 분리"(56쪽)해야 한다고 주장한다. 그런데 그는 이 대목에서 분명

세월호가 사고'이자' 사건임을, 즉 사고인 '동시에' 사건임을 강조했음에도 뒤이어서는 당시 여당이 주도하는 사고-보상의 프레임을 서둘러 기각하고 사건의 프레임에 손을 들어주려 한다. 이 기묘한 어긋남으로부터 두드러지는 것은 작가의 주장과 달리 겹쳐진 두 개의 프레임을 분리해내는 감각보다도 둘을 떼어낸 뒤에 어느 하나도 버리지 않은 채로 각각의 프레임을 공평하게 다루는 감각이 더 긴요하지 않았을까 하는 것이다. 왜냐하면 이미 작가부터가 사고의 프레임만을 붙들고 늘어지는 측에 대한 반발심에서 사건의 프레임만을 붙드는 오류에 빠지고 있기 때문이다.

이러한 오류는 '세월호의 진실'에 대해 말할 때도 비슷하게 작동하는 것 같다. 세월호 참사를 둘러싼 진상규명과 처벌을 추구할 때는 사고의 프레임이, 사회의 구조적 문제에 대한 근본적인 변화를 추구할 때는 사건의 프레임이 부각되지만 둘은 분리되지 않고 서로 들러붙어 있다. 세월호의 진실이 두 프레임 모두를 가리키는 한 이들이 겹쳐져 가려지는 측면이 발생하는 것을 피할 수 없으며 작가가 징벌적으로 규정하고 있는, 세월호 참사의 진실에 대한 '눈멂' 또한 일정 부분 이로부터 기인하는 것으로 보인다. '우리 모두'가 원하는 것은 '세월호의 진실'이 아니라고 할 수 있는 까닭도 거기에는 두 프레임이 들러붙은 채 각자가 채택한 프레임을 통해서 선별적으로 포착되는 진실'들'이 공존하고 있기 때문이다. 어쩌면 둘을 정확하게 분리해내는 방법은 사고로서의 진실과 사건으로서의 진실이 어느 하나 외면되지 않은 채로 동등한 값으로 다루어지는 데 있지 않았을까. '사건이 아니라 사고'라는 프레임도, '사고가 아니라 사건'이라는 프레임도 어느 하나만 쥐고 흔들었을 때 두 프레임 간에 위계 내지 차등이 발생하는 것을 피할 수 없으며 어느 쪽이든 둘 모두를 온전히 바라볼 수 없게 하는 눈멂의 지대를 형성하는 원인이 되지 않았을까.

　세월호 참사를 향한 문학계의 시선 또한 대체로 '사건이 아니라 사고'라는 프레임에 대항하여 '사고가 아니라 사건'이라는 프레임에 정향되어 왔다. 그럼에도 이러한 방향성은 두 개의 프레임이 서로 겹쳐진 지점으로부터 출발한다는 점에서, 즉 둘의 겹침에 대한 인지가 선행한다는 점에서 둘을 따로 떼어 동등하게 살펴볼 여지가 잠재해 있다. 세월호 희생자들을 애도하기 위해 현재까지도 진행되고 있는 '304낭독회'를 적극적으로 주도하는 등 평론가이기 전에 운동가로서의 면모를 일관되게 보여주고 있는 양경언 평론가가 낭독회에서 한 시인이 낭독한 시를 분석한 글이 그러하다. 세월호 참사 이후의 풍경을 그리고 있는 이 시에서 감자탕 집에 앉아 소주를 마시고 있는 두 남자 중 한 사람이 "단순한 사고에 불과한 게 아니라고" 말하자 다른 한 사람은 "그건 음모론"이라고 받아치는 가운데 감자탕을 들고 오는 여주인이 "그런 일들은, 그냥 사고"라며 맞장구치고, "다음 소식은 피해자 X들의 나라입니다. (…) 이 시체는 누구입니까?"하고 묻는 뉴스 앵커의 멘트가 이들 사이를 가로지른다(한지혜, 「무엇을 쓸 수 있습니까」, 2014년 12월 27일 304낭독회).

　시의 화자는 여주인을 향해 "그녀는 어떤 시민입니까" "사고가 사고 이상이 될 수 없는 어떤 세계가 있습니까" 반문하지만 이는 마치 유령의 말인 것처럼 어디에도 가닿지 못한다. 양경언 또한 이 시에서 '대화'라고 할 만한 것이 사라져버리고 "말의 용도가 점점 줄어드는" 것을 지적하는 한편 시인이 "입 좀 그만 다물라는 명령문이 둘러싼 '시민'의 세계로부터 추방된 의심의 말("단순한 사고에 불과한 게 아니라")과 손잡는"[1] 것에 주목한다. 이는 당시 많은 이들로 하여금 참사에 대해 쓸 수 없고 말할 수 없게 하는 무력함이 참사를 사고로 규정하려는 관변의 논리로 인해 다시금 가중되는 상황에서 시인이 그 반대편에 무게중심을 두려는 의의를 높이 사기 위함이다. 또 다른 시에 대한 분석에 이어 양경언은 "정제된 균형을 삶에 도입하기 위한 '동일한 것의 규칙적인 회귀'"로서의 "현재의 치안(police) 질서에서 필요로 하는 '리듬', 즉 "일상의 리듬"[2]으로 빠르게 복귀하려는 사회의 속도에 제동을 거는 시 고유의 "리듬의 정치성"[3]을 역설한다.

　치안과 대별되는 정치의 가치를 비롯하여 이에 대한 문학의 효용성을 높이 평가해온 랑시에르를 적극 차용하여 치안 질서가 장악한 '일상의 리듬'과 그 바깥으로 밀려난 참사의 시간에 머무르며 일상에 균열을 내는 '시의 리듬'을 구분하고 후자에 손을 들어주는, 세월호 이후의 문학에서 비교적 일관되게 찾아볼 수 있는 구도가 위에서도 반복되고 있다. 이러한 구도 내에서 무게중심을 옮기는 작업이 참사 직후의 시점에서는 당장 필요한 것으로 여겨졌으리라는 데는 의심의 여지가 없다. 그럼에도 "계속해서 새롭게 읽히며 제 수명을 연장시키는 작품이 좋은 시"[4]라는 양경언의 말에 기대어 위의 시를 새롭게 읽었을 때 달리 보이는 것은 다음과 같은 것들이다. 시의 무대가 다른 곳도 아닌 남루한 감자탕 집이며 서로 의견을 달리하는 두 남자는 겨우 소주를 마시고 있다는 것, "입 좀 그만 다물"라거

1　양경언, 「눈먼 자들의 귀 열기」, 『안녕을 묻는 방식』, 창작과비평, 2019, 112쪽.
2　같은 책, 122쪽.
3　같은 책, 123쪽.
4　같은 책, 113쪽.

나 "민생을 살려야 한다"는 말들은 그 말들을 가로지르며 식당의 한 성분처럼 단단히 자리 잡은 뉴스를 통해 '승인' 및 증폭되고 있다는 것, 모진 말을 뱉는 그들이야말로 뉴스의 말이 인질로 삼기 가장 좋은 이들이며 이미 저들도 모르게 인질로 잡혀 있다는 것.

치안을 "마니교적인 '악'으로 위치" 짓고 "균질화"함으로써 치안에 대항하는 문학이 "정치에 대한 별도의 부담을 지지 않아도 이미 정치를 수행하고 있다는 안도감"[5]이 지배했던 당시 분위기에 대한 복도훈의 유의미한 문제 제기를 경유하여 되물어야 하는 것은 다음과 같다. 치안의 논리가 위의 시에 등장하는 인물들과 같은 이들에게 특별히 더 위력을 발휘하는 까닭은 무엇이었을까? 박민규 작가가 '사건이 아니라 사고'의 프레임이 '보상'으로 이어지는 데 주목한 데서 알아차릴 수 있듯이 그들에게 소구력을 갖는 치안 질서란 다름 아닌 시장 질서이기 때문이다. 돌이켜 보면 국가에 의한 보상은 곧 '혈세 낭비'와 등치되면서 일각에서는 '시체팔이'라는 반인륜적 언명까지도 서슴지 않았고 위의 시에도 등장하는 '민생'이라는, 사실상 실제 민생에 대한 고려와는 동떨어진 요사스러운 용어를 정언 명령으로 삼아 모든 것을 시장의 관점에서 정상화시키려는 경제만능주의가 치안을 대체해왔다. 그러한 상황의 장기지속체제 속에 시의 인물들은 묶여 있다. 세월호뿐만 아니라 매번 참사가 발생할 때마다 참사의 국면이 치안 질서로 빠르게 미끄러지는 까닭도 국가를 허수아비로 앞세운 시장 질서가 대다수 민(民)의 먹고 사는 문제, 즉 생명을 인질로 삼고 있기 때문이다. 그들이 치안 질서로 신속히 빨려 들어갈 수밖에 없는 까닭은 그렇게

---

5   복도훈, 「유머의 비평」, 『유머의 비평』, 도서출판 b, 2024, 128-129쪽.

하지 않고서는 국가가 보장하는 최소한의 안전장치도 없이 시장 질서에 속절없이 내맡겨진 자신의 목숨이 위태로워지는, 또 다른 참사 직전의 상황에 내몰려 있기 때문이다.

여기서 세월호에 대한 두 개의 프레임이 어떻게 들러붙어 있는지가 좀 더 명확해진다. '사고-보상'의 프레임은 사실상 시장 질서를 치안 질서로 둔갑시킴으로써 삶이 곧 참사가 되기 쉬운 구조로 이루어진 허술한 사회 전체를 '사건'의 프레임으로 바라보는 것을 차단한다. 치안/시장 질서가 추구하는 것은 이 참사를 서둘러 봉합하지 않으면 다른 참사가 벌어질 것이라고, 즉 참사에 참사로 협박적으로 응수하여 생산과 소비의 기관차가 멈추지 않고 폭주하게 하는 것이다. 나아가 그렇게 함으로써 사회의 경제적 이익이 자신들의 주머니에 고여 있게끔 그 구조를 재편해 온 이들에 대한 눈멂을 은폐하고, 치안 질서와 시장 질서를 분리해야 한다는 인식을 애초에 봉쇄하려 한다. 위의 시에서 세 사람의 말들을 뉴스의 말이 가로지르며 조정하고 있는 것 또한 이러한 맥락에서 중요한데, 각종 사건과 사회적 이슈에 대한 대중의 문해력을 책임지는 언론의 편향성이 극심해진 시기와 치안/시장 질서의 교착이 짙어진 시기가 거의 일치하기 때문이다. 그러니 두 개의 프레임을 떼어내기란 단순히 세월호의 진실을 둘러싼 두 개의 논리를 분리하는 것 이상의 의미를 갖는다. 그것은 이 사회 전체를 장악하고 있는, 각각의 논리에 매달린 이들이 서로의 눈멂을 향한 시야만을 확보하게 하는 또 다른 층위의 눈멂으로부터 벗어나기 위한 하나의 방법으로서 유효하다.

2. 광장 대 광장

정치학자 최장집은 한국의 민주주의가 냉전 반공주의와 경제성장 만능주의라는 두 개의 헤게모니를 바탕으로 "사실상 보수만을 대표하는" "매우 협애한 이념적 대표 체제"[6]를 유지하면서 계급 갈등을 심화시키고 공동체의 지반을 약화시켜 왔다고 지적한 바 있다. 그에 따르면 이는 역설적이게도 민주화 '운동'을 통한 민주화 이후 더욱 심화되었는데 "매우 동질적인 정치적·이념적 지향을 갖는 언론 대기업에 의해 여론 시장이 독점"[7]되고 있는 상황에서 언론이 "민주화 이후 한국 사회 최상층 기득 세력의 요구를 대변하고 이들을 결집시키는 역할"을 더욱 자처했기 때문이다. 이들은 보수 중심의 사회 구조를 훼손하지 않기 위해 위의 두 헤게모니를 통해 갈등의 축을 "국가 대 시민사회에서 시민사회 내로"[8] 이동시킴으로써 시민 대 시민의 기만적 이념 갈등을 꾸준히 촉발시켜 왔다. 민주화 세력이 이러한 가공된 갈등의 프레임의 반대항을 자처함으로써 사실상 프레임을 공고화시키는 데 그쳐왔음은 모두가 아는 사실이다.

일찍이 민주화 운동은 보수 중심의 이익 구조를 모두를 위한 체제인 것처럼 위장해온 "권위주의 국가에 반대하는 시민적 권리와 요구"를 내세움으로써 기득 세력이 조장하는 시민 대 시민의 갈등을 국가 대 시민의 갈등으로 재조정하는 운동으로 자리매김해왔다. 그런데 이는 시민사회를 "시민 일반의 보편적 권리 혹은 공공의 이익을 위한 운동이 행해지

---

6 최장집, 『민주화 이후의 민주주의』, 후마니타스, 2010, 23쪽.
7 같은 책, 37쪽.
8 같은 책, 234쪽.

는 공간"으로 고착화하는 동시에 "사적 이익의 표출과 그에 기반을 둔 조직적 활동에 대해 매우 부정적인 인식"을 갖게 하는 데 일조했다.[9] 문제는 이 과정에서 운동으로서의 민주주의가 "공익을 위해 참여하는 '적극적 시민'active citizens"과 그렇지 않은 시민을 구분하는 분할선을 형성함으로써 '국가 대 시민의 갈등을 시민 의식으로 내재화'한 시민과 그렇지 않은 시민 간에 또 다른 갈등을 촉발한다는 것이다.[10] 세월호 참사에 '눈먼 자'와 그렇지 않은 자를 비롯하여 멀게는 노무현 대통령을 지지하는 '깨어있는 시민(깨시민)'과 그렇지 않은 시민, 가깝게는 페미니즘을 지지하는 시민과 그렇지 않은 시민을 가르는 이분법은 모두 이러한 동일한 맥락으로부터 발원한 것이다.

세월호 참사를 가로지르는 시민 대 시민의 갈등 구조는 이후 촛불집회에도 고스란히 반영되었고 광장의 보편성 및 정치적 정당성에 대한 집착으로 귀결됨으로써 광장을 평면화하는 결과로 이어졌다. 소영현 평론가는 광장이 역사적 맥락과 시공간적 맥락, 그곳에 참여하는 이들에 따라 매번 새로이 구축되는 가변적인 공간임에 착목하여 촛불집회의 위와 같은 한계를 비판적으로 짚어낸다. 그는 촛불집회가 "누적적이고 증폭적인 과정으로 광장의 의미가 두터워"지게 함으로써 정치적 폭발력을 발휘한 점은 높이 사지만 이 힘이 결과적으로는 단지 "마비된 제도와 법적 절차를 실행"하는, 즉 "민주주의의 실행이 아니라 민주주의의 '절차'를 실행"[11]

---

9 이러한 '사적 이익의 표출과 그에 기반한 조직적 활동'에 대한 부정적 인식은 노동자의 집회를 악의적으로 보도하는 보수 언론의 프레임 공세에 의해 이중으로 강화되어왔다.
10 위의 책, 221-222쪽.
11 소영현, 「참여 과잉 시대의 비-시민 정치와 광장의 탈구축」, 『집합감정의 해방과 새로운 공동체의 구상』, 갈무리, 2022, 399쪽.

하는 데 그치는 무력함으로 귀결되었음을 지적한다. 이는 그간 한국 사회에서 광장이 시민의 사적 이해가 충돌하며 벌어지는 갈등으로부터 상호 간에 합의 가능한 권리를 도출해내는 민주적 절차의 과정으로서의 광장이기보다, 그러한 과정이 투명하게 보장되는 제도로서의 민주주의가 작동하지 않는 상황을 정상화하기 위한 운동의 역학이 폭발하는 광장으로, 즉 민주화 운동의 기반으로 기능해온 역사적 맥락과도 닿아 있다.

이러한 맥락을 통해 지난 광장을 되읽었을 때 정치적 폭발력이 무력함으로 산화되어버린 것만큼이나 중요하게 지적되어야 하는 부분은 바로 '폭발력'이다. "사회적 불만이 팽만해 있지만 정상적인 제도와 절차를 통해 해결될 것이라는 기대 또한 없기에, 뭔가 강렬한 변화를 바라는 사회 심리가 한국 정치의 한 특징으로 자리 잡았"[12]다는 최장집의 이른 진단이 가리키듯이 촛불광장의 폭발력은 사회제도의 왜곡과 오작동을 향한 불만이 누적될 대로 누적되어 폭발한 것이므로, 그 힘은 폭발적일수록 오히려 문제적인 것이다. 나아가 이는 단지 그러한 불만을 집단적으로 분출시켰다는 사실만으로 그것을 일정 부분 해소시키는 메커니즘으로 귀결된다는 점에서도 문제적이다. 일거의 폭발은 매우 빠르게 진화된다. 폭발의 강도와 폭발이 휘발되는 속도는 비례한다. 이처럼 광장이 시민 대 시민의 갈등이 아닌 국가 대 시민의 갈등을 표출하는 공간으로 고착됨으로써 "광장의 정당성을 수호하는 수준으로 논의의 타협점"[13]이 모이는 데 그치고, "대표-시민의 발언으로 수렴되는 동안 다양한 시민의 고유한 말하기는 배

---

12 최장집, 위의 책, 8쪽.
13 소영현, 위의 책, 401쪽.

제"¹⁴되는 역설이 촛불광장을 지배했던 것이다. 다수가 수긍할 수 있는 '비폭력 평화집회'라는 광의의 합의만이 광장의 보편 원칙으로 내세워짐으로써 "광장 본래의 역능이 되어야 할, 새로운 '법·제도'의 수립 즉 일상정치의 변혁이 아니라 체제 내의 발언권 획득, 달리 말해 시민의 시민됨에 대한 확인 작업"¹⁵만이 횡행했던 것이다.

이러한 진단 하에 소영현은 광장이 누락해온 이들을 가시화하는 문학적, 문화적 성과들을 읽어내며 보편 원칙만을 재확인하는 광장의 표면상으로는 드러나지 않는, "복합적 층위로 위계화"된 광장 내부의 분할선에 주목한다. "안과 바깥의 경계는 없지만 광장 안에서 내부의 차이는 무한"하다는 점을 가시화함으로써 그러한 차이를 지우는 방식으로 군중을 통합해온 광장의 "통치술"¹⁶을 폭로하는 것이다. 아마도 이러한 폭로를 이어 받아 지향해야 하는 것은 참을 만큼 참아오며 누적된 불만을 다 같이 일거에 폭발시키는 하나의 광장이 아니라 하나의 광장 내부의 분할선을 따라 분리된 서로 다른 작은 광장'들'이 상시적으로 가동되는 상태, 민주주의 제도를 정상화시키기 위한 광장이 아니라 정상적으로 작동하는 제도 내에서 민주주의의 한 요소로 기능하는 광장의 회복, 즉 광장의 정상화일 것이다. 이 점이 정말로 중요한 까닭은 불만이 폭발하기 직전의 순간에 언제나 '참사'가 놓여 있기 때문이다. 참사가 발생할 만큼 문제가 축적될 때까지 문제를 각자의 노력으로 알아서 견뎌내는 자기 착취, 그러한 각개 봉합이 더이상 유효하지 않게 되었을 때 발생하고 마는 참사, 그러한 참사의

---

14 같은 책, 403쪽.
15 같은 책, 406쪽.
16 같은 책, 417쪽.

원인으로서의 제도를 향한 집단적 분노, 분노를 통한 다소간의 해소와 제도의 일시적 정상화의 순환 반복이 '고장난 제도의 통치술'로 굳어져 있으며 이러한 통치술 하에 광장 또한 '참사 이후의 광장'으로 굳어져 있기 때문이다.

그러므로 광장에 대한 논의에서 보다 구체화되어야 하는 지점은 아무도 배제하지 않는 광장이란 존재할 수 없을 뿐 아니라 엄밀히 말해 광장이라고 할 수 없다는 것이다. 광장이 모두에게 열려 있는 것은 맞지만 이는 모두의 뜻을 하나로 모으기 위함이 아니라 오히려 각자의 배타적 이익을 공적으로 드러내 경합하고 갈등하게 하기 위함인 것이다. 광장은 단 하나의 광장이 아니라 매번 다른 맥락을 통해 영원히 유동하며 갈라지는 무수한 광장'들'을 향해 열려 있다. 정치 공학상 건전한 광장이란 각자의 이익에 '눈먼 자'들의 광장이며 그들의 사적인 이익이 의식화되고 사회화될 수 있는, 즉 그들의 이익의 경중이나 상하관계를 따지는 세간의 가치판단으로부터 완전히 자유로운 열린 공간인 것이다. 비유하자면 광장이란 무의식의 층위에 머무르던 욕망이 돌출하는 전의식의 영역과 같으며 이것이 의식을 지배하는 상징질서의 차원에서 용인할 수 있는 형태로 가공 및 흡수되는 '법제화'로 이어져야 한다. 따라서 궁극적으로는 공적으로 가시화된 시민들의 갈등들을 최대한 '대의'할 수 있는 정당들이 이를 의회 정치에 충분히 반영하게 될 때 광장은 민주주의 제도의 한 요소로서 정상적으로 작동한다고 할 수 있다. 이는 "시민사회의 이익과 요구를 조직하고 대변하는 대표 체제 [즉 정당 체제]의 저발전"으로 인해 "국가와 시민사회 사이의 중간 층위, 즉 정치사회를 시민사회로부터 분리 내지는 괴리된 자율적인 영역"¹⁷으로 키워온 기형적인 의회 민주주의의 정상화이기도 하다.

이를 염두에 두었을 때 김기태의 단편소설「로나, 우리의 별」(『두 사람의 인터내셔널』, 문학동네 2024)은 한국 문학에서 잘 다루어지지 않는 현실 정치를 등장시키고 있다는 점에서 흥미롭게 읽힌다. 대국민 오디션 〈모두의 스타〉를 통해 대국민 지지를 받으며 화려하게 데뷔한 "대한민국 연예계에서 최초이자 최고의 '선출직 스타'"(183쪽) 로나는 때로는 시행착오를 거쳐가며, 데뷔 연차와 생애주기에 따라 여성 뮤지션에게 통속적으로 요구되는 콘셉트들을 영리하게 타고 넘으며 대중성과 예술성을 모두 갖춘 아티스트로 성장해 나간다. 그런 로나의 독보성은 "절대다수의 대중"(191쪽)이 보내는 호의를 통해 다져진 자신의 부와 인지도를 '선한 영향력'으로 환원해내는 데 있다. 이는 공인을 향해 더 가혹한 도덕의 잣대를 들이대며 폭압적 윤리를 행사하려는 대중의 욕망에 부합하기 위한 측면도 있지만 로나는 이마저도 사회에 대한 자신의 비전을 관철하기 위한 도구로서 능동적으로 구사한다. 가령 그는 자신이 번 돈을 연인이 운영하는 사회적 기업에 기부하여 구호사업으로 고스란히 지출되도록 함으로써 현대판 '로빈 후드'로 칭송받는 등, 기업의 이익 창출을 거스르지 않으면서도 돈의 선량한 분배를 달성하는 아슬아슬한 균형을 유지한다. 소설의 결론부에서 로나는 세월이 흐르며 다소 휘발되긴 했으나 그간 축적된 대중적 영향력을 바탕으로 "창당 선언"을 앞두고 있고 "스스로 길을 닦아 의사당으로 행진하려 한다."(202쪽)

---

17 최장집, 위의 책, 247쪽.

3. 데모스 대 폴리스

　물론 위의 소설이 한국 문학으로서는 드물게 '정치에 뛰어드는 인물'을 그리고 있다고 해서, 또 그것이 정치사회와 시민사회의 괴리로 인해 시민들의 갈등 및 요구를 정치적 기획으로 조정 및 흡수하는 정당한 절차가 경색되어온 한국 사회의 당면한 현실을 정면으로 마주하고 있다고 해서 가장 '정치적'인 작품으로 내세워질 수는 없을 것이다. 위의 소설은 그저 문학이라는, 현실의 질서를 현실과는 사뭇 다른 방식으로 감각하고 재배열하는 상상력의 '광장'에서 무한한 차이를 바탕으로 영원히 이루어지는 다양한 말하기의 한 양태 중 하나로 좁혀 정의되어야 옳다. 오히려 위의 소설은 "이백 명 이상이 등록한 발기인 대회를 거쳐 중앙당창당준비위원회 결성 신고를 한 뒤, 다섯 개의 시·도당에서 각 천 명 이상의 당원을 모아야"(203쪽) 창당에 성공할 수 있는 현실 정치의 폐쇄적인 셈법과 "정치적인 음악가"가 아닌 "정치하는 음악가"란 "'순수함'을 잃었다"(204쪽)며 손가락질하는 대중사회의 보수적인 셈법을 그저 투명하게 반영하는 데 그치고 있다는 점에서 충분히 정치적이지 않다고 비판받을 여지가 있다.

　여기서 랑시에르를 다시 소환해보면 그가 문학과 정치를 등치시킬 수 있었던 근거는 "모든 세계 질서, 존재방식, 행동방식과 말하는 방식 사이의 관계들에 대한 모든 체계"를 비롯하여 "시학들의 규칙"까지도 전복하곤 하는 문학의 작동원리가 "민주주의의 원칙인 평등"[18]을 보여주기 때문이다. 문학은 일상에 속하는 것과 예술에 속하는 것, 인물과 사물, 말과 말

18　자크 랑시에르, 『문학의 정치』, 유재홍 옮김, 인간사랑, 2011, 23쪽.

아닌 것, 즉 모든 것 사이의 위계와 질서를 전복하고 재창안한다는 점에서 민주주의의 재현과 같다. 이러한 원리하에서는 정치하는 문학과 정치하지 않는 문학, 정치적인 문학과 정치적이지 않은 문학 간의 위계도 파열된다. 정치를 내용적으로 다루지 않아도 문학은 정치적인 것이다. 강동호 평론가 또한 재현을 둘러싼 지난 논쟁들로부터 내용이 아닌 형식의 미학이 "미학성과 정치성을 분리하는 기제를 철폐하는 방법적 통로"[19]로 긴요함을 지적하며 '현실에 대한 형식들의 경합'으로서의 문학의 미학성/정치성을 강조한다. 그가 "세계를 지배하는 단 하나의 형식은 가능하지 않"다는 진단하에 "선행하는 현실을 그대로 재현하고 반영하는 인과적인 모델"이 아닌 "서로 다른 형식들이 투쟁하고, 경쟁하고, 충돌하는 장소"[20]로서의 문학에 손을 들어주는 근거 또한 형식에 대한 미학적 투쟁이 곧 정치적 투쟁이라는 판단에 따른 것이다. 그런데 여기서 전자는 '모델'로, 후자는 '장소'로 표현되고 있다는 점에서 둘의 존재론적 위상이 애초에 다를 수 있으며 둘 사이의 각축은 단순히 전자를 폐기하고 후자를 채택하는 선택의 문제가 아닐 수 있음을 읽어낼 여지가 있다.

랑시에르는 문학과 민주주의의 상동성을 강력하게 표명하는 『문학의 정치』에 앞서 민주주의의 원리와 이에 내재한 곤경을 역사적으로 추적하는 『민주주의는 왜 증오의 대상인가』(인간사랑 2011)를 발표한 바 있다. 구체적으로 이 책은 민주주의와 공화주의의 역학관계를 탐구하고 있는데 이는 위의 강동호의 문장에서 '장소'와 '모델'의 문제에 상응하는 것이며

---

19   강동호, 「문학의 정치—재현 · 잠재성 · 민주주의」, 『지나간 시간들의 광장』, 문학과지성사, 2022, 45쪽.
20   같은 책, 46쪽.

각각은 데모스와 폴리스로 바꿔 읽어도 무방하다. 책의 서문에서 랑시에르는 민주주의가 고대 그리스에서는 멸칭이었음을 언급하는데 다른 게 아니라 민주주의란 말 그대로 질서가 없는 상태, 즉 혈통, 재산, 능력 등에 따라 통치할 자격이 있는 이들과 그렇지 않은 이들을 구분해온 전통적인 참정 질서가 전복된 상태를 일컫기 때문이다. 그는 "통치자들은 피통치자들과 같고, (…) 노예들은 주인들처럼, 학생들은 스승들처럼, 동물들은 그들의 주인들처럼" 대우받는 '완벽한' 전복 상태는 "안심해도 되는 (…) 무질서"라고 말한다. "모든 관계가 동시에 전복되었다면 사회 내 관계의 모든 당사자들이 같은 형태와 성질을 갖게 될 것"(90~91쪽)이므로 완벽한 평등 하에 놓이기 때문이다.

그러나 이러한 완벽한 전복이 통치할 자격이 없는 (것으로 여겨져온) 이들에 의한 통치로 이어지지는 않는데 민주주의가 "민(民)의 이름으로 과두정치가 난무하는 것을 허락하는 통치형태"(195쪽)를 의미하지는 않기 때문이다. 민주주의는 '행위'이자 '운동'으로서 당면한 통치의 분할선이 보편타당한 것이 아님을 확인시킴으로써 그것을 끊임없이 재조정하는 동력[21]이지만 그 자체로 통치체제는 아니다. 이는 모두의 이익 간 투쟁 및 갈등을 공평하게 드러내는 장소로서의 광장이 곧 통치체제가 될 수 없는 것과 같은 이치다. 공화주의는 그러한 무질서한 평등으로서의 민주주의의 '장소'를 '모델'로, 즉 통치하기에 적합한 질서로 변환한다. 공화주의는 "정치의 과도함을 정치영역의 제도화된 틀 안으로 흡수하려는 의지가 가지

---

21 이러한 '운동'(act)으로서의 민주주의에 대한 랑시에르의 옹호는 민주화 '운동'(movement)이 체제로서의 민주주의보다 민주적인 것으로 인식되어온 한국 사회의 특수한 역사적 맥락과 상통하는 측면이 있다.

고 있는 긴장"의 체제를 의미하며 정치의 과도함을 일정한 틀로 '고정'시키거나 "법체계를 사회의 관습(moeurs) 체계와 동일한 선상에 놓음으로써 정치의 과도성을 제거"(137쪽)함으로써 통치를 실현한다. 즉 공화주의는 통치의 원리이나 통치체제가 될 수는 없는 민주주의를 체제의 형식으로 치환해내기 위한 정치 공학으로 기능한다.

플라톤이 철학자들에 의한 철인통치를 주장하고 폴리스의 이데아로서의 '폴리테이아'를 사유한 까닭도, 아리스토텔레스가 과두정과 민주정의 긍정적 측면들만을 선별하여 취하는 '혼합정체'를 추구한 까닭도 민주주의의 원리를 가장 적절하게 반영하여 통치할 수 있는 체제에 대한 공식을 구해내기 위함이었다. 여기서 제도로서의 문학에 대해 우리가 정확히 무엇을 요구해야 하는지 또한 명확해진다. 제도로서의 문학은 민주적 재현물로서의 문학'들'이 무한히 갈등하고 경합하는 '장소'뿐만 아니라 그것들의 미학적/정치적 가치를 수시로 비교하고 판별하여 가장 적절한 비율로 사회질서와 호환시킬 수 있는 '모델' 또한 마련해야 하는 것이다. 공화주의란 "법체계와 도덕적 관습체계 간의 조화, 그리고 국가적 제도와 사회 구성체의 요구 사이의 조화를 유지시켜 줄 수 있는 교육의 역할을 항상 포함"(138쪽)하는바, 문학이 (체제지향적이든 체제전복적이든) 시민 교양의 중요한 한 도구로 기능해왔었다는 사실은 문학이 그저 모든 것이 위계 없이 평등한 민주적 가치의 처소라는 데서만 정치성을 획득할 수 있는 것이 아님을 강하게 환기한다. 문학의 정치성은 당장 기존 질서에 대한 혼란과 갈등을 표면화하는 민주주의를 어떻게 벼려내어 법과 관습 양자의 차원에서 화해 가능한 수준으로 녹여낼 것인가를 공학적으로 추출해내는 대

안적 체제로 문학이 작동하는 데서도 찾을 수 있고, 또 그래야만 한다.[22]

현실 정치가 처한 곤경과 문학의 '이중의' 정치성에 대한 자각을 통해 당장 우리가 당면하는 과제는 무엇일까. 시민들의 사적 갈등의 사회화와 이를 통한 갈등의 공적 포용의 절차적 정상화(일상화)가 우리 사회의 민주주의가 다음 단계로 도약할 수 있기 위해 그 어느 때보다 긴요하게 요구되는 시점에서 문학이 무엇을 더 해야 할까. 시민들 각자의 욕망(이익)과 그것들이 충돌하는 지점을 무한히 가시화하는 상상적 광장의 역할뿐만 아니라 법(국가)과 관습(사회)의 층위에서는 미처 상상하지 못한 '갈등의 체계(모델)'를 제시하는 역할이 문학에 부가되어야 할 것이다. 이는 완전한 평등이라는 이상을 운동의 형태로 찰나적으로 분출하는 데 그치는 민주주의를 법과 관습의 차원으로 체계화하여 이상적이지 않을지라도 이상에 근접한 형태로 지속 가능케 하는 공화주의로 나아가기 위함이다. 이를 플라톤적 용어로 번역하자면 이상으로서의 데모스를 이상에 현실적으로 부합하는 폴리스를 통해 구현하는 것과 같다.

그런데 이는 플라톤의 시대보다 좀 더 우리와 가까운 시대에 낭만주의 문학을 통해 구체화되고 체계화되었던 프로그램이기도 하다. 랑시에르 또한 슐레겔을 주축으로 한 낭만주의의 기수들이 문학을 '신화학'으로 발전시키려고 했던 것에 주목한다. "신화학은 감각적 형태 하의 이데아이며, 어떤 민족이나 어떤 공동체, 어떤 인종의 정신에 주어진 신체이다. (…) 이데아가 철학적 추상에 머물지 않고 인민들로 하여금 그것을 감각적으

---

22 이는 내용 미학을 단순히 체제 봉사적인 것으로만 치부해서는 안 되는 하나의 근거가 될 수도 있을 듯하다. 내용 미학은 형식 미학의 요소들이 갈등과 화해를 거쳐 내용의 형태로 침윤 내지 환원된 것을 다루는 미학일 수도 있지 않을까?

로 수용하게 하고 인민의 감각적 의식형태 자체가 되기 위해서 시는 신화학이 되어야 한다."[23] 이는 문학이 관성적으로 경화된 감각의 분할에 그치지 않고 그것들을 여러 기관이 연결된 신체와 같은 형태로 새로이 연결짓는 데까지 나아가야 함을 의미한다. 문학은 사회 내의 갈등들을 단순히 모방(mimesis)하는 데 그치지 않고 단순한 모방에 동원되는 것과 동일한 질료를 통해 유사한 듯 새로운 체계를 직조(poiesis)해야 하는 것이다. 보이지 않는 분할선을 드러낼 뿐 아니라 이로부터 새로운 연결선을 창안해내야 하는 것이다. "고대의 모든 시들"이 "하나하나 서로 이어져 있고, 점점 더 커져가는 덩어리와 부분들에서 마침내 전체가 형성"[24]되어 신화를 이루어내듯이 "이미 형성된 것에 어디에서나 잇닿아 있"는 채로 "동일한 것, 유사한 것, 혹은 대등한 지위를 가진 적대적인 것과의 접촉을 통해 그것을 발전시키고 불타오르게 하고 길러내야", 즉 "형성해내야 하는 것"[25]이다. 무엇보다 이러한 신화의 형성은 "하나 이상의 방법으로 (…) 각자 모두 즐거운 확신을 지니고 가장 개성적인 방식으로 자신의 길"[26]을 가는 가운데 이루어진다.

새로운 신화학으로서의 문학, 새로운 갈등의 체계로서의 문학을 우리는 얼마만큼 이루어냈나. 이를 구체적으로 측량할 방법은 없지만 한 가지 분명한 것은 그러한 이상으로서의 체계에 다가가기 위한 무수한 길들, 즉 읽고 쓰고, 새롭게 읽고 다시 쓰는 무한한 반복만이 우리 앞에 소명으로

---

23 자크 랑시에르, 『문학의 정치』, 167쪽.
24 프리드리히 슐레겔(이영기 옮김), 『시문학에 관한 대화』, 문학동네, 2023, 56쪽.
25 같은 책, 63쪽.
26 같은 책, 65쪽.

놓여 있다는 사실이다. 시민됨의 역사화된 경계를 부수고 인간과 시민의 경계를 넘나들며 모두가 공평한 주체로 현현할 수 있는 사회를 그려내는 신화학으로서의 문학을 영원히 그리워하고 그것을 향해 손을 뻗어야 한다는 사실이다.

(후보작)

매력의 두 문제
— 매력의 경제와 감성적 배움

이희우

문학평론가. 문학과사회 편집동인.
2021년 《문학과사회》에 평론을 발표하며 활동을 시작했다.

매력의 두 문제
— 매력의 경제와 감성적 배움

> 매력reiz과 감동이 그것에 아무런 영향도 미치지 않는, [⋯⋯] 그러므로 순전히 형식의 합목적성만을 규정근거로 갖는 취미판단이 순수한 취미판단이다.
> —임마누엘 칸트,『판단력비판』[1]

> 매력charme은 관심의 일종이자, 경험적이고 "정념적인" 사례를 구성한다. 이때 (욕망의 합목적성이라 부를 수 있을) 의지의 원칙은 대상의 향유에 의해 좌우된다. 정신은 대상의 존재로 인해 어떤 관심을 느낀다. 경험적 대상에 노예와도 같은 관심, 종속의 쾌감이 쏠린다. 이른바 '~에 대한' 취향을 가지게 되는 것이다.
> —장 프랑수아 리오타르,「숭고와 관심」[2]

> 네 어떤 면이 도대체 내 맘을 따뜻하게 하는지
> 회장 비서보다 더 매력 있어
> 크지 않은 눈 오똑하지 않은 코
> 하지만 이게 뭐야 난 네게 빠져버렸어
> 도대체 뭐야 날 이렇게 만든
> 네 정체가 뭐야 마법사? 마술사?
> 아님 어디서 매력학과라도 전공하셨나
> 어서 벗어 비호감 티는 어서 벗어
> —악뮤(악동뮤지션),〈매력 있어〉(2012) 가사

---

1 백종현 옮김, 아카넷, 2009, 219쪽.
2 장 뤽 낭시 외,『숭고에 관하여』, 문학과지성사, 2005, 198쪽. '파토스적'이라고 번역된 pathologique를 '정념적인'으로 수정함.

1. 모호성과 취약함

나는 지난 몇 년간 동시대 문화에서 순수한 아름다움이나 숭고함은 낯선 것, 고리타분한 것이 되고 매력이 일상적이면서도 중요한 기제가 되었다고 생각해왔다. 그런 막연한 생각 속에서 이 년 전에도 '매력의 경제'에 대해 썼다.[3] 그 글에서 나는 매력의 경제가 지적(이론적) 관심, 도덕적(실천적) 관심, 미적 관심의 '칸트적' 분리가 함몰된 문화의 조건이라고 주장했다. 매력의 경제 속에서는 공적·사적 영역의 분리가 흐려지고, 지적·도덕적·미적 관심과 육체적 자극, 성적 끌림, 경제적 이해 관심, 정념 등이 마구 뒤섞인다. 반대로 말해 매력의 경제는 주목의 흐름, 휩쓸림, 끌림, 공감, 혐오감, 수치심, 열등감이 뒤섞인 정동적 흐름을 설명하려는 동학이다.

오늘날 정치인은 선출을 통해 책임과 정당성을 얻는 대변자일 뿐 아니라 자신의 인간적 매력을 대중에 어필해야 하는 한 명의 인플루언서이기도 하다. 이른바 '현실 정치'는 모종의 팬덤 문화처럼 변해온 듯 보인다. 한국의 여러 사회적·정치적 갈등들은, 자신의 적수가 얼마나 매력 없는지 고발하고 조롱하는 전략을 발전시켜왔다. 상대편은 정치적으로 무능하고 그릇되었을 뿐만 아니라 도덕적으로 악하고, 심지어 미적으로 추하며 지적으로는 멍청하다. 이것은 거대양당이―혹은 그들의 지지자들이―서로 하고 있는 비방의 방식일 뿐만 아니라 한국 사회의 젠더 갈등, 세대 갈등에서도 쉽게 관찰되는 분쟁의 양상이다. 또 어느 연예인의 도덕적 논란은, 즉각 그의 '인성'에 대한 도덕적 비난과 그의 외모에 대한 조롱 혹은 성희

---

3 이희우, 「매력의 경제학」, 《문장웹진》, 2022년 2월호.

롱과 뒤섞여버린다.[4] 이러한 고발과 조롱은 행위만을 겨냥하지 않고 존재를 사방에서 포획하기에, 훨씬 치명적인 수치심과 모멸감을 심어줄 수 있다. 즉 발언이나 행위에 대한 처벌·판단이 아니라 존재에 대한 무차별한 공격인 것이다.

동시에 우리는 그런 종류의 공격과 모욕에 매우 민감하다. "많은 학자가 동시대의 '젊은 세대'가 차별이 있다는 사실을 받아들인 세대라고 말했다. 『우리는 차별에 찬성합니다―괴물이 된 20대의 자화상』(오찬호, 2013) 같은 책도 있지 않았는가. 확실히 이런 세대론에 일리가 없는 것은 아니다. 하지만 계급적 차이가 '냄새'와 같은 감각적 차원의 일로 번역되면 여전히 충격적인 의미를 갖는다. 어쩌면 우리는 불평등이나 계급성이라는 추상적 사실보다는 감각적 번역에 가장 민감한 세대일 것이다."[5] 즉 이 세계에 거대하고 구조적인 불평등이 존재한다는 사실은 받아들일 수 있다. 아마도 그것은 훗날 내가 부자가 될 가능성이기도 할 것이기에. 그러나 누군가―영화 〈기생충〉(2019)에서처럼―내 몸에서 나는 냄새에 혐오감을 표하는 것은 참을 수 없다. 그것은 내 행위나 처지에 대한 비난을 넘어 존재 자체에 대한 부정이나 모욕처럼 느껴진다.

그런 모욕을 마주해서 주체는 어떤 선택을 할 수 있을까? 자기 혐오·수치심을 내면화하거나, 〈기생충〉의 기택처럼 돌이킬 수 없는 충동에 휩쓸리거나. 그도 아니면, 모욕을 존재에 대한 부정으로 여기지 않을 수 있

---

4 안희제, 『망설이는 사랑―케이팝 아이돌 논란과 매혹의 공론장』, 오월의봄, 2023, 38-40쪽 참조. 이 책은 '덕질'의 경험 속에서 아이돌 팬들이 어떤 매혹과 실망을 경험하고, 윤리적 고민과 자기 배려를 하는지 알려준다. 이 책은 '매혹의 네트워크'라고 할 만한 것에 대한 조사이기도 하다.

5 이희우, 「매력의 경제학」

게, 모욕이 자신을 파괴할 수 없게 자기를 배려하거나. 이 자기 배려가 우리에게 매력의 경제에 저항할 힘을 줄 것이다.

매력의 불평등은 당연히 경제적 불평등과 뗄 수 없는 문제이지만, 그 둘의 관계가 1:1로 대응하는 것은 아니다. 돈이 많아도 매력적이지 않을 수 있는 것처럼. 반대로, 악뮤의 천재적인 노래 가사에서처럼, 나를 홀린 사람은 드라마에 나오는 '회장 비서'만큼 유능한 사람이 아니어도 그보다 더 매력적일 수 있다. 게다가 매력은 외양상의 조화로운 배열로 설명되는 것도 아니다("크지 않은 눈 오똑하지 않은 코"). 객관적인 조건들로 설명되지 않는 모호함이 있기에 매력은 마법이나 마술처럼 신비하게 느껴지기도 한다. 바로 이 신비함과 모호함 때문에 매력은 갈급한 욕망의 대상이 된다. 동시에 이 끌림과 욕망의 동학은 어떤 부정적 명령도 발신한다("비호감 티는 어서 벗어"). 이 명령은 호감과 비호감을 나누는 기준에 예민해지게 만들고, 사람들에게 열등감이나 수치심, 조급함을 주입할 수 있다.

그렇지만 우리를 사로잡고 홀리는 이 모호함을 제거할 수도 없다. 매력을 탈신비화하고 구조적으로 분석해보라. 매력에 '비판적 거리'를 두려고 해보라. 매력을, 그 이면의 사회적 관계와 노동을 숨기고 있는 물신 fetish이라고 고발해보라. 그것은 가능하겠지만 무력한 일인데, 매력이 자본의 이차적 효과나 그 자체 '상징자본'일 뿐이라고, 혹은 물신이라고 파악한다고 해서 매력적인 대상에 대한 우리의 현혹이, 매력에 대한 우리의 욕망이 사라지는 것은 아니기 때문이다. 사람들은 단지 무지해서 현혹되는 것이 아니다. 계몽은 아우라를 사라지게 할 수 있지만, 매력을 사라지게 할 수는 없다.

일찍이 먼 유럽 땅의 철학자 칸트가 제거하고자 했던 것이 바로 매력의 이러한 모호함과 변덕스러움이었다. 칸트에게 매력은 순수한 미적 판단(무관심한 관심)을 위해 배제되어야 하는 것이었다. 순수한 아름다움은 주체의 능력들 사이의 합목적적 조화이지만 매력은 대상이 주체에 행사하는 지배력이다. 매력과 감동은 대상의 영향에 종속된 것으로, 자유롭고 합리적인 주체의 취미판단으로는 부적절한 '야만적' 관심, 미성숙한 관심이다.[6] 그러나 매력의 불순함과 모호함, 신비로움을 축출하려는 것은 그것대로―마녀사냥처럼―탄압과 억압적 안정화, 관심들의 위계화를 수반하지 않을 수 없다. 앞에서 열거한 조짐들은 마치 매력이 아주 최근에 이르러서, 특히 젊은 세대에게 중요한 기제이자 기준이 되었다는 착시를 부를 수 있다. 그런데 관점을 바꿔보면, 주체와 대상의 완고한 분리를 전제하는, 근대적 사고방식이라는 특이한 '막간극'이 끝남에 따라 매력이 다시 공공연한 경험적 힘으로 부상했고, 그에 따라 비로소 비근대적인 미학이 작성될 수 있게 된 것인지도 모른다. 인간은 원래 자극에 취약하고 감정적이며, 관심사들을 임밀하게 구분할 줄 모르는 존재인지도 모른다(문학은 이 사실을 늘 말해왔지 않은가?). 단지 영역들, 관심사들의 관념적·제도적·규범적 경계가 흐려짐에 따라 이 사실이 더 노골적으로 드러나고 있는 것인지도.

하지만 이 사실을 받아들이는 대가가 무엇인지 우리는 알고 있을까? 배움이 매력으로부터 촉발된다고 주장[7]하는 것은―칸트라면 필시 '야만적'이라고 했을―동시대의 문화적 조건 속에서 새로운 감성적 배움의 이

---

6   칸트, 『판단력비판』, 218-219쪽.
7   이희우, 「비판이 오래 가르쳤지만 배울 수 없었던 것들」, 《쓺》 2023년 하반기호, 102-109쪽.

야기, 즉 새로운 미학을 쓰겠다는 말이다. 그리고 이 과제를 진지하게 받아들이면 우리는 근대적으로 규정된 아름다움, 자유, 도덕, 계몽, 성숙, 교양의 관념을 철저하게 재고해야만 한다. 매력과 순수한 취미판단을 분리하는 문제에, 칸트가 인간적이고 문명적이라 생각한 그 모든 소중한 것이 걸려 있기 때문이다.

어째서 그런가? 앞서 말했듯 매력은 대상의 영향력에 종속되는 것이고, 아름다움은 주체의 자유로운 능력들 사이의 조화이다. 즉 매력과 아름다움의 분리는 대상과 주체의 근대적 분리와 맞물려 있다. 마찬가지로 계몽은 대상에의 의존이나 종속에서 벗어날 수 있는 자유로운 주체를 전제한다. 또 주체의 자유로운 능력들 사이의 '일치', 즉 미적 공통감각은 지적 공통감각과 도덕적 공통감각의 근거이다. "능력들 간의 규정되지 않은 자유로운 일치는 다른 모든 일치의 근거이자 조건이다. 달리 말해서 미적 공통감각은 다른 모든 공통감각의 근거이자 조건인 것이다."[8]

따라서 우리의 판단력이 매력에 휘둘리고 오염된다는 것은 우리에게 미적 공통감각이 선험적으로 주어질 수 없다는 것이고, 이 말은 굳건한 지적·도덕적 공통감각도 기대할 수 없다는 뜻이다. 배움은 대상에서 주체를 분리하는 '선험적 형식'에서 시작되는 게 아니라, 경험적인 세계의 불순한 감각으로부터 예측할 수 없는 방식으로 '촉발'된다. 이 말은 우리가 선하고 아름다운 것을 보면 '자발적으로' 배우려 드는, 자유롭고 합리적인 주체가 아님을 의미한다.[9] 우리가 매력에 좌우된다는 것은 경험적 자극들에

---

8 질 들뢰즈, 「칸트 미학에서 발생의 이념」, 『들뢰즈가 만든 철학사』, 박정태 옮김, 이학사, 191-192쪽.

9 질 들뢰즈, 『프루스트와 기호들』, 서동욱·이충민 옮김, 민음사, 2004, 47-50쪽 참조.

지적·도덕적으로 거리 둘 수 없음을 의미하고, 이것은 또한 우리가 쉽게 상처받고, 휩쓸리고, 방황하는 취약한 존재임을 의미한다. 동시대 문화에서 매력이 갖는 중요성은 근대적 의미의 비판, 계몽, 교양이 불가능해지는 이유를 부분적으로 설명한다. 매력의 경제는 근대적 계몽의 기획이 무력화되는 문화적 조건인 동시에, 새로운 감성적 배움의 기획이 작성되는 출발점이다.

2. 교실 알레고리

나는 배움이 '매력과 실망의 운동'이라고 주장하고 있다.[10] 그 연장 선상에서, 이 글에서는 다음의 문제를 생각해보고 싶다.

우리는 동시대 문화의 지배적인 재현 논리로서 매력의 경제를 면밀하게 비판하면서도, 동시에 매력에 의해 촉발되는 배움들을 긍정하고, 보호하고, 촉진할 수 있는가? 이 이중의 과제를 위해서는 매력을 둘로 구분할

---

10 한편으로 이 주장이 모든 비판적 가르침/교육법(pedagogy)을 '배타적'으로 거부하면서 배움의 다양성과 수평성을 상찬하는, 듣기 좋은(기만적인) 소리쯤으로 받아들여지고 있는 것 같다. 그러나 이 듣기 좋은 주장은 또한 비평에 어떤 급진적인 변화와 그에 따르는 대가에 대한 엄격한 성찰을 요구하는 것이다. 짚고 넘어가자면 나는 배움과 비판 사이에 '배타적 이분법'을 설정하지 않았다. 일전의 글(「비판이 오래 가르쳤지만 배울 수 없었던 것들」)에서 나의 진단은 단순히 비판이 너무 약해져서 강해져야 한다거나, 너무 지나치므로 약해져야 한다는 것이 아니었다. 나의 진단은 "비판이야말로 정당하고 엄정한 방법"이라는 식의 전제가 많이 약화됨에 따라 그것 자체가 비판받을 수 있게"(92쪽) 되었다는 것이다. 어쨌든 지금 배움을 말하는 것은, 누차 강조했듯 어떤 의미에서든 비판을 포기하기 위함이 아니다. 오히려 나는 침체되고 관습화되어 힘을 잃거나, 왜곡되어 범람하는 비판이 배움을 통해 적실성을 얻고 활성화될 수 있다고 주장했다. "비판은 비판을 통해 긍정될 수 없고 배움을 통해 긍정될 수 있다"(107쪽). 다만 나는 비판을 가능하게 하는 긍정적 근거로 배움을 내세웠으므로 어떤 비판적 문법이 관습화되어 배움을 경색시키는 경우라면 그 비판적 무기를 내려놓을 수 있어야 한다고 주장할 것이다.

필요가 있다. 돌이켜보면 「매력의 경제학」에서 나는 '동시대 문화의 지배적 재현 논리'로서의 매력과 '감성적 배움을 유인하는 인력'으로서의 매력을 애매하게 혼동했다. 그 애매한 교착 때문에 소설들을 다룰 때도 좀 우왕좌왕했다.

조금 복기해보자면, 내가 이 문제에서 늘 참조해온 손보미 소설의 '교실'에서 아이들은 무엇이 매력적이고 매력적이지 않은지, 어떤 아이가 영향력을 갖고 다른 아이는 그렇지 못한지, 그것을 결정하는 기준이 무엇인지 아주 예민하게 감지한다. 매력의 경제를 배우는 과정에서 아이들은 매혹과 동경, 수치심과 혐오감을 느끼며, 이 감정들은 아이들에게 어떤 품행과 감수성, 젠더 규범을 학습하도록 종용한다. 교실에는 혐오와 따돌림의 대상이 되는 아이가 있고, 반대로 눈길을 끌며 영향력을 행사하는 아이가 있다. 이중 전자의 경우를 보자.

그 애는 목욕을 하지 않아서 언제나 머리카락에는 기름때가 끼어 있었고, 얼굴에는 언제나 버짐 같은 게 피어 있었다(그게 영양실조의 결과라는 건 이후에 알게 되었다). [······] 그 애의 이름은, 그래, 고장연이었는데, 내가 여전히 그 애의 이름을 기억하는 건, 반의 짓궂은 남자애들이 그 애를 '고장난'이라고 불렀기 때문이었다.

나는 거의 본능적으로 그런 생각을 했을 것이다. 내가 무리로부터 떨어진다면, 무리에 정착하지 못한다면 나는 '깨끗한 버전'의 고장연이 되고 말

것이라고.[11]

어떤 신체(정확히 말해 신체가 발신하는 기호들signs의 특정한 조합)를 "고장난"이라고 부르는 것은 그 신체의 특성을 설명하는 것을 넘어 신체의 의미를 규정한다. 이러한 의미화를 둘러싼 과정이 매력의 정치이고, 교실 속 매력의 정치를 통해 화자가 몸소 배우기 시작하는 것이 매력의 경제다. 이 경제는 신체적 기호들에 차별적인 의미를 할당한다.

위 소설에서 고장연은 가난한 집안의 아이이고 보살핌 받지 못하는 아이인 듯하다. 아이들은 이 사실을 "거의 본능적으로" 알아차리고 혐오하는데, 그 사실이 신체적 기호들(기름때, 버짐, 냄새 등)로 나타나기 때문이다. 교실의 무리들에 완전히 소속되지 못하고 겉도는 화자는 자신도 비슷한 처지가 될까 두려움을 느낀다. 이 두려움이 '완전히' 본능적이기만 한 것은 아니다. 이 두려움은 사회적인 측면을 갖기 때문이다. 더 정확히 말해서 아이들의 배움에서 본능적인 것과 사회적인 것은 구분되지 않기 때문이다. 아이들은 도덕적, 인시적, 정치적, 육체적, 성적 관심사를 구분할 줄 모르는 상태에서 사회를 온몸으로, 감각적으로 배운다. 바로 그렇기에 아이들의 배움은 강렬하고 예측할 수 없으며 종종 폭력적인 방식으로 일어난다. 사춘기 시절 교실의 아이들은 교과서나 선생의 말보다 또래 집단 속 매력의 정치를 통해 사회에 대해 더 많은 것을—누가 영향력을 행사하고 누가 그렇지 못한지, 따돌림당하지 않기 위해 어떻게 처신해야 하는지, 남자와 여자는 어떻게 행동해야 하는지 등을—배운다.

---

11 손보미, 『작은 동네』, 문학과지성사, 2020, 115-116쪽, 116-117쪽.

이처럼, 매력의 경제는 끌림과 동경과 흥분을 낳는 한편으로 혐오감(disgust)과 수치심(shame)도 낳는다. 수치심은 죄책감(guilty)과 밀접하면서도 다른데, 죄책감이 행위에 대한 것인 반면 수치심은 존재에 대한 것이기 때문이다. 가령, 도덕적 위반이 발생했을 때 죄책감을 느끼는 사람은 '나는 잘못된 행동을 했다'라고 생각한다면, 수치심을 느끼는 사람은 '나는 잘못된 존재다'라고 생각할 확률이 높다.[12] 혐오와 수치심은 신체적인 반응이지만, 사회적이며 도덕적인 감정(사회 질서와 도덕을 내면화시키는 감정)이기도 하다.[13] 혐오는 신체적 오염이나 질병을 회피하기 위해 진화된 행동 면역체계이지만, 문화적·도덕적 '순수성'에 집착하면서 소수자·약자를 배척하는 심리적 기제가 되기도 한다. 또 흥미로운 심리학 실험들은 사람들이 혐오감을 느낄 때 도덕적으로 엄격해지는 경향이 있다는 것을 알려준다. 이중 어떤 것은 농담 같은 것인데, 이를테면 방귀 냄새에 반복적으로 노출된 사람들은 타인의 품행에 대해 더 엄격한 도덕적 판단을 했다.[14] 이는 신체적 관심사(bodily concerns)와 도덕적 관심이 쉽게 호환되는 것임을 시사한다. 또 혐오감이 도덕적 엄숙주의의 형태로 표출될 수 있음을 시사한다.

혐오감이 행동 면역체계에서 기인한다면, 수치심은 어디서 비롯할까? 어떤 심리학자들은 '수치심의 기원'을 매력적이고자 하는 인간의 본능에서 찾는다. 이러한 설명에 따르면 "매력도(attractiveness)는 상대적인 사회

---

12   John Terrizzi Jr, Natalie J. Shook, "On the Origin of Shame: Does Shame Emerge From an Evolved Disease-Avoidance Architecture?" *Front. Behav. Neurosci*, 14, 2020 참조.

13   마사 너스바움, 『혐오와 수치심―인간다움을 파괴하는 감정들』, 조계원 옮김, 민음사, 2015 참조.

14   Simone Schnall, Jonathan Haidt, Gerald Clore and Alexander Jordan, "Disgust as embodied moral judgment", *Pers Soc Psychol Bull*. 34(8), pp. 1096–1109 참조.

적 지위를 결정하는 하나의 요인이며, 수치심은 매력도의 상실과 그에 따르는 사회적 상호작용의 상실에 대한 정서적 반응이다."[15] 혐오감이 오염된 것을 피하도록 진화된 심리적·신체적 반응이라면, 수치심은 자아를 오염된 것으로 느끼는 감정이다. 간단히 말해 수치심은 내면에 반영된 혐오이다. 혐오가 종종 소수자와 타자를 배척하는 감정이라면, 수치심은 자기 자신을 사회로부터 격리하는 감정이다.[16] 수치심을 느끼는 사람은 타인에 노출되기를 꺼리게 되기 때문이다. 수치심을 느끼는 사람은 자신의 매력을 낮게 평가하는데, 이 의기소침함 혹은 자기비하는 그의 매력도를 더욱 떨어뜨릴 수 있다. 반대로 오늘날 케이팝 아이돌 그룹에서 볼 수 있는 '화려한 나르시시즘적 주체'는 자신의 매력을 당당하게 전시하면서 더 매력적인 존재가 된다.[17]

소설과 관련해 이제 새롭게 논해보고 싶은 내용은, 손보미 소설에 그려지는 배움/성장이 매력의 문제에서 시작되지만 배움이 진행되는 과정

---

15   J. Terrizzi Jr, N. Shook, "On the Origin of Shame", p. 2에서 인용한 폴 길버트Paul Gilbert의 주장. 물론 매력적이고자 하는 것이 우리의 진화된 '본능'일지라도, 무엇이 매력적인가를 결정하는 문제는 사회적, 정치적인 것이다.

16   따라서 소수자는 특히 수치심에 취약할 수 있다. 이에 대한 인상적인 글로는 이연숙, 『진격하는 저급들—퀴어 부정성과 시각문화』, SeMA, 2023의 「들어가며: '젠더 문제'」(7-15쪽)와 「슬픈 퀴어 초상」(17-43쪽) 참조.

17   이 문제에 대한 생각에 사회학 연구자 조민서가 많은 도움을 줬다. 아마 매력의 경제는 '생명 정치'와 다르면서도 밀접하게 맞물려 있는 것 같다. 푸코에게 생명 정치는 국가가 보건과 건강을 이유로—발전한 근대 의학과 촘촘한 사회 기반 네트워크, 사회 보장 제도를 통해—'인구' 전체를 통치 대상으로 삼아 관리하는 것을 의미한다(미셸 푸코, 『생명관리정치의 탄생』, 심세광·전혜리 옮김, 난장, 2012 참조). 매력의 경제는 그러한 안정적 관리를 넘어—특히 발전한 인터넷망과 SNS를 통해—어떤 존재/콘텐츠가 문화에 더 많이, 더 쉽게 재현되는지를 관장하고, 그러한 기준에 맞는 기호들의 가속화된 소비와 생산, 변덕스러운 투자를 부추긴다. 이러한 경향은 더 자극적인 콘텐츠들을 전시하는 알고리즘과 그것을 활용하는 플랫폼들, 신체와 관련된 산업 복합체(성형, 피트니스, 콘텐츠, 식품 산업 등)과 체계적으로 관련된다.

에서 화자는 실망을 겪고, 실망을 통해 배움의 경로가 매력의 경제에서 이탈하게 된다는 점이다.[18] 이때 실망은 어떤 대상이나 자신에 대한 것일 뿐 아니라 **매력을 결정하는 기준 자체의 자의성과 허약함**에 대한 것이다. 매력이 매력적인 대상의 본성인 줄 알았는데 그렇지 않고, 상황에 따라 쉽게 달라질 수 있음을 알게 되는 것이다(『작은 동네』에서 이러한 배움은 특히 고장연과의 관계에서 온다). 그런 실망을 겪고 나서 화자는 교실의 정치에 어느 정도 무관심해진다. 냉소적으로 될 위험을 품고 있기는 하지만, 이 **무관심**은 화자가 '자기와의 관계'에 집중하게 되어 교실의 분위기에 덜 휘둘림을 의미한다. 이러한 자기와의 관계는 '탈정치적'인 것이 아니다. 우리는 그것을 "앎과 권력을 넘어서서 우리를 '자기'로 구성할 방식들을" 만들어내는 주체화로 해석할 수 있다.[19] 도피하기 위해서가 아니라, 매력의 경제에 저항하고 개입하기 위해서 우리는 그 경제에서 스스로 빠져나올 수 있어야 한다. 말하자면 '삶의 재현되지 않음'을 감내할 수 있어야 한다. 이러한 고독 속에서 어린 화자는 작가가 된다. 즉 배움들을 자신의 언어로 다시 쓸 수 있게 된다. 실망은 매력의 경제 내부에 구멍을 내고 그 경제로 환원되지 않는 배움으로 화자를 인도한다. 이렇게 이어지지 않는다면, 실망한 사람은 단지 냉소적으로 될 것이다.

　그러나 화자에게 매력의 경제를 교란하고 그것에 저항할 주체성을 부여하는 그 배움이 매력에 의해 촉발되었다는 사실도 여전히 중요하다.

　손보미의 소설 속 교실은 아주 구체적이지만, 그 교실의 동학, 매력을 결정하는 기준을 놓고 벌어지는 매력의 정치는 오늘날의 문화적·경

18　이희우, 「배움의 단계들—손보미, 「불장난」 읽기」, 《문학동네》 2023 겨울호, 120-138쪽 참조.
19　질 들뢰즈, 「작품으로서의 삶」, 『대담』, 신지영 옮김, 갈무리, 2023, 185쪽.

제적·정치적 조건에 대한 알레고리로도 읽힐 수 있다. 매력의 정치는 소설 속 초등학교 교실에서만 일어나는 일이 아니다. SNS에서, 인터넷 커뮤니티에서, 연애 시장에서, 금융 시장에서, 현실 정치에서 언제나 일어나고 있는 일이다. 매력의 경제는 우리에게 어떤 말투, 품행, 사고방식, 가치의 서열들을 가르친다. 거꾸로 말해서 매력이 중요한 자기계발의 요소가 되고 SNS 같은 것도 자연스러운 소여(所與)로 느껴지는 이 시대의 문화는, (전시장이나 투기投機장이기도 하지만) 한편으로는 드넓은 교실, 한 명의 '어른 선생'이 사라진 사춘기 아이들의 교실이기도 하다. 이 은유적 교실에는 셀 수 없이 많은—매력의 정치의 입법자이자 집행자인—'일그러진 영웅'이 존재한다. 우리가 스스로 배울 수 있는 존재라면, 교실의 질서를 폭력적으로 바로잡을 권위주의적 선생은 회귀하지 않을 것이다. 우리가 스스로 배울 수 없는 존재라면, 우리는 그러한 선생의 회귀를 욕망하게 될 것이다. 선생의 매질을 통해 제대로 된 '자유'와 '합리'가 보장되었다고 생각한 『우리들의 일그러진 영웅』의 화자처럼.

　따라서 나는 이러한 문화적 조건을 두려워하고 거부하기보다는, 이러한 조건 속에서 새로운 감성적 배움의 가능성을 발견하고자 한다. 이 과제를 위해 이 글에서 새롭게 주장할 가설은, 앞서 말했듯 매력에 두 종류가 있다는 것이다.[20]

20　짚고 넘어가야 할 것은, 매력을 둘로 나눈다는 이 과제가 번역상의 모호함에 결부되어 있다는 사실이다. 칸트가 'Reiz'라고 불렀던 것, 리오타르나 들뢰즈가 언급한 'charme', 영어로는 charm이라고 번역되는 그것도 한국어로는 '매력'이고, 미셸 페어가 비판적으로 분석한 '금융적 매력도(financial attractiveness)'가 그렇듯 attraction도 매력으로 번역되고 있다.
한국에서 "매력 자본"이라고 번역된 캐서린 하킴의 원래 표현은 "erotic capital"이다(캐서린 하킴, 『매력 자본』, 이현주 옮김, 민음사, 2013). 이런 개념들이 지금 다 '매력'이라고 번역되고 있다. 그런데 이것은 번역상의 문제이기도 하겠지만, 또 다른 관점에서 보면 '매력'이라는 개념 자체가 워낙 모호하고 기묘한 것이기도 해서 그런 것 같다. 앞서 말했듯 매력은 순수한 아름다움과 달리 여러 자극과 관심이 분

3. 첫 번째 종류: 재현적 매력

매력의 두 종류를 잠정적으로 '재현적 매력(representative attraction)'과 '감각적·정동적 매력(affective charm)'이라고 불러보겠다. 철학자 질 들뢰즈는 관념과 정동을 구분하면서 정동을 '재현되지 않은 사유'라고 했다.[21] 관념이 고정된 격자라면 정동은 그 격자들 사이사이에 유동하는 흐름이다.

두 종류의 매력은 객관적 조건에 따라 분별되는 것이 아니라―지적으로 분별된다면 둘은 모두 재현적 매력으로 수렴될 것이다―그것이 어떤 주체화에 관여하느냐에 따라 분리된다. 즉 동일한 대상의 매력이 재현적 매력이 될 수도 있고 정동적 매력이 될 수도 있다. 전자는 **추상적 기호들의 논리**이고 후자는 **감각적 기호들**의 논리이다. 가령, '우리는 사용가치보다 기호가치를 소비한다'(보드리야르)고 할 때의 기호는 전자이다. 반면 회화 작품 표면에서 물감층들이 만들어내는 효과는 감각적 기호(들뢰즈)로서 후자이다. 화가가 되려면 그 기호를 감각적으로 해독하는 법을 배워야 한다. 전자는 투자를 유인하고, 후자는 배움을 유인한다. 값비싼 투기 상품이 된 미술 작품은 두 매력의 중첩을 잘 보여준다.[22] 아이돌 문화 역시 두 매력의 중첩을 잘 보여주는 것 같다.

화되지 않은 경험적 차원의 인력이고, 그에 따라 필연적으로 개념 자체에 체계화될 수 없는 모호성이 내재하기 때문이다.
21   질 들뢰즈, 「정동이란 무엇인가?」, 서창현 옮김, 『비물질노동과 다중』, 갈무리, 2005, 21-35쪽 참조.
22   하지만 두 매력 사이의 번역이 항상 즉각적으로 일어나는 것도 아니다. 가령 젊은 화가는 당장 감각적으로 아주 매력적인 회화 작품을 그릴 수도 있지만, 그것이 매력적인 투자 상품이 되려면―예술가 자신의 자기 홍보, 다른 예술가나 기관들과의 네트워크 형성, 평론가들의 평가, 전시와 경매 이력, 구매자들의 입소문 등을 거쳐야 하기에―꽤 오랜 시간이 걸릴 수 있다(반드시 그렇게 번역되리라는 보장도 없다).

3-1. 금융적 매력도

재현적 매력이란 수치화 가능한 것, 평가·식별·계산 가능한 것으로 '이미 표상된 매력'을 뜻하기도 하고 (무엇이 더 많이, 더 중요하게 재현되는지를 관장하는) 재현의 문법을 뜻하기도 한다. 오늘날 투자자들이 어떤 대상에 투자할 것인지 결정하기 위해 가늠하는 '금융적 매력도(financial attractiveness)'가 이에 해당한다. 프랑스의 사회학자 미셸 페어에 따르면, 금융자본주의 시대에 투자 대상의 실적·신용·사회적 책임·평판은 투자를 유인하는 금융적 매력도로 환원된다.[23] 그에 따르면 금융자본주의 시대에 새롭게 생산되는 주체성은 '피투자자(investee)'이다. 국가, 기업, 스타트업 창업자, 자영업자, 대출을 받는 가계뿐만 아니라 젊은 예술가, 연구자 역시 피투자자다. 자기 프로젝트의 전시와 자신의 가치 상승[24]을 통해 투자(국가, 대학, 문화재단, 연구재단, 출판사, 전시기관 등의 지원)를 유인해야 하기 때문이다. 꼭 '돈'을 유인하는 것이 아니더라도 주목과 관심을 자신에게로 끌어당겨 작업이나 자산의 가치를 상승시키려 하는 경우 우리는 피투자자라고 할 수 있다. 여기서 피투자자 주체성은 일반적으로 신자유주의가 생산한다고 여겨진 '기업가 주체'와 다르다. 기업가는 리스크를

---

[23] 미셸 페어, 『피투자자의 시간』, 조민서 옮김, 리시올, 2023, 88쪽. 페어의 논지와 '피투자자'의 개념을 이해하는 데에도 『피투자자의 시간』의 역자이자 사회학 연구자인 조민서에게 많은 도움을 받았다. 페어의 주장은 명쾌하고 유익하지만 몇 가지 의문을 남긴다. 그중 하나는, 우리가 금융자본주의에서 생산되는 주체성을 저항을 위해 '전유'할 수 있음이 이론적으로 가능하다 할지라도, 무엇이 그러한 저항을 '욕망'하게 하는지 해명되지 않는다는 것이다. 즉 무엇이 우리에게 단지 투자나 자기 홍보를 통해 부자가 되는 것이 아닌 다른 것을 욕망하게 하는가? 무엇이 매력의 지배적인 기준을 갈급하게 좇기보다 그 기준에 저항하기를 욕망하게 하는가? 한마디로 **어떤 과정, 어떤 사건, 어떤 마주침이 우리에게 그러한 저항적 주체성을 부여하는가?**

[24] 미셸 페어, 「자신의 가치를 상승시킨다는 것, 혹은 인적 자본의 욕망」, 조민서 옮김, 《문학과사회》, 2023년 봄호, 358-381쪽.

최소화하고 이윤을 극대화하는 방식으로 삶과 자산을 관리하지만, 피투자자는 당장의 이윤을 감축할 위험을 감수하고서라도 자신의 매력도를 증대시키려 한다. 실질적인 '이윤'은 금융적 매력도를 구성하는 여러 요인 중 하나일 뿐이다. 여기서 매력도는 투자받을 가능성 그 자체다. 따라서 우리는 무엇이 매력을 결정하느냐 하는 문제를 놓고 분투하게 된다. 페어는 바로 그런 이유로, 오늘날의 대항 투기 액티비즘이 '무엇이 매력적인가'의 결정에 개입하는 투쟁이 될 수 있다고 주장한다.[25]

매력도는 금융자본주의 시대에 자본과 주목의 흐름을 견인하는 지배적 기제이다. 페어는 감정이나 정동에 대해 주요하게 논하지 않지만, 만약 그의 분석이 타당하다면 이 상황에서는 필연적으로 혐오나 수치심도 심각하게 가중될 것이다. 매력도의 지배적 기준은—이 기준이 다원적이고 변덕스러운 것이라 할지라도—그 기준에 부합하지 않는 분류들(빈곤, 신용불량, 빈약한 포트폴리오, 나쁜 평판, 낮은 생산성, 낮은 디지털 접근성, 인기 없음 등)을 끊임없이 낳을 것이기 때문이다.

3-2. 기호, 장르, 메타장르

이런 관점에서 매력의 경제를 기호들을 특정한 방식으로 배치하는 '장르들'의 문법, 즉 **메타장르**라고 이해할 수도 있다. 매력의 경제는 기호들이 선별·등록·재생산·유통·서열화되는 논리이지만, 그 경제는 개별적인 감각적 기호들과 직접 관계하는 것은 아니며, 특정하게 재현된 기호들의 조합(combination) 혹은 집합(set), 즉 장르들과 관계한다.

---

25   페어, 『피투자자의 시간』, 56쪽.

이때 장르란 소설이나 조각, 연극과 같은 전통적인 예술 영역들만을 의미하지 않는다. 낭만주의, 모더니즘, 리얼리즘처럼 이미 역사화되어 패러디·전용·혼성모방되는 문예사조를 의미하는 것도 아니다. SF나 판타지 소설 같은 '장르 문학'을 말하는 것도 아니다. 프랑스어 'genre'는 전통적인 의미의 예술 장르뿐 아니라 젠더(gender)나 생물학적 의미의 속(屬, genus)을 의미하기도 하고, 더 일반적인 의미에서 '종류'를 의미하기도 한다. 이러한 중의성을 참조하면서 '우리는 하나의 장르가 아니다'라고 말한다면, 이때 그 문장은 우리는 **하나의** 사조가 아니다, 하나의 젠더가 아니다, 하나의 생물학적 분류가 아니다, 하나의 종류가 아니다……라는 뜻으로 확장될 수 있다.[26] 그러나 어떤 의미에서, 존재 자체가 하나의 장르로 코드화될수록 그 존재는 더 많이, 더 빠르게 재현·유통·패러디·모방된다. '뉴진스는 하나의 장르다'와 같은 말이 보여주는 것처럼, 장르는 기호들을 조합하는 하나의 특별한 방식으로서 (재)생산될 수 있다.

기호들은 감성적·현상적인 것으로서 물리적·신체적인 측면을 갖는다. 하지만 그것이 재현되고 분류된 결과인 장르들은 언어적·담론적이다. 기호들은 배움의 대상이고, 장르들은 식별과 분류, 소비와 축적의 대상이다. 장르는 문화가 삶을 재현하는 단위이다.

동시대의 문화는 '삶의 장르화'를 가속화하는 경향이 있다. 이것은 '예술의 탈장르화(예술의 삶 되기)'를 목표로 했던 20세기 아방가르드 예술과

---

26 여기서 내가 말하는 '장르'는 리오타르가 이야기했던 '담론들의 규칙'과 밀접하다. 리오타르에 따르면 한 담론의 장르 안에서는 재생산·호환·유통·소통이 쉽게 일어나지만 상이한 장르들 사이에서는 일반적으로 '쟁론'이 벌어질 수 있을 따름이다. 장르들을 중재할 수 있는 거대서사, 즉 최상위의 메타장르가 부재하기 때문이다(장 프랑수아 리오타르, 『쟁론』, 진태원 옮김, 경성대학교출판부, 2015 참조). 그런데 사실 장르의 문법들을 결정하는 상위의 메타장르는 존재한다. 그것은 금융자본주의이고, 나는 매력의 경제가 금융자본주의 시대의 문화적 논리라고 이해하고 있다.

반대되는 공식이다. 자신을 문화에 재현하기 위해 사람들은 문화에 의해 식별 가능한 기호의 조합을 생산하도록 추동된다. 즉 기호를 소비할 뿐만 아니라, 장르를 생산하도록 추동된다. 간단한 예로 SNS나 유튜브, TV 프로그램에서 인플루언서가 전시하는 어떤 '라이프스타일'은 삶을 재현하는 하나의 장르적 조합이다. 어떤 라이프스타일은 매력적인 것으로 여겨져 광범위하게 모방·차용·전유·패러디되지만, 어떤 라이프스타일은 그렇지 못하다. 삶은 비교·평가·계산·분류될 수 있는 것이 아니지만, 라이프스타일은 그렇게 할 수 있다. 라이프스타일은 옷차림이나 집안의 인테리어, 운동 습관처럼 상대적으로 '가벼운' 문제들로 구성될 수도 있고 성정체성, 비건 지향, 환경친화적 태도, 정치적 실천 등 '진지한' 문제들로도 구성될 수도 있다. 라이프스타일들은 문화 안에서 재현될 권리를 두고 분투하고, 영향력을 두고 경쟁한다. 마찬가지로 동시대의 활동가나 예술가가 SNS에 올리는 것은 단순히 자신의 '공적 활동'의 기계적 기록이 아니다. 많은 활동가와 예술가는 그것들을 포함하여—어투, 생활양식, 취미, 정치적 견해 등과 함께—어떤 라이프스타일을 전시하는데, 그 라이프스타일이 매력적일수록 그들은 더 많은 영향력을 갖게 된다. 이 영향력은 경제적 수입이 되기도 하고 정치적 영향력이 되기도 한다.

 나는 이러한 상황을 단순히 냉소적으로 보려고 하는 것은 아니다. 가령 인플루언서이자 작가인 인물이 자신의 영향력을 효과적으로 활용하면서 팔로워들에게 진보적인 정치적 의제를 전파하는 일을 부정적·냉소적으로 볼 이유가 있을까? 오늘날 어떤 액티비즘이든, 급진적인 것이든 자유주의적인 것이든, 대중적으로 되려면 그러한 전략을 사용할 수 있어야 한다.[27] 물론 배움은 단지 주어진 조건을 '전유'하거나 '지양'하는 것을 넘어 저항의 가능성이 되는 어떤 주체화의 선을 만들어낸다. 그러나 배움은 언제나 지금 여기의 경험적 조건 속에서 시작된다. 매력의 경제 속에서 행위자들은 무엇이 매력적인가를 놓고 분투하고 또 그 기준을 시시각각 학습하며, 그 기준을 바꾸기 위해 분투한다. 이것은 교실에서, 군대에서, 직장에서, SNS에서, 인터넷 커뮤니티에서, 대선 토론에서 모두 마찬가지이다. 다만 영역마다 상이한 장르의 문법들이 존재한다. 지식인, 예술가, 활동가가 고려할 수 있는 실천적 문제는 현재 지배적으로 재현되는 매력과는 다른 매력적인 것을 제시할 수 있느냐이다. 그다음 고려할 수 있는 이론적 문제는 매력의 경제로 환원되지 않는 잔여(혹은 구성적 외부), 즉 '정치적인 것'이나 '문학적인 것' 등이 있느냐이다.

4. 두 번째 매력: 감각적·정동적 매력

첫 번째 매력이 장르들의 문법을 관장하는 경제적 논리라면, 두 번째 매력은 장르화되지 않은 개별적 기호들의 인력이다. 이 인력은 예측할 수 없는 배움들을 유도하고, 우리는 이런 배움들을 통해 매력의 경제에 저항

---

27 이런 상황에서 모든 저항이 쉽게 '콘텐츠'가 된다(혹은 상품화된다)는 식의 비판이야말로 너무 쉽게 할 수 있는 비판이다. '콘텐츠화', '상품화', '식민화', '포섭' 따위를 말하려면 그 전에 그런 것들에 의해 침해되지 않았던, 순수한 지성이나 실천의 영역, 혹은 미적 영역이 있었음을 전제해야 한다. 그런데 지금 우리가 살고, 공부하고, 말하고, 저항하고, 표현하는 문화적 조건에는 애초에 그런 순수성이나 영토적 경계들이 존재하지 않는다. 매력의 경제는 지적이기 이전에 정동적인데, 이런 정동적 차원을 배움·교양의 동시대적 조건으로 진지하게 고려하지 않는 지식인에게는 그런 감정에 휩쓸린 사람들이 '반지성주의'에 빠진 바보들이나 괴물들로 보일 것이다. 그러나 지금 문제는 바로 그 '야만적'인 차원 속에서 다른 배움의 길을 만들어갈 수 있느냐이다.

할 힘을 확보할 수 있다. 즉 두 번째 매력은 첫 번째 매력에 저항할 가능성이다.

감각적·정동적 매력에 대해서는 두 가지 측면을 짧게 이야기해볼 텐데, 하나는 섹슈얼리티와의 관계이고, 그다음은 배움과의 관계이다.

4-1. 매력의 성적인 토대

젊은 시절의—'비판'을 쓰기 전—칸트는 아직 매력을 순수한 취미판단을 위해 배제되어야 하는 것으로 격하하지 않았다.[28] 훨씬 비체계적이고 유연한 텍스트인 『아름다움과 숭고함의 감정에 관한 고찰』에서 칸트는 "숭고함은 감동시키고, 아름다움은 매료시킨다(Das erhaben rührt, das schöne reizt)"라고 썼다.[29] 이 짧은 텍스트에서 칸트는 수치심이라는 "본성의 비밀"이 매력과 관계있으며, "성별적인 경향성은 여타의 모든 매력의 토대에 놓여 있"다면서 매력의 기원이 성차(性差) 혹은 섹슈얼리티와 불가분하다고 확언했다.[30]

그러나 원숙기의 칸트는 매력과 순수한 아름다움을 엄격히 구분했으며, 매력에 좌우되는 것은 '야만적'이고 '미성숙'한 관심이라고 규정했다. 이로부터 취미판단의 지붕 위에는 숭고가 있고 바닥 아래에는 매력이 있는 미학적 위계질서가 확립되었다.

매력과 순수한 아름다움을 체계적으로 분리하고, 대상에의 애착(attachment)과 초연함(detachment)을 분리할 때 미학의 저택 아래로 쫓겨

---

28 『판단력비판』, 백종현의 56번 역주(218쪽) 참조.
29 임마누엘 칸트, 『아름다움과 숭고함의 감정에 관한 고찰』, 이재준 옮김, 책세상, 2019, 16쪽.
30 같은 책, 66쪽, 67쪽.

난 것은 육체, 수치심, 여성적인 것, 동물적인 것, 몰입, 습관, 그리고 섹슈얼리티에 대한 사고이다(칸트의 몇 텍스트만 이 주장의 근거가 되는 것이 아니다. 근대미학의 형성 과정 전반을 염두에 둔 이야기이다). 이것은 우리가 새로운 감성적 배움의 이야기 서두에 '매력'을 중요한 개념으로 기입할 때 고려해야 하는 까다로운 함의이다. 앞서 말했듯, 우리가 매력에 좌우된다는 것은 우리가 쉽게 상처받고 방황할 수 있는 취약한 존재임을 의미한다. 혹은 거꾸로 말해서 우리는 상처받는 존재이기 때문에 무언가에 매혹되는 것이다. 이 취약함의 기저에는 섹슈얼리티의 문제가 있다. 섹슈얼리티는 장르/젠더가 아니며, 그렇게 식별·재현할 수 없는 잔여이다.[31]

배움의 이야기는 복잡하게 뒤섞이는 성적 계열들을 형성한다. 배움이 없다면, 자신의 이야기를 자기만 이해하고 말할 수 있다고 주장하는 장르들/젠더들/분류들만이 있을 것이다. 배움은 한 장르의 문법을 학습하는 것이 아니다(그것은 앎의 축적이지 배움이 아니다). 배움의 운동은 기호들의 새로운 연결, 새로운 마주침의 공간[32]을 만들어내는 동시에 장르들의 경계를 해체한다.

4-2. 감각적 매력과 배움의 관계

칸트 이후에 '매력'에 다시 긍정적이고 중요한 의미를 부여한 철학자들은 니체와 들뢰즈이다. 일단 여기서는 들뢰즈의 텍스트만을 짧게 인용해보고자 한다.

---

31 알렌카 주판치치, 『왓 이즈 섹스?』, 김남이 옮김, 여이연, 2021, 특히 3장(72-143쪽) 참조.
32 "배운다는 것, 그것은 분명 어떤 기호들과 부딪히는 마주침의 공간을 만들어간다는 것이다." 질 들뢰즈, 『차이와 반복』, 김상환 옮김, 민음사, 2004, 73쪽.

삶에는 일종의 서틂, 병약함, 허약한 체질, 치명적인 말더듬 같은 것이 있는데, 이런 것들이 혹자에게는 매력이 됩니다. 스타일이 글쓰기의 원천이 듯이, 매력은 삶의 원천입니다. 삶이란 당신의 역사가 아닙니다. […] 매력은 결코 사람/인격이 아닙니다. 매력은 사람을 수많은 조합으로 파악하게 하고, 그런 조합을 이끌어낸 독특한 기회로 파악하는 것을 말합니다.[33]

일반적인 기준에서 약점인 특징도 어떤 독특하고 우연한 조합 속에서는 강점이 된다. 누군가의 억양이나 촌스러운 옷차림, 자기비하가 그런 것처럼.

이 구절은, 기호가 조합되는 방식을 변경함으로써 현재 매력적으로 여겨지지 않는 특징들을 매력적인 것으로 전환할 수 있음을 시사한다. 이는 또한 문학에서 전시되는 수치심의 윤리적 함의를 숙고하게 해준다. 진화 심리학적 설명에서 수치심은 인간 주체를 위축시키고 사회적 상호작용에서 물러나게 만드는 것이었지만, 문학적 글쓰기에서는 수치심의 전시 자체가 매력적인 것, 저항적인 것, 적극적인 것으로 전환될 수 있다.

매력이 한 인물을 비인격적인 조합으로 파악하게 하는 것이라면, 들뢰즈에게 배움은 상형문자처럼 나타나는 어떤 대상이 방출하는 기호를 해독하는(decoding) 일이다(장르가 삶을 '코드화'한 것이라면 배움은 장르들을 개별적, 감각적 기호들로 '탈코드화'한다). 이를테면 어떻게 넘실대는 물결 속에서 헤엄치는 법을 배울 수 있는가? "우리가 그 물결의 운동에 대응하는 방

---

33 질 들뢰즈 · 클레르 파르네, 『디알로그』, 허희정 · 전승화 옮김, 2021, 14-15쪽.

법을 배우는 것은, 실천적 상황 안에서 그 운동들을 어떤 기호들처럼 파악할 때나 가능한 일이다."[34] 이때 수영하는 신체가 파악하는 기호들, 즉 물의 리듬, 물결의 세기, 온도와 깊이 등은 감각적인 것이지 관념적인 것이 아니다. 심지어 이 '물결'이 우리가 살아가는 시대의 '전쟁 같은 분위기'처럼 은유적으로 사용된다고 해도 마찬가지일 것이다. 시대의 분위기 속에서 다르게 살고 말할 방법을 실천적으로 배우려면 우리를 휩쓸어가는 운동들을 어떤 기호들처럼 캐치해야 한다.

"배운다는 것은 필연적으로 '기호들'과 관계한다. 기호는 시간이 흐르는 동안 배워 나가는 대상이지 추상적인 지식의 대상이 아니다. 배운다는 것은 우선 어떤 물질, 어떤 대상, 어떤 존재를 마치 그것들이 해독하고 해석해야 할 기호들을 방출하는 것처럼 여기는 것이다." "먼저 어떤 기호의 강렬한 효과를 체험해야 하고 사유는 그 기호의 의미를 찾도록 강요된 것처럼 움직여야 한다."[35] 이런 의미의 배움은 필연적으로—숭고가 아니라—매력과 관계할 것이라 생각된다. 왜냐면 모든 기호와의 모든 감각적 마주침이 반드시 그 기호를 해독하고 싶게 만드는 것은 아니기 때문이다. 즉 어떤 기호가 우리를 감각적으로, 심지어 폭력적으로 휘어잡을 때야 우리는 비로소 배우고자 한다. 케이팝 해외 팬들이 먼저 가사나 대사를 외운 다음 의미를 이해하듯이(그러면서 순식간에 한국어를 배우듯이). 교실의 아이들이 신체적·언어적 기호들의 의미를 해독하듯이(그러면서 그 의미화의 과정에 개입하듯이). 사랑했던 사람의 차가워진 태도가 한참 나중에야 이해되듯이. 주체를 무장해제시키고 배움을 강제하는 미학적 힘/관심이 숭고가

---

34 들뢰즈, 『차이와 반복』, 72쪽.
35 들뢰즈, 『프루스트와 기호들』, 23쪽, 50쪽.

아니라 매력인 이유는, 숭고는 이미 세계를 '풍경'으로 볼 수 있는 즉 대상에 거리 둘 수 있는 주체를 미리 전제하기 때문이다.[36] 이런 전제는 배움이 경험적 세계에 휩쓸려 있고 얽매여 있는 아무개에게 예측할 수 없는 방식으로 '발생'한다는 (내가 들뢰즈에게서 가져온) 전제와는 어긋난다. 배움은 비자발적으로 발생하지만, 한번 발생한 배움의 선에 충실하면서, 그만두고 싶게 하는 유혹들, 한계들, 지배적인 기준들과의 마찰에 자신의 배움을 양보하지 않으면서, 우리는 배움의 주체가 될 수 있다. 이때 주체는 인격/개인이 아니라 최소한의 일관성(충실성)을 갖는 집단적 배치이며, 앎의 선험적 형식이 아니라 배움의 운동 속에서 파악된다.

p.s. 차후의 과제

우리가 상처받을 수 있는 존재라는 것은 배울 수 있는 존재라는 뜻이지만, 모든 상처가 우리 자신에게 유익한 배움으로 이어지리라는 보장은 없다. 또 나는 정동적 배움을 이야기하고 있지만, 그것이 명문화된 교육보다 그 자체로 '진보적'이리라는 보장은 없다(단지 더 예측할 수 없을 뿐이다). 여기서 스승의 필요성이 나온다. 즉 스승은 특정한 앎을 전수하는 사람이 아니라 어떤 배움이 삶을 향한 배움인지 제시하는 사람이다. 죄책감-원한과 수치심-혐오의 구속에서 우리를 벗어나게 하는 배움이 무엇인지 제시하는 사람이다.

---

36 칸트, 『판단력비판』, 275-277쪽 참조.

하지만 중요한 것은 스승이 일이 (앎을 통해) 배우는 자의 매혹을 깨뜨리는 것, 즉 계몽하고 탈신비화하는 것은 아니라는 점이다. 유식한 스승은 진실한 것, 올바른 것, 아름다운 것을 잘 분별할 수도 있다. 그러나 배우는 자는 매혹과 실망의 과정을 통해 스스로 배워야 하고, 이 배움의 과정이 스승의 앎보다 중요하다. 특정한 앎의 기준에 종속되어 있을 때 배움은 아직 앎에 못 미친 것, 지양해야 하는 과정에 불과하다. 그러나 배움을 더 근본적인 조건으로 두면 앎이야말로 배움의 잠정적 단계들, 수단들이 된다. 가장 큰 틀에서 나의 제안은, '나는 무엇을 알 수 있는가?'라는 질문이 아니라 '우리는 어떻게 배울 수 있는가?'라는 질문을 사유의 가장 근본적인 문제로 삼아보자는 것이다. 전자는 인식론적 질문이지만 후자는 인식·실천·미학의 경계를 무화하는 질문이다. 앎을 통해 배움들을 교정하는 것이 아니라 배움들을 통해 앎을 수정해야 한다.

최근 몇 년간 한국의 많은 집회에서는 소녀시대의 〈다시 만난 세계〉(2007)가 울려 퍼졌는데, 집회 현장에서 듣는 그 노래는 '운동'의 감각을 새롭게 할 뿐만 아니라—내가 중학교 때 많이 들었던—멜로디와 가사의 의미를 새롭게 느끼게 했다. 나는 작년 923 기후정의 행진에서 그 노래에 맞춰 친구들과 춤을 췄는데, 비록 내가 춤을 너무 못 추는 나뭇가지이긴 해도 행복한 경험이었다. 오늘날 현실 정치가 모종의 팬덤 문화처럼 되어가고 있다면, 반대로 팬덤 문화에서 모종의 정치적 가능성을 찾을 수 있을까? 특히 북미에서 BTS의 공식 팬클럽 '아미'가 정치적 활동에 활발히 참여하는 것은 잘 알려진 사실이다.[37] 최근 아르헨티나의 BTS 팬클럽은 자국의 우파 포퓰리즘 정치인 하비에르 밀레이와 강하게 대립하면서 다른 팬덤이나 야권 정치인과 연대하기도 했는데, 이런 연대를 촉발한 것은 밀레이가 트위터에 올린 BTS 비하(인종차별적 뉘앙스가 담긴) 발언이었다.[38]

매력의 경제 그리고 배움과 관련해 생각해볼 수 있는 문학적 사례도 있다. 주지하다시피 이례적인 판매량을 기록한 조남주의 『82년생 김지영』은 한국 문단에서 많은 비평적 논의를 불러일으켰다. 특히 소설의 '정치성'과 '미학성'에 대한 논쟁을 재점화했다. 그런데 조금 다른 관점에서 다음의 두 문제를 생각해볼 수 있지 않을까? 첫째로, 어떤 행위자들의 어떤 말과 행동이 그 작품에 대한 대중적 주목도를 끌어올렸으며, 그 책을 둘러싸고 오프라인과 온라인에서 어떤 네트워크가 형성되었는가? 고(故) 노회찬 의원이 그 책에 대해 남긴 메시지가 여러 논쟁을 불러일으키기도 했고, 레드벨벳의 아이린과 배우 서지혜가 SNS에 그 책을 읽었다고 인증했다가 심한 악플 세례에 시달리기도 했다. 영화화 후 트위터와 인스타그램에서는 '#82년생김지영홧팅' 같은 해시태그와 함께 영화에 대한 응원이 쏟아지기도 했다.

관련하여 생각해볼 수 있는 둘째 문제는, 여러 계기로 그 소설을 읽게 된 수많은 독자가—한국의 정치적 지형과 성차별, 페미니즘 리부트 이후의 사회 분위기, 비평적 논쟁, 사회적 논란, 반페미니즘적 비난들과 분리할

---

37 김영화 기자, 「전 세계 풀뿌리 운동 에너지원 BTS 팬덤 '아미 액티비즘'」, 시사IN, 2022.08.05. https://www.sisain.co.kr/news/articleView.html?idxno=48128

38 조성호 기자, 「BTS·테일러 스위프트 팬, '아르헨의 트럼프' 집중포화」, 조선일보, 2023.10.31. https://www.chosun.com/international/mideast-africa-latin/2023/10/31/TDUXWIPG2BCPDJMOMZ3RHK4OZ4/

수 없는—독서 경험 속에서 무엇을 배웠을까, 이다. 아직 확실히 말할 수 없는 문제이지만, 첫 번째 문제는 작품을 접하거나 그것에 매력을 느끼게 하는 여러 문화적 자극(홍보, 입소문, 인플루언서의 추천, SNS에서의 논란 등)과 독자들의 네트워크에 대한 문화기술지적 접근을 허용할 것 같다.[39] 두 번째 문제는 그러한 문화기술지를 수용하면서도, '우리가 작품에서 배운 것'에 대한 비평적 탐구의 가능성을 보존할 것이다. 배움의 운동은 매력을 통해 시작되지만, 매력의 경제를 초과한다.

그만큼 '대중적'으로 흥행하지 않았다 해도 매력, 배움, 실망 등의 개념들로 읽어볼 수 있는 많은 작품이 있다. 내가 여러 번 다룬 손보미의 작품들이 그렇고, 예소연이 최근에 쓴 연작소설들[40]도 그러하다. 이미상의 「모래 고모와 목경과 무경의 모험」[41] 같은 작품도 그러하다. 이들을 비롯해 지금 **성장소설의 새로운 경향**을 보여주는 많은 작품은 우리가 취할 수 있는(혹은 휘말릴 수 있는) 성장/도야의 방식들을 예증한다. 이런 소설들에서 우리는 니체적이라고 할만한, 약간 광적이고 '귀족적'인 가치전도를 발견하게 되기도 한다. 소설의 주인공에게 자기 입법의 권리를 보장하는 것은 '보편 이성'이 아니라 삶의 시련들—배우는 자를 광기로 몰아가는 시련들—을 통과한 자의 자기 확신이며, 이 확신이 배우는 자에게 지배적인 가치와 도덕을 괄시하고 그렇지 않은 것에 더 높은 가치를 부여할 수 있게 해준다. 이 소설들은 배움이 안온한 것이 아님을, 오히려 위험하고 고통스러운

---

39 이러한 연구의 한 사례로 김현·손병우, 「여성혐오 담론의 경합과 공존—소설 〈82년생 김지영〉 현상을 중심으로」,《한국언론정보학보》 2020년 10월호)를 들 수 있을 것 같다.

40 예소연, 「아주 사소한 시절」,《현대문학》 2023년 6월호, 54-80쪽; 「우리는 계절마다」,《문학동네》, 2023년 가을호, 308~328쪽.

41 이미상, 「모래 고모와 목경과 무경의 모험」, 『이중 작가 초롱』, 문학동네, 2022, 273-312쪽.

것임을 알려준다. 그러나 배움의 과정은 동시에 실존적 상처의 치유와 관련된다. 배움들에 대한 다시 쓰기를 통해 인물을 짓누르던 지배적 가치들은 무의미해지고, 무가치한 시간, 유예된 젊음, 허송세월, 외롭고 비참한 순간들, 자신을 상처 입힌 진실이 중요한 의미를 부여받게 되기 때문이다. 이런 치유는 고통을 억압하고 적대를 숨기는 '치유 이데올로기'와 반대되는 것이다. 성장소설들은 우리 자신의 실존적 상처가 얼마나 많은 타자와 연루되어있는지, 얼마나 많은 폭력과 연루되어있는지 드러내는데, 이 드러냄의 과정이 곧 치유이다. 이러한 연루됨 없이는—특정한 앎의 축적은 있을 수 있어도—배움은 있을 수 없다.

잠깐 곁길로 새자면 내가 통계적으로 속한 세대(소위 MZ)의 많은 사람에게 필요한 것은 애매한 위로가 아니라 진정한 치유이다. 즉 죄책감-원한과 수치심-혐오의 구속에서 어떻게 빠져나올 수 있을까? '남 시선 신경 쓰지 말고 자신의 삶을 사세요'라는 위로의 말은 이미 상처받고 분열된 사람에게는 다음과 같은 이중의 죄의식을 불러일으키기 십상이다. '나는 왜 남의 시선을 자꾸 신경 쓸까? 나는 왜 나 자신의 삶을 살지 못할까?' 이런 죄의식은 쉽게 냉소나 원한으로 전치되기도 한다. 전통적인 성인식 의례(등용, 결혼, 취업, 육아, 정치활동, 공적인 발화 기회 등)는 점점 뒤로 늦춰지거나 불가능해지고 있으며, 그렇다고 우리가 스스로 어른으로 정체화할 수 있는 새로운 주체적 계기가 만들어진 것도 아니다. 우리는 어른도 아이도 아닌 상태로 유예되고, 이중화된 형상으로—한편으로는 조숙하고 냉소적인 기회주의자로, 한편으로는 다른 이를 보살피거나 배려할 줄 모르는 이기적인 철부지로—재현된다. 역사적으로 성장소설은 이렇게 어른도 아이도 아닌 '미성년 상태'[42]를 배움의 주체적 가능성으로 취해왔으며, 우리가 방황하거나 허송세월하고 있다고 생각했던 바로 그때 정말로 중요한 배움, 우리 자신의 삶을 위한 배움이 있었음을 증언해왔다. 배움의 이론은 이러한 증언을 집단적·시대적 수준에서 보호하고 촉진하는 것을 목표로 한다. 중요한 것은 어떻게 우리가 주어진 배움들을 자신의 언어로 다시 쓸 수 있게 되느냐이다. 그렇게 하지 못한다면 우리는 단지 재현되는 대상, 통계적 분류의 대상일 것이다. 이러한 재현/대표, 통계적 분류들—이를테면 '이찍남' '일찍녀'—에는 어떠한 희망도 없다. 그러한 재현을 통해서는 기성 권력의 재현적 틀을 공고히 하는 갈등과 반목, 분열이 끝없이 깊어질 뿐이다.

'세대와 배움'이라는 주제와 관련해 내가 다시 다뤄보고 싶은 주제는 나 자신을 비롯해 젊은 남성들의 페미니즘적 배움에 대한 것이다.[43] 이미 많은 사람이 다룬 문제이지만 말이다. 이 글에서는 그 문제를 논할 수 없었는데, 매력과 배움의 관계에 대한 이론적 고찰이 선행되면 좋을 것 같았기 때문이다. 차후에 그 문제를 별개의 글로 다루겠다.

마지막으로, 실망은 매력만큼 중요하게 이야기될 가치가 있다. (그런

---

42 칸트는 계몽을 '미성년 상태'에 대립시켰다. 임마누엘 칸트, 「계몽이란 무엇인가 하는 문제에 대한 답변」, 『계몽이란 무엇인가』, 임홍배 옮김, 길, 2020, 28쪽 참조.

43 나는 지금으로부터 칠여 년 전에 「여성성이라는 환상, 남성성이라는 증상—한국 군대와 페미니즘」이라는 글을 발표한 적이 있다. 그 글에서 나의 진단은 한국 사회의 이데올로기적 모순(신자유주의와 군사주의 사이의 모순)에서 기인한 분열적 고통을 해소하기 위해 여성성의 특정한 환상—즉 여성혐오—을 필요로 하는 남성들이 점점 더 심각한 사회적 증상으로 불거지리라는 것이었다. 그리고 나는 젊은 남성들에 대한 페미니즘 '교육'을 대안으로 주장했다. 그 글은 전반적으로 이데올로기 비판의 방법을 과장되게 모방하고 있는데, 현재 나는 그런 이데올로기적·구조적 분석보다 집단 안에서 생겨날 수 있는 구체적인 배움들에 더 관심이 있다. 이휘웅, 「여성성이라는 환상, 남성성이라는 증상—한국 군대와 페미니즘」, 《월간 틀》, 2017년 11월호.

이론을 정말로 구성할 수 있다면 말이지만) 배움의 이론의 윤리성과 정직성을 담보하는 것은 매혹보다는 실망의 이야기일 것이다. 나는 '실망의 공동체'가 우리를 하나로 환원시키지 않고, 모든 갈등이나 적대가 사라진 유토피아라는 환상을 품게 하지도 않으면서, 동시에 강한 정치적 조직화를 허용하는 구상이라고 생각한다. 하지만 매력에 대한 충분한 고찰을 한 다음에야 실망을 논할 수 있다는, 그렇게 차례를 지키는 것이 이치에 맞는다는 생각이 든다…… 매혹되기도 전에 실망부터 할 수는 없는 노릇이므로.

배우는 자는 '야만스러운 탐정들'(로베르토 볼라뇨)이다. 매력은 우리를 휘어잡는다. 매력의 경제는 우리를 예속한다. 그러나 매력이 우리를 고통스럽게 하고 매혹이 실망으로 끝날지라도, 매혹과 실망을 통해 우리가 얻은 배움은 허상이 아니다. 하지만 배움들을 우리의 언어로 다시 쓰기 전까지, 우리는 우리가 무엇을 배웠는지 알지 못한다.

장은영

> 후보작

부서진 신체들이 우리 앞에 떠오를 때
— 최세라, 김사이의 노동시에 대하여

장은영

1975년 서울 출생. 2014년 세계일보 신춘문예로 등단.
평론집 『슬픔의 연대와 비평의 몫』(푸른사상, 2020)이 있음.

부서진 신체들이 우리 앞에 떠오를 때
― 최세라, 김사이의 노동시에 대하여

불안정의 일상화

2007년 일본에서 출간된 『生きさせろ!』의 저자 아마미야 가린(雨宮處凛)은 살기도 힘들고 살고 싶지도 않다는 일본 젊은이들의 호소에 주목할 것을 요청하며 프레카리아트(Precariat) 운동의 필요성을 역설했다. 아르바이트생이나 파트타이머를 뜻하는 일명 프리터(freeter)로 살면서 불안정한 삶을 경험했던 저자는 살고 싶지 않다는 절규가 개인의 선택에 따른 결과가 아니라 프레카리아트의 확산이라는 세계적 현상과 맞물린 사회적, 경제적, 정치적 문제라고 보았다. 이 책은 2011년 한국에서 『살게 해줘!』(김미정 옮김, 미지북스)라는 제목으로 출간되었고 꽤 화제가 되었는데, 이 책

이 알려진 배경에는 당시 한국 사회에도 불안정 노동(precarious work)[1]이 우리를 '일회용 노동력'으로 호출하다가 폐기하리란 예감이 확산되고 있었기 때문이다.

그 이후 프랑코 '비포' 베라르디(Franco 'Bifo' Berardi)의 『프레카리아트를 위한 랩소디』(난장, 2013), 가이 스탠딩(Guy Standing)의 『프레카리아트, 새로운 위험한 계급』(박종철출판사, 2014) 등 프레카리아트의 개념을 소개하고 시대적 증상을 비판적으로 분석한 논의들이 유행처럼 확산었으나 프레카리아트 담론은 한국 사회에서 벌어지는 노동과 삶의 불안정성에 제동을 걸만한 대중적, 정치적 의제로 확산되지 못했다. 이에 대해서는 별도의 논의가 필요하겠지만 언론과 자본의 공모 속에서 프레카리아트 담론의 핵심인 불안정성은 위기가 아닌 자유주의와 노동 유연성에 따른 일시적 현상으로 축소된 듯하다. 신자유주의 이데올로기로 지목되는 자기책임론과 능력주의가 사회 질서의 강력한 준거로 채택된 한국 사회에서 프레카리아트는 노동자 개인의 선택 사항이나 능력의 문제로 해석된 것이다. 그 결과 대다수의 삶을 지배하며 생명을 위협하는 구조적 불안정성은 개인의 몫이 되었다. 한국 사회에서는 너무 빠르게 힘을 잃은 프레카리아트를 다시 사유해야 하는 이유가 여기에 있다. 프레카리아트는 우리의 삶과 노동을 위기에 빠뜨리는 불안정성을 사회적 증상으로 볼 수 있는 유효한 개념적 틀이다.

---

1 '불안정노동'이라는 개념을 최초로 사용한 것은 1970년대 포드주의가 위기에 처하고 실업과 함께 노동과 생존의 불안정성 문제가 불거졌을 때 이에 주목한 이탈리아 마르크스주의자들이었다. 1990년대 후반에 와서 불안정성, 불안정화에 대한 개념은 부르디외, 고르츠 등에 의해 체계적인 개념으로 사용되기 시작했는데, 부르디외는 불안정성을 일반적이고 지속적인 불확실성에 기초하는 새로운 지배형태인 '유연한 착취'로 정식화했다. 곽노완, 「노동의 재구성과 기본소득: 기본소득은 프레카리아트의 계급 형성과 진화에 필수적인가?」, 『마르크스주의 연구』10(3), 경상대학교 사회과학연구원, 2013, 100-102쪽.

노동의 비연속성과 그에 따른 불안정성의 일반화가, 1970년대 중반 대량실업을 동반한 '노동사회의 위기'에 이어 도래한 신자유주의적 질서와 연동된 현상이라는 것은 주지의 사실이다. 불안정성이 해결 가능한 사회적, 생산적 관계의 일시적 단계가 아니라 근대 이후에 도래한 시대정신이라고 간주하는 베라르디는 신자유주의가 우리를 불행, 질병, 죽음에 노출시켰다고 지적한다. 근대 문명이 사회적 삶에 대한 보장을 구축하여 죽음의 공포를 밀어냈다면 신자유주의는 근대 문명이 만든 피난처를 날려버렸으며, 그 결과 종신 계약 없이 일하는 수백만의 사람들이 불안정한 상태, 즉 사회적 문명으로부터 보호받지 못한 채 죽음에 노출된 벌거벗은 상태에 처하게 되었다는 것이다.[2] 그의 통찰에 기대어 보면 프레카리아트는 신자유주의가 창출한 광범위한 계급적, 계층적 범주로서 비연속적이고 분열된 상태로 내몰린 신자유시대의 존재 양식이다. 형성 중인 계급이자 탈계급(post-class)[3]으로 일컬어지기도 하는 프레카리아트로서의 삶은, 개인을 비계급화하고 사회적 피난처 없는 취약한 생명으로 만든다. "아직 굶어 죽지 않았으"(김사이, 「계속 다음」, 『가난은 유지되어야 한다』, 아시아, 2023)나 다음 순간에 닥쳐올 죽음을 예감하는 삶 또는 "1시간"을 "75리터 종량제봉투 다섯 장 값"(최세라, 「세라의 시급」, 『콜센터 유감』, 도서출판 b, 2022)으로 환산하며 자신의 생산성과 효율성을 계산하는 삶은 삶의 주체를 사회적 관계망에서 이탈하게 만들고 공동체 안에서 미래를 계획할 수

---

[2] 프랑코 비포 베라르디, 『프레카리아트를 위한 랩소디』, 정유리 옮김, 난장, 2013, 74쪽.
[3] 이진경은 '탈'이 '노동자계급' 다음에 오는 것을 지칭하는 동시에 '벗어남'을 뜻한다고 설명하면서 현행 계급적 조건에 포함된 이탈의 벡터를 지칭하기도 한다고 설명한다. 이진경, 『불온한 것들의 존재론』, 휴머니타스, 2012, 336쪽.

있는 기회조차 박탈한다. 베라르디의 말처럼 불안정함은 사회적 연대를 생성해낼 수 있는 가능성 자체를 위태롭게 하고 있다. 그리고 이제 우리가 불안정한 조건 이전으로 되돌아갈 길은 없어 보인다. 그러나 이 불안정함으로 인해 나타나는 문화 속에서 '우리'를 추구하는 실존적, 미학적, 문학적, 예술적 생산물이 등장하고 있다는 그의 말을 희망적으로 받아들이면, 그것을 유심히 들여다보고 담론화하는 일이 불안정성에 대항하는 대안적 공동체의 시초 축적이 될 수 있겠다는 생각도 든다.

불안정성을 강요받는 노동자의 삶이 분열, 고립된 채 죽음에 노출되어 있고, 노동하는 신체와 정신의 변형과 기형화가 광범위하게 확산되는 이상 징후를 문학이 포착하고 있다면 그 구체적 양상을 살피는 일은 비평에 주어진 최소한의 역할일 것이다. 이 글에서 살펴볼 최세라의 『콜센터 유감』(도서출판b, 2022), 김사이의 『가난은 유지되어야 한다』(아시아, 2023)는 불안정 노동이 초래하는 분절된 삶의 감각과 신체의 변화에 대한 기록이자 신자유주의적 차별과 불평등이 파괴하는 삶에 대한 증언이다. 특히 여성 노동자의 발화가 두드러진 두 시집은 가이 스탠딩이 말한 바처럼 불안정 임금노동에 진입하는 여성의 증가가 프레카리아트 시대의 특징적 경향으로 나타나는 현실을 반영하고 있다.[4]

그런데 여성 노동에 대한 시적 재현과 관련하여 주목해볼 만한 사실은, 2016년 페미니즘 리부트 이후 여성에 대한 문학적 관심이 급증한데 비해 시에서 여성 노동자의 현실이 구체적으로 형상화된 경우는 드물다

---

[4] 정부에서 집계한 자료에 따르면 성별 비정규직 노동자의 비율은 2013년에 여성 40.6%, 남성 26.4%, 2019년에 여성 45%, 남성 29.4%, 2023년에 여성 45.5%, 남성이 29.8%로 나타난다. 2003년부터 2023년까지 통계에서 비정규직 노동자 비율은 여성이 남성보다 10%를 웃돈다. e-나라지표 (https://www.index.go.kr/unity/potal/main/EachDtlPageDetail.do?idx_cd=2477)

는 점이다. 여성 노동에 대한 시적 발화가 저조하고 여성 노동에 대한 감각이 부재한 이유에는 구체적인 인물과 사건을 재현하기 어려운 시의 장르적 특징도 영향을 주었겠지만 그보다는 이전 시대의 노동시에서 여성 노동을 주변화한 결과는 아닌가라는 의구심이 든다. 노동시가 사회변혁 운동의 물결 속에서 각광받았던 1980년대에도 여성 노동자의 시적 발화는 제한적이었다. 노동계급을 진보의 주체로 간주해온 진보진영의 이념 속에는 노동계급을 대표하는 남성 주체가 상정되어 있었고 노동 문학 역시 그러한 전제에 함몰되어 있었던 건 아닐까라는 의문은 해소되지 않고 남아 있다. "여자라는 핏줄은/어디에 서건/동료였던 적이 없다"(김사이, 「불안한 동거」, 『가난은 유지되어야 한다』)는 진술이 환기하듯이 노동계급 내에서조차 여성이 남성과 동등한 주체로 인정되지 못했던 까닭은 계급적 연대감으로 극복할 수 없는 젠더적 차별과 불평등이 가로놓여 있었기 때문이다. 사회변혁의 열기가 고조되었던 20세기 말의 계급적 각성에서 젠더적 차이와 차별이 분간되지 못했다는 얘기이다. 성차는 임금에서의 차별, 취업과 승진 기회에서의 차별로 이어졌고, 임금노동에서의 차별은 여성 노동을 부수적이고 보조적인 노동으로 간주하게 했다. 게다가 여성에게 가사와 돌봄을 맡기는 성별분담이 합리적이고 자연스러운 것처럼 여기게 만들었다. "병시중이 절실한 식구가 있고" 아직은 "홀로 두고 일하러 갈 수"(김사이, 「계속 다음」) 없는 아이를 돌봐야 하는 여성 노동자에게 더 나은 노동의 기회는 '계속 다음'으로 미뤄질 수밖에 없는데도 젠더적 차별에 대해 사회는 무지했고, 노동시는 둔감했다.

그런 점에서 노동시의 종언[5] 이후 새로운 노동시를 이야기해야 한다면 그것은 불안정한 삶을 재생산하는 자본의 질서와 자본의 시초 축적 이래 존재해온 젠더적 차별과 불평등을 중심에 둔 노동시어야 한다는 결론에 이르게 된다. 프레카리아트 시대의 문학이 여성 노동에 대한 시적 발화와 재현에 관심을 기울여야 하는 건 여성 노동의 현실이 계급, 성, 인종이 교차하는 불안정한 삶이 가장 예각화된 지점을 드러내기 때문이다. 최세라와 김사이의 시는 바로 그 지점에서 발화하고 있다. 그들의 시는 프레카리아트 시대의 불안정한 삶이 극대화하는 젠더적 차별과 불평등을 드러내는 동시에 동시에 젠더적 평등을 회복하고 삶을 지속할 수 있는 안전망으로서의 공동체를 요구하는 노동시이다.

기형화되는 신체, 분절되는 삶

비정규직의 개념에 관해 국제적으로 통일된 기준은 없다. 개념과 범위가 유동적이라는 점에서 비정규직은 프레카리아트의 범주에 포함되는 대표적 고용형태로 볼 수 있다. 한국의 경우 1996년 12월 노동법 개정안이 통과된 노동법개정파문으로 파견근로제, 변형근로제가 도입된 후 비정규직 양산이 확산되기 시작했다. 이후 비정규직의 개념 및 범위를 둘러싼 논

---

[5] 노동 형태만이 아니라 노동과 자본의 대립 양상이 변화했고 진보세력에서 노동이 차지하는 위상과 역할이 후퇴한 상황에서 20세기의 산물인 노동시 개념이 해체되어야 한다고 논의한 고봉준은 "'노동'과 '노동 아닌 것'의 경계를 확정하는 일이 사실상 불가능"한 현실에서 새로운 '노동시'에 대한 논의가 필요함을 제기한 바 있다. 고봉준, 「노동시여, 안녕」, 『비인칭적인 것』, 산지니, 2014, 355쪽, 「우리가 알던 노동시의 종언」, 『비인칭적인 것』, 산지니, 2014, 365-382쪽.

쟁이 지속되자 2002년 노사정위원회는 고용형태에 따른 분류 기준에 합의한 바 있다. 이에 따라 한국에서 비정규직이란 고용의 지속성이 없는 한시적 근로자 또는 기간제근로자, 시간제근로자 및 비전형근로자를 포함하는 고용형태로 범주화되고 있다.[6] 그러나 애초에 노동시장의 유연성과 효율성을 극대화하기 위해 도입된 비정규직은 사회 환경적 변화나 기업의 전략에 따라 분화되면서 새로운 노동 형태로 분화되고 있으므로 고용형태만을 준거로 프레카리아트를 규정하거나 설명하기는 쉽지 않아 보인다. 이것이 실제 벌어지고 있는 노동과 삶의 현실을 포착해야 하는 이유이다.

최세라의 『콜센터 유감』에 등장하듯이 고용형태가 산발적인 비정규직 노동자들의 신체는 프레카리아트 시대의 삶을 구체적으로 보여주는 증거이다. 이 시집에는 편의점 시간제 근로자, 패스트푸드 알바, 전단지 알바 등 말 그대로 하루를 일하든 십 년을 일하든 최저 시급을 받는 각종 시간제 노동자에서부터 도배사, 애견 미용사와 같은 자영업자 그리고 배달 라이더나 대리운전 기사, 콜센터 노동자 등 디지털 플랫폼을 매개로 한 호출에 종속된 플랫폼 노동자에 이르기까지 다양한 업종에 종사하는 노동자들이 등장한다. 안정적인 일자리를 얻어 "최소한의 인간이 되려 했지만"(「완료형」) 실패하고 자기 자신마저 잃게끔 강요하는 노동 속에서 "대역 배우"(「대리운전」)나 "우산처럼 접힌" "유실물"(「노선버스」)로 전락한 존재들의 신체는 프레카리아트가 유일하게 공유하는 것이 삶과 정체성을 지배하는 불안정성임을 역설한다.

---

6   OECD는 통상 임시직근로자(temporary worker)를 비정규직으로 파악하고 있으며, 임시직근로자에는 유기계약근로자(worker with fixed-term contract), 파견근로자(temporary agency worker), 계절근로자(seasonal worker), 호출근로자(on-call worker) 등이 포함되어 있다. e-나라지표(https://www.index.go.kr/unity/potal/main/EachDtlPageDetail.do?idx_cd=2477)

삶의 위기에서 오는 불안과 함께 위태로운 신체의 형상들 가운데 단연 주목되는 건 콜센터 노동자이다. 플랫폼 기업의 성장과 맞물리면서 그 이전과는 확연히 다르게 증가한 '콜센터'는 '상담사'로 명명되는 여성 비정규직 노동력을 통해 이윤을 창출하는 노동 현장이다. 여성 노동자의 비중이 높은 서비스 노동의 경우 비정규직인 생산직 노동에 비해 소득불안정과 사회적 임금의 불안정이 높다는 실증적 연구[7]가 아니더라도 우리는 이미 알고 있다. 아웃소싱을 통한 간접 고용방식이나 감정노동에 대한 보호체계의 미비함, 노동환경의 열악함 등 콜센터의 고질적인 문제는 콜센터를 불안정 노동을 대표하는 장소라는 것을. 그런 점에서 「콜센터 유감」 연작시가 제기하는 문제의식은 이미 사회적으로 공유된 것이지만, 디지털 매체를 통해서만 접촉하는 상담사들이 스마트폰 너머 '고객님'과 분리된 어딘가에서 드러내는 신체적 이상을 가시화한다는 점에서 이 시는 기묘한 감정을 불러일으킨다. 고객이 상상하고 싶지 않은 것을 마주하게 만들기 때문이다.

1
헤드셋의 검은 쿠션 사이에 끼어서 존재할 때
나는 목이 없다 좌우를
둘러볼 목이 없다 거미처럼

---

[7] 서비스 경제사회로의 진입 이후 한국의 불안정 노동을 실증적으로 추적한 연구에 따르면, 서비스 노동자 계급과 생산직 노동자 계급은 고용, 소득, 사회적 임금 세 가지 차원에서 지속적이고 중첩적인 불안정성에 노출되어 있었다. 특히 소득불안정성에서는 서비스 분야에서 저숙련 노동자들이 겪는 불안정성이 높게 나타났고 사회적 임금에서도 서비스 노동자 계급의 불안정성 생산직 노동자 계급보다 더 높았다. 백승호, 「서비스경제와 한국사회의 계급, 그리고 불안정 노동 분석」, 『한국사회정책』21(2), 한국사회정책학회, 2014, 76-79쪽.

머리가 가슴으로부터 솟아올라 있다

입술은 심장에 연결돼 있어 말할 때마다

피가 가열된다

(중략)

3

거미가 붙어 있다

조그만 소리가 날 때마다 한 줄에 하나씩 분배되는 콜을 받는다

거미는 가슴이 머리고 머리가 가슴이라서

가슴이 시키는 말만 할 수 있지만

그물에 걸린 저의 소리를 찢고 삼키면서도

거미는 거미줄을 그만둘 수 없다

―「콜센터 유감 ― 뮤트」 부분

콜을 받기 위해 자리에 앉으면 상담사인 '나'의 신체는 인간에서 '거미'로 퇴행한다. 목이 사라지고 머리와 가슴이 붙자 입술이 심장에 연결된다. '나'는 "말할 때마다/피가 가열"되어 터질 것 같은 응급 상황에 이르는 것이다. 피가 가열되어 온몸이 터지지 않도록 상담사들은 '뮤트' 키를 누른다. 잠깐의 '뮤트' 상태에서 흐느끼고 분노를 드러내는 인간이었다가 다시 고객과의 통화가 시작되면 한마디 말에도 치명상을 입고 죽음에 이르기도 할 만큼 취약한 '거미'가 된다. "한 줄에 하나씩 분배되는 콜을 받는" '거

미'는 '뮤트' 버튼 외에는 안전지대가 없는 현장에서 매순간이 위기인 콜센터 노동자에 대한 알레고리겠지만 반복되는 위기는 대부분의 비정규직 노동자가 겪는 불안정한 삶을 짐작하게 한다.

거미로의 퇴행이 그렇듯이 노동자들이 경험하는 불안정성이 신체를 변형시킨다는 점은 「콜센터 유감」 연작에 주목해야 하는 이유이다. 콜센터와 같은 플랫폼 산업 이면에는 무한 클릭에 가까운 마이크로 테스크(micro-task)를 수행하는 수많은 저임금 노동자가 있지만 웹을 기반으로 하는 특성 때문에 노동하는 신체는 비가시화되고 노동력은 실제의 삶과 단절된다. 최세라가 주목하는 지점은 바로 비가시화되고 단절된 채 무방비상태에서 변형되는 노동자의 신체이다. 콜을 받을 때 신체가 가장 취약한 상태로 변화하는 것을 알레고리화한 위 시와 마찬가지로 「콜센터 유감」 연작에는 신체의 이상 반응과 신체의 변형, 기형화가 폭로되고 있다. "몰아치는 콜을 조금 받아냈다고 겨우 식욕도 못 참아서 겨드랑이 아래 조그만 부유방이 자라고 있다고 곧 네 개의 젖꼭지를 장착하게"(「콜센터 유감 - 재즈콰르텟」)된 신체를 비롯하여 밀집된 환경에서 "고객의 몰아붙이는 소리", "팀장의 다그치는 소리", "컴퓨터 자판 두드리는 소리", "울면서 전화 받는 옆자리 동료의 목소리"까지 빨아들이는 "흡음재"(「콜센터 유감 - 흡음 시스템」)로 변형되는 신체는 노동자를 기형화하는 플랫폼 산업의 실체와 자본의 위력을 고발한다. 질라 아이젠슈타인(Zillah Eisenstein)의 말처럼 자본은 노동을 생산하는 신체와 교차한다.[8] 신자유주의 시대의 자

8　Eisenstein Zillah, "An Alert: Capital is Intersectional; Radicalizing Piketty's Inequality." The Feminist Wire, May 26, 2014. 패트리샤 힐 콜린스, 시르마 빌게, 이선진 옮김, 『상호교차성』, 부산대학교출판문화원, 2020, 42쪽 참조.

본은 노동하는 신체를 변형시키고 탈인간화하는 직접적인 힘이다.

영화 〈다음 소희〉(정주리 감독, 2023)가 낱낱이 고발했듯이 콜센터 노동자의 불안정한 고용 상태와 열악한 처우, 극한의 감정노동은 그들을 죽음에 이르게 할 만큼 위기상황에 빠뜨리고 있다. 2022 국가인권위 실태조사에 따르면 콜센터 노동자 48%가 극심한 스트레스로 극단적 선택을 고민해본 적이 있다고 답했다.[9] 불안정 노동에 처한 노동자들의 신체가 부서지고 찢어지며 죽음에 이르는 비극적 상황은 상상이 아니라 현실이고 예외적인 일이 아니라 공공연한 일이라는 얘기이다.

이 시집에서 드러내는 또 하나의 시대적 증상은 불안정한 노동이 삶의 시간을 재편한다는 것이다. 절묘하게도 한국사회에서 비정규직의 계약 기간은 2년을 넘길 수 없고, 전세 기간도 2년을 기준으로 한다. 한국 사회에서 중산층에 속하지 못한 이들에게 '2년'은 노동과 주거를 분절하는 주기인 것이다. 2년을 주기로 리셋(reset)되는 삶의 패턴은 왜 우리의 삶이 불안을 떨치지 못하는 초조한 시간인가를 말해준다. 최세라는 "서리 내리는 들판에 선 두해살이풀들은/저의 뿌리를 지키느라 몸부림치"지만 그럼에도 두해를 넘길 수 없듯 벗어나려고 애써보아도 벗어날 수 없는 2년짜리 삶의 한계와 모순을 정확히 직시하고 있다. 먹고 자고 아이를 기르는 집도, 노동을 하며 사회적 관계를 맺어야 하는 일터도 2년을 넘기지 못할 때 뒤틀리고 파괴되는 현실을 직시하면서, 비정규직의 삶은 "두해살이풀"(「두해살이」)처럼 2년이란 운명을 벗어날 수 없는 것이냐고 묻는다.

불안정한 삶을 관찰하고 사유하는 과정에서 생기는 이러한 물음이 곧

9　김준, 「콜센터 노동환경 여전히 열악 "다음 소희 막기 위해 지금 소희부터"」, 『노동과세계』, 2023. 3. 16. (https://worknworld.kctu.org/news/articleView.html?idxno=502071)

바로 현실을 변화시키는 힘이 되진 않을 것이다. 그러나 불안정한 삶의 주체를 탈구위치(dislocation)[10]에 이르게 하는 한다는 점에 이 물음의 의미가 있다. 탈구위치는 주체를 고통스럽게 만드는 동시에 그것에 저항하게 만드는 어긋난 위치이다. 불안정한 노동은 노동하는 주체의 신체적, 정신적 고통을 초래하고 삶을 불안정화하며 사회와 공동체로부터 이탈, 분절되는 삶의 위기를 가져오지만 이 위기는 불안정과 불평등에 처한 주체로 하여금 자신을 억압하는 체제에 저항하는 정치적 주체로 전환되는 계기가 될 수도 있다는 것이다. 부당해고 노동자가 가장 불안정한 자리에서 부당해고에 가장 극단적으로 맞서듯이 말이다.

> 크레인에서 바라보면 땅에는 자기만의 렌즈를 낀 사람도 많았어요
> 누군가 탄식했습니다
> 우리에게 거미만큼의 지혜만 있어도 안전망을 짰을 텐데
> 걷다 보면
> 풀 잎사귀 가운데 나란히맥 하나쯤은
> 우리의 길과 같은 방향으로 나 있었을 텐데
>
> (중략)

---

10 사회학적으로 혼란, 변화, 이탈, 분절과 연결되는 개념인 탈구는 주체를 고통스럽게 만드는 동시에 그것에 저항하게 만드는 주체의 위치이다. 필리핀 이주 가사노동자 사례를 연구한 살레냐 파레냐스는 그들의 불완전한 시민권, 가족과의 별거로 인한 정서적 고통, 사회적 지위 하향으로 인한 모순적인 계급이동, 이주민 공동체 내에서의 차별과 배제로 인한 무소속감 등을 탈구위치(dislocation)로 지적했다. 파레냐스는 탈구위치에서 구성된 주체는 그것에 종속된 동시에 그것에 저항하는 주체임을 강조하며, 그들 스스로 자신이 구성된 과정인 탈구위치를 빠져나올 수 없다고 하더라도 필연적으로 그러한 정체성을 받아들일 필요가 없으므로 탈구위치에 저항할 수 있다고 말한다. 라셀 살라자르 파레냐스, 문현아 옮김, 『세계화의 하인들』, 여이연, 2009.

그러나 우리가 가진 것을 모두 꺼내 나누고 나누어
무한소수에 가까워질수록
이 자리는 나뉘지 않고

문득 사라지는 듯 보였던 희망들이 사실은
죽을 것 같은 삶을 살·아·지·게 만들려고
안녕을 물으며 흩어지는 풀씨라는 것을 알게 되었습니다

우리가 거미만큼의 지혜가 있다면
머리 가슴 나뉘지 않은 사람들 모여 내가 아닌 것들과 인사하겠지요

안녕, 당신은 안녕이 무엇이라 생각하십니까
　　　　　―「우리에게 거미만큼의 지혜가 있었다면」 부분

　대기업의 부당해고에 맞서 고공농성을 펼친 노동자들을 떠오르게 하는 시이다. 한국에서 살아가는 우리가 지닌 사회적 기억으로서 "크레인"은 해고노동자의 마지막 보루이다. 노동 현장에서 쫓겨난 노동자가 자신의 몸을 공중에 깃발처럼 내걸었던 장면들을 톺아보니 자본의 힘에 맞선 노동자에게는 지상의 한 뼘 땅도 허락되지 않았다는 걸 새삼 깨닫는다. 살 만한 삶을 요구하는 노동자들을 지상에서 쫓아내 크레인으로 올라가게 만든 건 기업과 공권력을 앞세운 자본이었다.
　김주익 전 금속노조 한진중공업 지회장은 노조를 향한 무차별적인 손

해배상 청구와 가압류에 대해 항의하기 위해 부산 영도 조선소에 있는 35미터의 85호 크레인에 올라갔다. 그는 129일을 견디다가 크레인 위에서 죽음으로 투쟁했다. 8년 뒤 김진숙 민주노총 부산본부 지도위원은 바로 그곳에서 불법 해고에 맞서 복직을 요구하며 309일을 견딘 끝에 37년 만에 복직을 쟁취하고 지상으로 내려왔다. 한 평 정도의 크레인 조종실은 사람이 살 수는 없는 장소지만 그들은 크레인을 저항과 투쟁의 영토로 바꿔냈다. 위 시에서 크레인에 올라가 아래를 내려다보는 화자에게 땅에서 보던 것과 다른 것이 보이고 새로운 질문과 새로운 전망이 생겨나듯이 '크레인'은 위기의 장소인 동시에 국면을 전환하게 만드는 일종의 탈구위치를 상징한다.

'크레인' 위에서 화자는 "죽을 것 같은 삶을 살·아·지·게 만"드는 삶의 방식을 생각한다. 먹고 사는 일에 실패할지언정 죽음으로 추락하지 않는 사회적 "안전망"을 만들고, 각자가 "가진 것을 모두 꺼내 나누"는 공산(共産)의 삶을 말이다. 신자유주의라는 "렌즈를 낀 사람"들은 경쟁에서 밀려난 자들을 위한 사회적 안전망과 자본을 분배하는 복지제도를 찬성하지 않을 뿐만 아니라 그러한 지원이 노동자를 타락하게 만든다고 우려할 테지만 화자는 "나누고 나누"는 셈법이 오히려 우리가 공존할 수 있는 "자리"를 만드는 길이라고 말한다. 최세라는 이 시에서 프레카리아트 시대의 불안정한 삶을 거부하는 공동체의 최초 원리를 말하고 있는 것인지도 모른다. 비연속적이고 분열된 삶과 노동이 분산된 개인을 제각각 죽음으로 밀어넣을 때, 그 죽음으로부터 우리 자신을 구하는 안전망은 "우리가 가진 것을 모두 꺼내 나누"는 공동체 뿐이다.

가난이 유지되어야 한다는 역설

　김사이의 시는 비정규직 노동자들을 "일회용품"으로 전락시키는 신자유주의 체제로부터 "내가 버려"(「역공」)질지도 모른다는 불안과 절망을 전면화하며 노동과 삶을 지배하는 불안정성의 일상화에 접근한다. 우리가 불안정성의 일상화에 종속되어가는 생명정치적 상황 한가운데 서 있음은 더이상 새로운 얘기가 아니지만 불안과 절망에 대한 응시는 우리가 놓치거나 포기한 것들을 다시 사유하게 만든다. 주디스 버틀러(Judith Butler)에 따르면 불안정성의 일상화는 비정규직 노동과 사회복지의 약화 등으로 구조화되어 나타나며, 이로 인한 불확실성과 절망은 개인의 책임이라는 이데올로기와 시장가치를 목표로 삼는 기업가적 사고를 긍정하게 만들고 궁극적으로 잔존하는 사회민주주의의 기반을 약화시킨다.[11] 버틀러는 불안정성이 개인의 내면까지도 신자유주의에 종속시키는 힘으로 작동하고 있음을 지적하지만 동시에 정체성이라 말할 수 없는 불안정성이 "다양한 분류들을 가로지르면서, 서로가 서로의 일원임을 인식하지 못하는 이들 사이에 어떤 잠재적 연대를 만들어낸다"[12]고 주장한다. 이 주장을 받아들이자면 불안과 절망에 대한 시적 발화 역시 우리가 불안정한 노동을 매개로 자본에 종속되었다는 사실을 넘어선다는 점에 주목해야 한다.

　김사이에게 현실은 조금도 에두를 바 없는 전장과 같다. "애초부터 운

11　주디스 버틀러, 『연대하는 신체들과 거리의 정치』, 김응산, 양효실 옮김, 창비, 2020, 25쪽.
12　위의 책, 85쪽.

동장은 기울어져 있어/차별은 평등하고//인공지능에게 밀려나도/이름을 달리한 노동은 계속"되며, 그에 따라 "자리를 달리한 죽음"(「간극」)도 계속 진행 중이다. 자신에게 닥쳐올 죽음을 감지하는 데서 생기는 불안과 초조는 개인으로 하여금 안정된 삶을 위해 자기 자신을 경쟁에 밀어넣고 스스로를 사회적으로 고립시키라고 명령한다. 정규직으로의 이동 가능성이 비정규직 노동자를 경쟁시키는 전략임을 알면서도 그것을 거부하기는 쉽지 않은 현실에서 우리는 동료보다 우월한 혼자가 되기로 결정하곤 한다. 안정된 삶이 각자의 책임으로 떠맡겨진 사회에서 서로를 밀쳐내며 경쟁에서 이기기 위해 애쓰는 것은 어쩌면 이 시대가 긍정하는 도덕적인 삶의 자세가 아닌가. 김사이는 지금의 현실이 선과 악의 경계가 무너진 전쟁터처럼 절망적임을 돌려 말하지 않는다. 김사이의 시는 그동안 말해지지 않은 사실에 근접하고 있을 뿐이다. 기후 위기나 전쟁과 같은 재앙이 멈추지 않는 지구에서 사람답게 살아가는 일이 '극한 직업'이라는 표현 역시 수사적 표현이 아니다.

나는 사람인 듯 사람이 아닌 듯하다
몹시도 아득한 절망이다

억겁을 떠돌다 사람으로 태어난 건
사람이 사람으로 불어넣은 선한 숨이었다

불안과 불안이 치고받는 일상의 통증
사람과 사람 사이에 불안이 있다

지구에 가장 오랜 불안은 사람일까
지구에 가장 오랜 미래는 사람일까

잘사는 나라 가난한 나라 가리지 않고
폭우로 폭설로 폭염으로
내전으로 외전으로
하늘에서 바다에서 전쟁 같은 재앙들
사람에게 사람의 얼굴로 총부리를 겨누었다

— 김사이, 「극한 직업, 사람」 전문

  인류가 자초한 전지구적 재앙을 거론하는 이 시를 관통하는 건 베라르디가 시대적 정신이라고 말한 불안정성이다. 일상을 지배하는 불안정성은 신체적 통증이나 정신적 불안 등과 같은 병리적 증상으로 나타나고 타인과의 관계마저 난설시키며 마침내 자기 자신을 상실하는 파국으로 몰아간다. 불안과 단절의 감각을 매 순간 경험하는 화자는 "사람인 듯 사람이 아닌 듯"한 존재론적 불확실성마저 표명하는데, 이 또한 시적 수사가 아닌 한국 사회의 현실이다. 2013년 한국여성노동자회는 "투명인간' 여성비정규직, 여기에 있다'라는 제목으로 국회에서 토론회를 개최한 바 있다. '투명인간'이라는 표현은 콜센터 노동자, 청소노동자처럼 열악한 노동 환경과 저임금에 시달리면서 인격적 차별에 노출된 비정규직 노동자들을 일컫는 말이었다. 위 시에서 화자가 느끼는 존재론적 불확실성과 그에 따른 절망감은 '투명인간'으로 여겨지는 수많은 여성비정규직 노동자가 겪는 병리적 현상이라는 말이다. 자본의 증식을 위해 인간이라는 사실 자체를 유연하게 적용하는 신자유주의 시대의 노동자에겐 이름도, 동료도, 이웃도 허락되지 않는 것이다.[13]

불안정 노동과 불안정 고용이라는 노동조건에서 비롯되는 불안정성의 내면화는 감정 노동에 종사하는 비정규직 여성 노동자의 사례에서 더 선명하게 관찰된다. 이에 관한 한 연구는 대부분 중년 여성으로 구성된 캐셔 노동자들이 마트로부터 고객을 향한 무조건적인 사과와 자기반성을 요구받으며 마트의 전략을 내면화하는 상황을 보고한 바 있다. 자신이 친절하지 않아서 고객이 화를 낸다는 생각에 웃을 때 입꼬리 올라가게 연습을 하는 노동자의 경우나 이 연구를 위해 임시로 캐셔 일을 하는 연구자 자신조차도 짜증을 내는 고객 앞에서 자기반성을 하게 되더라는 경험담은[14] 불안정성의 일상화가 자본의 요구와 전략을 내면화하며 자기를 반성하고 변화시키는 과정까지 포함한다는 것을 말해준다. 물론 노동자의 자발적인 자기반성은 해고에 대한 자기방어적 의미도 있지만 자기반성이라는 실천은 그것이 노동자 자신을 위한 제스처라 할지라도 자본의 규범을 내면화하는 한 방식이라는 점에서 자본의 종속과 무관하지 않다. 미소를

---

13   2018년 정부가 발표한 노동시간 단축(주52시간제) 정책과 최저임금 인상에 따라 참여 연구자가 일한 대형 마트에서도 노동 시간을 단축했다. 마트측은 주말에는 -고용주가 주휴 수당 및 퇴직금을 피하기 위해 고안된- 주14시간 이하로 근로계약을 맺는 '초단시간 노동'을 적용한 노동자를 고용했다. 연구자는 캐셔 노동자들이 노동시간 단축을 반가워할거라 예상했지만 실제는 그렇지 않았다고 기록하고 있다. 노동시간 단축은 휴게시간과 식사시간의 단축, 근무 시간 배치의 세분화로 이어지면서 노동자들이 만나 이야기를 나누거나 모임을 가질 수 있는 기회를 박탈하는 결과를 낳았으며 노동현장을 삭막한 공간으로 만들었기 때문이다.(이소진, 『시간을 빼앗긴 여자들』, 갈라파고스, 2021, 211-244쪽) 이 사례가 단적으로 말해주는 건 불안정 노동과 불안정 고용에 처한 노동자일수록 노동현장을 거점으로 한 수평적 관계를 맺기 어렵다는 사실이다.

14   위의 책, 195-210쪽.

연습하는 노동자의 사례가 말해주듯이 자본의 권력은 노동자를 통제하고 규율하는 억압적 감시체계로만 작동하는 것이 아니라 노동자 스스로의 동의와 참여를 통해 규범을 내면화하는 방식으로 행사된다.

그런데 삶의 불안정성이 극대화될수록 규범에 대한 자발적 동의와 같은 비억압적 메커니즘에 포섭되기가 쉬워 보인다. 자기반성을 하는 주체에게는 어떻게든 살아남아야 한다는 절박하고도 타협 불가능한 이유가 있기 마련이다.

정규직이 아니어도 좋다
계약직이어도 좋다
단기 알바라도 좋다

병시중이 절실한 식구가 있는데
아이를 홀로 두고 일하러 갈 수가 없는데

어정쩡하게 가난해서
학자금 보조도 청년주택자금 지원도
자격이 안 되는
너라는 시간은
산소호흡기 낀 가난이라고 증명해야
다음 너를 대출받는
가난은 자본의 밑천
그러니까 가난은 유지되어야 한다

(중략)

오늘 양식은 어제로 소진되고

엄살도 사치여서 가릴 것이 없다

오래전 함께 나누었던 눈물조차 마른

나라는 시간은

굶지는 않아도

아직 굶어 죽지 않았으니

— 김사이, 「계속 다음」 부분

밥을 먹었는지 굶고 있는지 관심 없는

나는 폐경에 접어든 노동력

아파서 달마다 며칠씩 뒹굴며 지나온 여자의 시간

완경의 가치보다 불안정한 내 자리가 우선이다

달라진 건 없이 한 번뿐인 나는 유한하고

—「미완」 부분

「계속 다음」에 등장하는 여성 화자는 돌봄노동과 임금노동을 모두 감당해야 하는 여성 노동자이다. 화자에게는 자본과 타협해야만 하는 이유가 너무도 선명하다. 사회적 지원과 보장이라는 안전망이 작동하지 않는 사각지대에서의 삶은 언제나 "산소호흡기 낀" 아슬아슬한 고비의 연속이기 때문이다. 이 고비를 견디기 위해서라면 기꺼이 이 시스템 내부의 작은 부품이라도 되겠다는 자세는 자본에 대한 타협과 동의를 나타내지만 다른 한편으로는 자본이 만든 삶의 위기에 맞서 살아남겠다는 의지이기도 하다. 대부분의 비정규직 노동자가 경험하는 불안정성, 즉 자본에 의해 호명되었다가 버려지는 반복적인 삶의 위기는 화자를 수행적 주체로 구성하는 것이다. 불안정한 노동이 야기하는 가난과 삶의 위기를 경험하는 화자는 자신의 삶이 가난의 굴레를 벗어나지 못한다는 절망도 드러내지만 동시에 자신의 가난이 "자본의 밑천"이라는 비판적 통찰에 이른다. 가난에서 벗어나기 위한 자신의 노동이 자본을 증식시키는 동력이며 자신의 삶을 더 불안정하게 만들고 있음을 짚어낸 것이다. 이러한 사유의 과정을 통해 도출된 "가난은 유지되어야 한다"는 진술은 두 가지 맥락을 갖는다. 하나는 가난이 자본의 밑천임을 폭로하는 것이다. 자본은 필연적으로 가난에 기대어 더 불평등하고 더 비대하게 몸집을 부풀린다. 다른 하나는 가난을 유지한다는 것은 가난으로부터 벗어나기를 거부한다는 말인데, 의역하자면 가난을 유지함으로써 삶을 죽음으로 내모는 자본의 실체를 마주하겠다는 의미이다.

그런데 자본이 밑천으로 삼는 건 가난만이 아니다. 노동하는 신체 역시 "자본의 밑천"이 된다. 「미완」에서 말하듯이 비정규직이라는 "불안정한" 자리라도 지키기 위해서 안간힘을 쓰는 '나'에게 "폐경"은 "여자의 시간"을 완성시키는 "완경"으로 다가오지 못하고 자신의 노동력과 결부되는 사건으로 간주된다. "알바에서 알바로" 자리를 옮겨가며 "소진"해버린 청춘의 시대를 지나 "정규직"이 되기 위해 고군분투한 화자는 결국 비정규직으로 남았다. "퉁퉁 부은 다리"가 "시간을 잃었다"는 환유가 말하는 것은 비정규직의 삶이 삶으로 축적되지 않는 소진되는 시간이었다는 걸 의미한다. 이제 '나'에게 남은 것은 폐경에 이른 신체뿐이다. 자칫하면 자리를 빼앗길 수 있다는 불안 때문에 "밥을 먹었는지 굶고 있는지 관심"을 두지 않았던 신체가 낡은 기계처럼 남아 있을 뿐이다. 그러나 화자는 따져본다. 자본의 셈법으로 보자면 "아파서 달마다 며칠씩 뒹굴"어야 하는 여성 노동자의 생리 기간은 비생산적 시간이므로 여성의 신체는 효율이 낮은 기계로 간주된다. 자본의 셈법으로 따지자면 여성 노동자의 임금과 고용 기회의 차별은 합리적 계산에 따른 것이고 여성 노동자의 불안정성은 그에 따른 결과일 뿐이다. 그러므로 화자가 직면한 폐경이란 사건은 신체가 효율성을 높이는 계기인 셈이다. 그러나 '미완'이라는 제목이 상징하듯 여성 노동자인 '나'는 폐경에 이르러서도 아직 정규직이 아니다. 정규직이 아닌 '나'의 신체는 곧 폐기될 낡은 기계인 것만 같아 '나'는 불안을 떨치지 못한다.

　두 시를 통해 김사이가 말하고 있는 가난은 계급과 젠더가 교차하는 데에서 심화되는 차별이다. 버틀러의 논의처럼 젠더가 가난을 차별적으로 할당하는 기준이라면 "가난은 유지되어야 한다"는 진술은 계급적, 젠더적 차별과 불평등을 함의하는 문장으로 읽어야 한다. 아울러 가난에서 벗어나고자 하는 화자가 가난이 유지되기를 바라는 역설 또한 차별과 불평등에 대한 거부로 해석되어야 한다. 김사이의 시가 집요하게 응시하고 지속하는 가난은, 가난으로부터 벗어나 '살만한 삶(livable lives)'을 요구하게 하고, 가난의 원인에 대하여 사유하게 하며, 가난과 죽음으로부터 서로를 보호하는 대안을 생각하게 만드는 조건이기 때문이다.

　밥, 차별받지 않아야 할 밥, 나의 해고는 오늘이 될까 내일이 될까. 잠자는 척해도 깨어 있어도 불안한 하루 걸러 고통스러운 시간. 물러설 곳도 없고 갈 곳도 없는. 살아 있는 모든 것들과 공존하기 위한 새로운 저항의 방식을 찾을 수 있을까. 여전히 수많은 이들은 망루에 올라 끊임없이 흔들릴 것이다. 대화는 하는데 소통은 안 되는 이유가 무엇인지, 합리적 개인주의란 명분으로 이기주의가 팽배한 이 시대의 연대는 무엇일지. 공사(共死)하지 않고 공생(共生)하기를, 내가 먹는 밥이 무슨 밥이고 어디에 맞닿은 밥인지 다시금 생각한다.

— 김사이, 「고해」 부분

우리가 먹는 "밥"이 차별없는 평등한 몫이 되도록 "생존하기 위한 새로운 저항의 방식"과 '연대'와 '공생'을 생각해야 한다는 시인의 목소리는 무겁게 들린다. 시인은, 스스로를 "물러설 곳도 없고 갈 곳도 없는" 최후의 "망루"에 올려놓고서라도 "이 시대의 연대는 무엇일지. 공사(共死)하지 않고 공생(共生)하기를, 내가 먹는 밥이 무슨 밥이고 어디에 맞닿은 밥인지 다시금 생가"해야 한다고 자신을 다그친다. "망루"에 올랐던 사람들이 "끊임없이 흔들"리면서 생각했듯이 우리도 "생각"해야 한다고 강조한다.

크레인을 환기하는 '망루'는, 자본의 부당한 착취와 횡포에 맞선 노동자들이 삶을 요구하기 위해 선택했던 최후의 장소라는 상징적 의미를 지닌다. 노동자들의 연대를 궤멸시키기 위한 기업의 탄압에 저항하고자 했던 노동자가 스스로 생을 마감한 죽음의 장소였던 '망루'는 누구나 목격할 수 있도록 자신을 출현시키는 거리요, 광장이라는 의미도 지닌다. 죽음의 장소인 망루에 다시 오른 해고 노동자 김진숙을 지지하기 위해 망루 아래 사람들이 모여들었을 때, 망루는 그 어떤 곳보다 자유로운 광장이었다. 자본으로부터 불법이라는 낙인이 찍힌 해고 노동자들은 '망루'에 오름으로써 말했다. 우리가 요구하는 건 "공생"과 평등한 "밥"이라는 것을.

구로노동자문학회를 문학의 근거지로 삼고 출발했던 김사이의 시는 2000년대 이후 가시화된 자본의 폭력적인 진화를 노동시의 새로운 조건으로 삼았다. 그리고 첫 시집 『반성하다 그만둔 날』(실천문학사, 2008)에서 계급적 각성과 자본에 대한 반성의 중단을 표명했다. 김사이는 이제 노동문학이 돌아보아야 하는 건 자본에 저항하는 노동이 아니라 "자본에 잠식된 노동"[15]이라고 고백함으로써 모든 노동에는 자본을 향한 욕망과 자본에 대한 적의가 뒤섞여 있다는 점을 정식화했다. 이에 따라 김사이의 시에 등장하는 화자들은 수행적 주체로서 자신의 욕망을 위해 자본의 규범과 요구에 따른 노동력을 제공하면서 노동을 관리하고 통제하는 규범을 재생산하지만 한편으로는 자본의 모순을 드러내며 규범을 균열시킴으로써 자본의 실체를 폭로하는 역할을 하고 있다. 김사이의 시가 1980년대 노동시를 갱신하는 신자유주의 시대의 새로운 노동시로 명명될 수 있다면 그 근거는 대안과 전망을 제시해서가 아니라 자본과 젠더에 대한 이원론적 대립을 넘어서서 계급적 불평등과 젠더의 불평등이라는 교차점을 사유하는 가운데 불안정한 노동자의 내면이 자본에 대한 욕망과 저항으로 뒤섞여 있음을 발견했기 때문일 것이다.

---

15 김사이, 「우리는 자기 나름대로 지난 시간을 견뎌왔다」, 《실천문학》 2013년 가을호, 141쪽.

부서진 신체를 보라

아침에 먹을 샌드위치를 현관 앞에 가져다주는 라이더, 어제 주문한 책과 원두를 배송해준 택배 기사, 정수기 필터를 교체해주러 온 코디, 상품을 계산하고 포인트를 적립해주는 마트의 캐셔, 화장실 한 칸에서 식사와 휴식을 해결하는 청소노동자, 인터넷 서비스 품질에 대한 문의에 응대하는 콜센터 상담사에 이르기까지 우리는 다양한 직종의 노동자들을 하루에도 몇 번씩 마주친다. 이들의 유일한 공통점은 불안정 노동에 종사한다는 사실이다. 프레카리아트라는 개념이 노동자계급의 연대와 단결에는 무용하다는 비판을 수용하더라도 우리가 속한 이 체제가 프레카리아트로 명명되는 불안정 노동을 양산하고 그들의 노동을 더 효과적으로 착취함으로써 비대해지고 있음을 부인하기는 어렵다. 2018년을 기준으로 보았을 때 불안정 노동자는 이미 확장경제활동인구(잠재경제활동인구+경제활동인구)의 60%에 육박했고, 일명 정규직이라는 대기업이나 공공기관에서 일하는 안정적 노동자는 확장경제활동인구의 10%에 불과했다는 사실은[16] 자본의 성장이 불안정 노동에 기대고 있음을 단적으로 말해준다.

그러나 노동시간이 길어질수록 신체는 부서지고 있는데도, 끈질긴 가난은 나아지지 않고 삶은 위기로 내몰리고 있다. 한국사회의 경우 IMF 이후 본격화된 신자유주의 체제의 전면화 이후 지금까지, 우리는 "살게 해줘!"라고 외치며 불안정 노동과 가난과 생명의 위기로 위축된 삶을 매순간 견디고 있다. 삶을 지속하기 위한 싸움은 시작되었으나 누가 누구와 연

---

16 강남훈, 『기본소득의 경제학』, 박종철출판사, 2019, 130-132쪽.

대할 것인지 분명치 않은 프레카리아트 시대에 여전히 정체되어 있다. 이 싸움에 개입한 최세라와 김사이의 시가 말한 것은 그들의 신체에 주목하라는 것이었다. "다양한 비정규직 형태처럼/시간도 요금도 감정도/가지가지인" 서비스의 편리함 너머에는 오로지 "네 몫"으로 남겨진 "피로에 후들거리는 고통"(김사이, 「편리를 사다」)이 있음을 보아야 한다고 발화했다. 또 개인의 몫으로 떠넘겨진 노동과 가난, 그로 인한 고통이 실은 개인의 것만이 아니라고 역설했다. 현장실습 나온 19살 콜센터 노동자의 죽음이 사회 구조적 차원의 죽음임을 인정한다면 그들의 고통 역시 마찬가지임을 인정해야 한다고 말했다. 불안정 노동으로 인한 증상이 사회적 맥락에서 해석되어야 함을 공통의 전제로 삼은 최세라의 시는 신체의 변형을 통해 플랫폼 노동자들의 불안정한 삶이 죽음과 맞닿아 있음을 시각적으로 형상화했다. 한편 비정규직 여성 노동자가 처한 삶의 위기를 일인칭으로 발화하는 김사이의 시는 가난을 유지함으로써 가난에 저항하겠다는 역설적 의지를 표명했다.

서로 다른 뉘앙스로 프레카리아트 시대와 불화를 시작한 두 시인의 시가 또 다른 전제로 삼은 것은 자본의 시초축적에서 시작된 여성 노동에 대한 억압과 차별이 여전히 작동하고 있음을 보여주는 계급과 젠더의 교차점이다. 불안정한 노동을 매개로 더 노골화된 여성 노동에 대한 차별은 "가난의 밑바닥에 흐르는 원죄"(김사이, 「몸의 기억」)처럼 노동하는 주체에게 내면화되고 자기 자신을 비정규직 인간으로 정체화하게 만들었다. 그렇게 탄생한 여성 비정규직 노동자는 자신이 신체를 기계처럼 여기고 삶을 시급으로 환산하여 분절시키며 사회적 질서에 철저히 순응하는 내면을 보여주었다. 그러나 비정규직이라는 유연한 혹은 기형적인 고용형태는 시적 화자들로 하여금 자신의 부서진 신체와 영원한 가난을 사유하게 하는 탈구적 자리이기도 하다. 아무리 계약을 거듭해도 비정규직의 일은 일시적이고 한시적인 일이며 "일이라고 할 수도 없"(최세라, 「대체로 흐림」)는 일로 취급될 때 노동하는 주체는 스스로에게 묻게 되기 마련이다. 과연 이 일이 제대로 된 노동인가, 그렇지 않은가? '나'는 노동자인가, 그렇지 않은가를 말이다. 이 질문은 노동자라는 계급성을 해체시키는 프레카리아트 시대의 효과이기도 하지만 그렇다고 이 질문이 무용한 것은 아니다. 왜냐하면 이 질문은, 우리가 "인간이라는 장르에서 벗어나"(최세라, 「라이더」) "영원한 기계를 위해 임시로 고용되었"(「대체로 흐림」)음을 의심하게 하고, 오래된 기계처럼 낡고 부서진 자신의 신체를 돌아보게 만들기 때문이다.

'나'의 그리고 '너'의 부서진 신체를 마주하는 것은 불안정 노동에 종속된 우리가 빼앗긴 것, 우리가 잃은 것 그리고 우리가 되찾아야 할 것이 무언지를 알게 해주는 가장 확실하고도 유일한 방법일지도 모른다. 최세라와 김사이의 시가 부서진 신체에 깃는 고통과 저항을 동시에 발견했듯이 그것을 대면하는 일은 이 위기에서 해방되는 출구를 찾기 위한 시작점이다. 오래전에 한 노동자가 이미 말했다. "우리들의 미래가" "몹시 궁금하거들랑/비정규직이라 불리는 그들을 보라"고.

    서러움이 뭔지를 알려거든 그들을 보라.
    우리가 잃은 게 뭔지를 알려거든 그들의 눈빛을 보라.
    연대를 말하려거든 100일째 펄럭이는 천막엘 가 보라.
    우리들의 미래가 우리 아이들의 미래가 몹시 궁금하거들랑 비정규직이라 불리는 그들을 보라.

— 김진숙, 『소금꽃나무』, 후마니타스, 2007, 149쪽.

전청림

후보작

막과 틈의 야생
— 젠더화된 채굴주의와 사물의 시간

전청림

문학평론가. 2022년 문화일보 신춘문예를 통해 평론을 발표하기 시작했다.

막과 틈의 야생
― 젠더화된 채굴주의와 사물의 시간

1. 태평양의 끝?

날카롭게 갈라진 조개가 발을 찌르는 해안가. 부서진 배의 밧줄을 붙잡고 로빈슨이 도착한 땅은 태평양의 무인도이다. 표류의 노여움에 젖은 로빈슨은 자신이 마주한 첫번째 생명인 숫염소를 희생시키고, 똑똑 떨어지는 물방울 소리에 맞추어 섬의 시계를 새롭게 설계하며 섬 전체를 길들여나가기 시작한다. 하나 그가 섬에서 깊숙한 동굴 하나를 발견하면서 사건은 다르게 흘러간다. 긴 창자처럼 구불구불한 통로를 거쳐 도착한 오목한 구멍. 그곳에서는 무화과의 즙처럼 달콤하고 윤택한 시원의 향이 흘러나온다. 요지부동인 섬의 살덩이를 탐험하기 위해 그는 흰 우유를 온몸에 바르고 좁은 동굴로 미끄러져 들어간다. 마침내 거푸집처럼 자신의 몸과 꼭 맞는 구멍을 찾은 그는 아찔한 육체의 떨림을 겪으며 엉긴 우유 덩이처럼 하얀 어둠 속에 도달한다.

미셸 투르니에의 『방드르디, 태평양의 끝』(이하 『방드르디』)[1]은 대니얼 디포의 『로빈슨 크루소』를 다시 쓴 탈식민주의적 텍스트다. 서구의 선주민 노예화, 인종주의와 몰이해, 기독교적 구원 의식 등을 반성하는 『방드르디』는 분명 제국주의와 백인의 신화에 원한 어린 시선을 던진다. 「미셸 투르니에와 타인 없는 세상」[2]에서 이 텍스트를 깊이 해석한 들뢰즈에 따르면, 무인도에 불시착한 투르니에의 로빈슨은 근본적인 타자 부재의 장에 진입하여 인간의 가능세계를 다시 쓴다. 들뢰즈에게 대타자란 가능세계의 표현이며 인간 실존의 선험적인 상태로서 존재하는데, 타자를 상실한 로빈슨은 거꾸로 가능 없는 세계에 진입해 타인에 의해 구부러지지 않는 원시적이고 건강한 욕망을 재발견한다. '대타자의 대타자는 없다'라는 라캉의 정식을 가볍게 건너뛴 들뢰즈의 타인 없는 세계, 즉 가능 없는 세계는 붕괴와 실성을 기원으로 삼아 마침내 세계 일반의 구조와 시간을 비틀어낸다.

『방드르디』의 로빈슨이 보여준 구조로부터의 일탈은 분명 패턴을 벗어난 심원한 세계를 상상하게 한다. 그러나 내게 가장 눈에 띄는 것은 로빈슨의 욕망이 새롭게 발굴되기 위해 침묵에 부쳐지는 땅과 자연의 진실이다. 섬과 하늘, 흙과 바다는 로빈슨에게 타자 없는 땅이라는 물질적 배경으로 기능한다. 말하자면 이 소설에서 타자란 오로지 인간일 뿐이다. 바로 여기에 지각의 맹점이 있다. 로빈슨의 온몸을 훑고 지나간 모래밭과 회색 거품의 바다, 숨은 계곡은 성애적인 교감의 도구가 되어 서서히 망각되

---

1 미셸 투르니에, 『방드르디, 태평양의 끝』, 김화영 옮김, 민음사, 2003.
2 질 들뢰즈, 『의미의 논리』, 이정우 옮김, 한길사, 1999.

어간다. 로빈슨을 행복한 영원 속에 정지하게 만든 대지의 섬은 단지 여성적 본질을 지닌 내밀한 모성의 공간으로 여겨질 뿐이며, 벌거벗은 섬과 로빈슨의 교감은 대지의 뜨거운 입김에 그의 날카로운 인간성이 밀가루 반죽처럼 녹아내리는 뜨거운 근친상간적 생산으로 신화화된다.

땅과 자연을 여성적 신화로 표상하는 낯익은 이분법적 구조가 서사를 장악하고 있음에도 불구하고, 어째서 로빈슨의 욕망은 타자 없는 세계에 진입한 '일탈'과 '해방'으로 해석되는 것일까. 로빈슨에게 자연과 여성이 철저히 사라지는 매개자이자 가능세계의 구조로 기능한다면 그의 세계에 타자가 없다고 말하기란 다소 성급하지 않은가. 내가 드러내고 싶은 문제는 대지에 대한 감사와 치성을 에로틱한 교감으로 묘사했다는 수사학적 접근이 아니라, 『방드르디』가 자연을 물리적으로 장악하는 근대적 운동성에는 눈을 감아버린 채 탈식민주의적 다시 쓰기를 시도한 작품이라는 사실이다. 말하자면 자연을 문명화하고 경작하던 디포의 로빈슨과 자연을 여성적인 인격체로 바라보는 투르니에의 로빈슨에는 거칠고 무심한 휴머니즘이 내재한다. 날것의 건강성을 찬미하며 순응하고 길들여지는 여성적 자연의 표상을 재생산하는 『방드르디』는 "풍요로운 지구 철학 개념 덩어리"[3]가 아니라, 오히려 두 로빈슨 사이의 거리가 그리 멀지 않을 수 있다는 사실을 보여주는 텍스트가 아닐까.

한편, 무인도를 근대적 세계관의 탈출구로 설정하는 투르니에와 들뢰즈는 자연이 '저 너머(away)'에 있다는 믿음을 부추기며 타자를 벗겨낸 세

---

3 릭 돌피언은 투르니에의 『방드르디』가 자본주의와 종교의 붕괴를 보여주는 지구 철학적 텍스트라고 적극적으로 주장한다. 릭 돌피언, 『지구와 물질의 철학』, 우석영 옮김, 산현재, 2023.

계를 손쉽게 상상한다.⁴ 눈앞에 있는 사물과 관계해 이를 다르게 바라보려는 끈질긴 노력이 아닌, 저 너머에 더 나은 실재가 있다는 막연한 환상은 우리가 사물과 공존하고 얽매여 있다는 사실을 중화시킨다. 골치 아픈 문명을 저 너머로 넘겨버리는 관념은 우리의 모든 시공간이 사물과 물결치며 생성된다는 언캐니한 사실을 놓쳐버리게 만들기 때문이다. 소설이 섬을 (타자적으로) 온정주의적이고 (생태학적으로) 냉소적인 모순된 감각으로 표현한 것은 결코 우연이 아니다. 투르니에는 물질을 잊고 있었으며, 그래서 태평양의 끝을 갈망할 수 있었던 것이다.

채굴주의(extrativism)를 젠더와 계급, 물질과 객체, 자본과 권력, 국가와 지역 등의 여러 교차점으로 보아야 하는 것은 바로 이 때문이다. 채굴주의란 자본주의적 환경이 전 지구적 수요에 부응해 자연과 자원을 가속화된 방식으로 추출하는 것을 의미한다. 경제성장과 산업혁명에 따라 추출해야 할 자원이 다양해지면서 채굴은 여러 의미에 적용되고, 그에 얽매인 권력과 자본의 문제 또한 더욱 복잡해진다. 또한 채굴은 실제 자원의 고갈뿐만 아니라 가상의 자원을 태워 자연이 다른 방식으로 존재할 가능성마저 파괴하는 잠재적인 위협 또한 포함한다. 간략하게 정리해본다면 ①석유, 광물, 토양, 금속, 동·식물 등 자연의 제한 없는 추출, ②제국주의의 식민화와 인간 노동의 노예화, ③AI 학습을 위한 데이터 추출 및 비트코인 채굴, ④플랫폼 노동, 비물질 노동의 팽창과 초국가적 돌봄 채굴주

---

4 티머시 모턴은 '저 너머'를 향한 상상이 단절의 감각으로 작용해 생태학적 공생과 연결성을 파악하지 못하게 만든다고 말한다. 그러므로 중요한 것은 우리에게 치명적인 실체를 지속적으로 돌볼 가능성과 낯선 것과의 가까움에 기반한 윤리학을 개발하는 일이다. 티머시 모턴, 『하이퍼객체―세계의 끝 이후의 철학과 생태학』, 김지연 옮김, 현실문화, 2024, 223-253쪽 참조.

의,[5] ⑤테라포밍과 우주 자원 개발 욕망을 채굴주의의 예로 들 수 있다. 이 다섯 단계는 재화의 혁신과 노동 형태의 변화에 따라 진화하고 팽창하는 채굴주의의 확장성을 보여주는 동시에 언제나 서로의 역학을 침범하며 역동적으로 관계한다. 삶의 모든 영역을 경제적 자원으로 환원해 물질세계를 파괴할 뿐만 아니라 세계의 구성 자체를 지배와 고갈의 메커니즘으로 획일화하는 것이 채굴의 핵심이기 때문이다.

채굴, 정제, 가공, 검수, 활용이라는 피드백 루프를 지구의 가장 깊은 지하에서부터 머나먼 우주의 끝까지 뻗치려는 채굴주의의 욕망 앞에서 물질과 몸을 다시 생각해보는 일은 앞으로의 욕망의 벡터를 재설정해야 하는 인류세의 시대에 필수적이다. 제1세계가 행사하는 초국가적인 자본주의가 극단적이고 잔혹한 유혈 사태를 방치하는 '고어(gore)'한 특징을 지닌다는 것은 채굴주의가 숨기고 있는 가장 추악한 진실 중 하나이기 때문이다.[6] 자본의 축적에 이용된 제3세계의 토막 난 시신이 도로에 나뒹굴고 있으며, 이러한 시신 정치가 채집의 대상이 되어버린 자연의 타자성과 얽혀 있다는 자본의 고이헌 폭력성 말이다. 살아 있는 몸을 향한 정당화될

---

5   안숙영에 따르면 자본주의적 성장 사회는 특정한 주체화 방식과 긴밀히 연관되어 있다. 성장 지향성과 업적 지향성으로 특징지어지는 자율적인 남성적 주체라는 이상이 지배하는 가운데, 돌봄과 자연을 비롯한 모든 의존적인 활동의 중요성은 무시되거나 가려진다. 그에 따라 돌봄은 남성과 여성 간에 분배되는 것이 아니라 이주 여성의 어깨 위로 떠넘겨짐으로써 '초국가적 돌봄 채굴주의'의 형태로 남반구 여성의 돌봄노동에 대한 착취로 이어진다. 안숙영, 「독일에서의 탈성장 운동과 돌보는 남성성 논의」, 《세계지역연구논총》 40집 2호, 한국세계지역학회, 2022, 107쪽 참조. 최근 한국에서도 고용노동부와 서울시가 추진해온 '외국인 가사 관리사' 시범 사업이 운영되고 있다. 해외 근로자 파견으로 GDP의 안정성을 도모하는 필리핀의 경제적 전망과 내국인의 노동 불균형(고령화 및 청년 노동인구 부족)이 맞물린 이 정책에서 눈에 띄는 것은 이주 여성에게 떠넘겨진 모호한 가사 업무의 범위다. "부수적이며 가벼운(incidental and light) 가사 서비스를 제공"할 수 있게 한 이 정책은 인적자원의 채굴과 가공으로 돌봄 공백을 메꾸려는 시도로, 돌봄 논의를 시민적이고 공동체적인 범위로 확장하려는 시도와는 거리가 멀다. 「'필리핀 가사 관리사' 100명 온다…월 최대 238만원 주고 쓸까」, 중앙일보, 2024. 7. 16.
6   사야크 발렌시아, 『고어 자본주의』, 최이슬기 옮김, 워크룸프레스, 2021.

수 없는 폭력이 젠더, 인종, 계급, 취약성의 지정학적 분포를 관통하고 있다는 통찰은 채굴의 욕망 앞에서 언제나 무주지(無主地)로 여겨지는 자연에게도 해당된다. 누가 진정한 타자인지의 문제가 아니다. 문제는 인신매매와 마약 밀매에 얽힌 전문화된 인간 폭력과 돌봄 채굴주의라는 국가적·젠더적 불균형, 의류 쓰레기가 산처럼 쌓여 검은 강이 흐르는 칠레의 땅과 동물권에 얽힌 희생의 구조가 물질과 몸을 고갈시키는 불평등한 세계의 시간 속에서 서로 유기적으로 연결되어 있으며, 이것이 현재 인류세라는 이름으로 자본주의에 문제를 제기하고 있다는 것이다. 이때 비인간 담론은 '유행하는 담론'[7]이라는 말로 치부될 수 없는, 우리가 가장 복잡하고 절실하게 휘말려 있는 생존의 문제에 대한 끈질긴 응답이자 요청이라고 할 수 있다. 신유물론과 비인간 담론은 고갈과 종말로 가속화된 시간성으로부터 어떻게 새로운 시간성의 감각을 창출할 수 있는가를 지속적으로 질문해왔기 때문이다. 물질로부터 창발하는 시간성을 향한 이 긴급한 성찰은 계급과 노동, 돌봄과 시민성, 자본과 민주주의라는 정치성과 긴밀히 얽혀 있다. 우리가 함께 머무는 시간을 향한 이 미적인 실천이 손쉽게 묵과

---

[7] 송종원은 "인간에게 부여되었던 과도한 특권을 반성하는 것과 인간의 자리를 지워버리는 일"이 종종 혼동된다는 사실을 지적하며, 임승유의 시에 대한 인아영의 분석이 "유행하는 담론의 어휘들 속에 휘말려 들어가 굴절"되었다고 쓴다. 인아영의 글이 "'주체'가 아닌 '관계'를 분석의 최소 단위이자 비평적 입구로 삼"으며 인간과 비인간 타자 사이의 감응을 섬세한 긴장 관계로 풀어내고 있음에도 불구하고, 송종원의 논리는 시의 논점을 고답적으로 일소해 해석의 범위를 닫아버린다. 지금 한국문학장의 흐름을 한철의 '유행'으로 재단해 텍스트의 현재성을 축소시키고, 민족/국가 역사성의 과잉으로 시를 길게 늘어뜨리는 해석이야말로 굴절과 환원에 가까운 것이 아닐까. 송종원, 「되찾은 '님'의 시간—커먼즈로서의 한국시와 시비평」, 《창작과비평》 2024년 여름호; 인아영, 「개와 나무와 양말과 시—2020년대의 시에 나타난 '타자'와 비인간 물질의 정치생태학」, 『진창과 별』, 문학동네, 2023; 김건형, 「촛불 이후의 정치라는 단상(斷想·單相·壇上)」, 《문학동네》 2024년 봄호 참조. 또한 '커먼스'라는 공유 감각을 경유해 '님'의 빈자리와 모습을 찾으려는 시선이 민족과 계급, 자본주의의 문제를 예민하게 식별해 생태계 문제에 개입하고자 했던 지난 물음에 어떤 구체적인 응답으로 기능할 수 있을지 궁금해진다. 백낙청·김세균·김종철·이미경·김록호, 「생태계의 위기와 민족민주운동의 사상」, 《창작과비평》 1990년 겨울호 참조.

되고 있다는 것이야말로 현재의 시간성이 보여주는 징후적인 시선이 아닐까.

2. 잘 먹기, 혹은 라캉이 알려준 절반의 지혜

유물론적 전회(material turn) 또는 존재론적 전회(ontological turn)를 공통점으로 지닌 다양한 현대적 관점을 아우르는 신유물론은 인간 예외주의를 극복하고자 하는 대륙 철학의 흐름으로, 그 논리적 궤에서 교차성 페미니즘의 기획과 길항하고 있다. 한편으로는 "신유물론은 페미니즘이 없었으면 탄생하지 못했을 것"이라는 지적 또한 온당하게 받아들여지고 있는데, 이는 전통 철학에서 '열등하고 하찮은 것'으로 규정되던 것들에 관한 관심이 여성의/여성에 대한 관심과 일맥상통하기 때문이다.[8] 그러므로 신유물론이 인간을 중심으로 하는 이분법적 사고에 문제를 제기하며 근대의 기계론적이고 수동적인 물질관을 비판할 때, 여기에는 페미니즘이 근대적 휴머니즘을 비판하고자 했던 사유의 기획들이 포괄적으로 이미-벌써 개진되어 있다고 보아도 무방할 것이다. 해러웨이가 "개에 대한 글쓰기가 왜 페미니즘 이론의 한 갈래가 되며 또 그 반대 방향의 경우도 마찬가지인지"[9]를 이야기했을 때, 여기에는 이분법적 구분을 넘어서서 여러 교차적인 상황 속에서 관계성을 사유하려는 페미니즘적 사유가 명확히

---

8 김남이 외, 『신유물론×페미니즘―몸, 물질, 생명』, 여이연, 2023, 8쪽.
9 도나 해러웨이, 「반려종 선언―개, 사람 그리고 소중한 타자성」, 『해러웨이 선언문』, 황희선 옮김, 책세상, 2019, 118-119쪽.

규명되고 있기 때문이다. 그러므로 페미니즘 리부트와 퀴어적 전회 이후 동물적 전회(animal turn)와 물질적 전회가 연이어 도래하리라는 사실은 이미 예견되어 있었다고 보아도 좋지 않을까.

다만 페미니즘의 관계 지향적인 사유가 비인간과 물질로 자연스럽게 확장될 때 간과하지 말아야 할 중요한 논점은, 물질을 긍정적인 운동성으로 사유하는 과정이 기술 미래주의와 손쉽게 공모할 수 있고, 이로 인해 젠더와 성차라는 인간 육체의 특수성이 정치적 맥락에서 누락될 수 있으며, 결국 자본주의에 특화된 '비인간 권력(inhuman power)'[10]에 대한 긍정으로 이어질 수 있다는 점이다. 그러므로 내가 신유물론에 기대하는 것은 물질과 비인간을 향한 무조건적인 숭배나 환대가 가져오는 간편한 만족감도, 도발적인 물활론이 가져오는 성급한 평등과 연대의 전망도 아니다. 여기엔 우리가 예측 불가능한 물질세계의 일부라는 불편하고 당혹스러운 이해, 그 이해에 끈질기게 머무르는 신중함과 경이, 그리고 그로부터 매 순간 관계를 재개념화하고 조정해나가야 하는 정치적 요구가 있을 뿐이다.

세계를 향한 기투와 욕구, 욕망을 전적으로 인간적인 발신의 문제로 해석해온 흐름은 물질적 전회에 들어서야 비로소 성찰과 조정의 대상이 되었다. 비인간 타자라는 물질적 문제에 앞서 데리다가 지적한 동물 타자의 문제를 먼저 살펴보자. 데리다는 '돌은 세계를 결여한다(weltlos). 동물은 세계 빈곤으로 존재한다(weltarm). 인간은 세계 형성으로 존재한다

---

10   신현우는 "오늘날 플랫폼-알고리즘에 의해 포획되는 잉여노동과 지대에 의한 축적은 착취/전유/강탈 중 택일의 문제가 아니라 그것들을 유연하게 변주하는 알고리즘의 힘, 비인간 권력(inhuman power) 자체에 있다"고 역설한다. 플랫폼 자본주의와 노동 불안정성을 가속화하는 이 힘에는 기술 만능주의와 인공지능 언어 모델에 대한 긍정과 더불어 인간의 언어적, 신체적 반응이 무수한 코드 연산과 기계적 작동으로 대리되는 감각적 주체의 상실이 내재한다. 신현우, 『알고리즘 자본주의─신경망, 인공지능, 비인간 시대의 자본과 노동』, 스리체어스, 2024, 141쪽 참조.

(weltbildend)'라는 하이데거의 테제를 해체적으로 진단하며, 하이데거의 동물이 '세계를 가지고 있으며 또한 가지고 있지 않다'라는 모순 속에서 동요하고 있음을 지적한다. 하이데거의 동물은 세계가 없는 돌과 달리 존재자에 접근하지만, 세계를 술어적·명제적으로 의미화하는 그 자체(as such)로서의 존재자에 접근할 수 없는 빈곤을 가진다는 것이다.[11] 이로부터 데리다는 동물의 응시(gaze)에서 다시 시작해 인간의 수동성을 발견함으로써 거꾸로 인간이 소화하지 못한 내부의 섬뜩한 타자성을 입증하고, 경계성(limitrophie)에 대한 사유를 다시 시작해야 함을 역설한다. 이는 "경계를 먹이고, 경계를 낳고, 경계를 기르고 복잡하게 함"[12]으로써 동물과 인간을 가르는 가파른 단절을 다종 다기한 관계맺음으로 다시 생각해보려는 정의의 문제로 나아간다.

이 동물 타자의 논의에서 자연스럽게 묶음 처리된 이름 없는 돌의 문제는 잠시 뒤로하고, 데리다가 말하는 '잘 먹기(eating well)'의 문제를 조금 더 살펴보자. 동물에 대한 인간의 질문은 필연적으로 불의의 폭력과 엮이는데, 여기에는 근대적 주체로 불리는 인간이 "백인이며 성인 남성이고 육식을 하고 희생을 치를 줄 아는 유럽인"[13]으로 구성되어 형이상학적-인간 중심적 공리계를 재생산하고 있다는 대단히 광범위한 문제가 결부된다. 육식성-팔루스-로고스 중심주의에 관한 지적에서 시작된 데리다

---

11 자크 데리다, 『정신에 대해서』, 박찬국 옮김, 동문선, 77-93쪽 참조.

12 Jacques derrida, *The Animal That Therefore I Am*, trans. David Wills, Fordham University Press, 2008, p. 29.

13 데리다가 말하는 불의의 폭력은 어떤 공동체의 성원들 모두가 동일한 고유어를 공유하지 못할 때 등장한다. 정의의 가능성이 언어 일반의 능력에 따라 결정될 때, 동물의 희생에 결부된 법과 법, 정의와 법의 차이는 이처럼 하나의 심연(abime, 무근거) 위에 머무르게 된다. 자크 데리다, 『법의 힘』, 진태원 옮김, 문학과지성사, 2004, 40-41쪽 참조.

의 논점은 자연히 동물 타자뿐 아니라 동물과 비슷한 취급을 받는 인간 주체에게까지 뻗어나가 우리가 타자의 고통과 어떻게 관계할 것인지를 고민하는 윤리적 문제에 도달한다. 언어 일반을 사용하는 주체의 문화는 언제나 타자를 살아 있는 그대로 소유하는 것이 아니라 살을 절단해 먹고 소화하는 육식적인 희생 구조—여기에는 타자의 죽음에 대한 요구, 욕망, 승인, 정당성이 포함된다—에 결부될 수밖에 없다. 타자를 먹고 삼키고 소화하는 희생 구조가 인간 주체의 문화적/언어적 장력에 내재한 본질적인 부정성이기 때문이다. 그러므로 '잘 먹기'는 "먹어야만 할 것인가 혹은 먹지 않을 것인가, 이것을 먹고 저것을 먹지 않을 것인가, 살아 있는 것을 먹을 것인가 말 것인가"의 문제가 아니라 "우리는 어떤 경우에도 반드시 먹어야만 하기에, 어떻게 잘 먹을 것인가?"[14]의 문제다. 그리고 여기에서 등장하는 것이 타자의 개입(먹기)에 응답하는 인간 주체의 책임과 애도의 문제이다.

여기서 잠시, 내 안에 남은 타자의 기록, 내가 소화한 찌꺼기와 흔적과 유령성을 초래하는 것이 인간의 근원적 욕망이라는 이 논리적 구조를 '객체적'으로 한번 전회해보자. 과연 타자는 먹히기만 하는 것일까? 타자가 먹을 때, 우리는 그의 식성을 어떻게 대해야 할까? 또 여기에는 '살아 있는 것'의 희생만 포함되는 것일까? 동물이 아닌 식물, 쓰레기로 덮인 땅의 희생은 어떻게 해석할 수 있을까? 사물이 모순적이고 포악한 욕망으로 가득차 있다면 이 희생 구조는 어떻게 뒤집힐까? 물질적 전회는 바로 이러한 질문들을 가능하게 한다. 인간의 욕망만이 아닌 사물의 포악한 욕망 그

---

14 Jacques Derrida, "'Eating Well,' or the Calculation of the Subject: An Interview with Jacques Derrida", trans. Peter Cornor, Avital Ronell, *Who Comes After the Subject?*, eds. Eduardo Cadava, Peter Cornor, Jean-Luc Nancy, Routledge, 1991, p. 115.

자체를 바라보게 만드는 것 말이다.

　살아 있는 것을 섭취함으로써 인간의 내부에 유령성이 생기는 것이 아니라 사물 자체가 기이한 유령성을 가질 때 주체/타자의 희생 구조는 더 이상 세계를 온전히 설명할 수 없는 낡은 틀이 된다. "주체와 객체라고 불리는 것은 그저 객체들 사이에 어떤 방식으로 공유되는 미적 특성에 불과하다. (……) OOO는 우리가 주체라고 부르는 특별해 보이는 그것을 포함하여 모든 것이 객체라고 주장한다."[15] 객체지향 존재론OOO, object-oriented ontology에서 사물들은 인간의 지각 대상이나 사용가치로 환원되지 않는다. 사물은 본질과 나타남 사이에 깊은 충돌을 품을 수 있는 악마적인 힘을 가지고 있고, 스스로의 본질을 감출 수 있으며 오직 미적이고 낯선 차원 아래에서 서로 관계한다. 실로 OOO는 데리다가 섣불리 포기해버린 하이데거의 '로서 구조(as such)'를 사물의 영역에까지 적용하고 있는 것이다. 돌이 세계를 결여하고 동물이 세계 빈곤으로 존재하는 것이 아니라 돌과 동물과 인간이라는 모든 객체들이 심오한 소여성을 가질 수 있다는 현존의 진실을 말이다.

　사물들이 감각적 영역에서 만날 때 세계가 매번 다르게 변화할 수 있다는 신유물론의 이 오묘한 관계성에 대한 통찰은 매혹적이지만 그만큼 개념적인 정밀성을 요구받는다. 그러나 나는 우리에게 필요한 것이 '모든 것을 무릅쓰고 상상하기'를 멈추지 않는 일이라고 말하고 싶다. 과연 이 성글고 매력적인 상상력으로 인간중심주의가 어디까지 무너질 수 있을지, 그로 인해 일그러질 세계의 표정이 과연 얼마나 위협적인 야생의 시간

15　티머시 모턴, 『실재론적 마술—객체, 존재론, 인과성』, 안호성 옮김, 갈무리, 2023, 106쪽.

으로 우리를 밀어넣을지 상상하는 일 말이다. 채굴과 이식이 아니면 욕망을 잠재울 수 없는 인간 방정식의 말로까지도.

OOO가 주장하는 것처럼 사물의 본성이 변덕스러운 소여성을 지닌다면, 사물은 모순적인데다가 길들이기 어려운 야수와도 같을 것이다. 이 강렬한 힘의 프리즘으로 사물을 볼 때 세계는 어떤 시간을 살게 될까. 잘 먹고 희생하고 살아남고 애도하는 가지런한 구조가 아닌, 서로에게 끝없이 먹고 먹히는 평평한 세계로 진입한다면 말이다. 멈추지 않는 변덕스러움으로 선교사들을 당황시킨 16세기 투피남바족의 삶에서 이러한 타자성의 유비를 발견할 수 있을지도 모른다. 투피남바 사람들은 한쪽 귀로는 신의 말을 열심히 받아들이고 다른 한쪽 귀로는 무심히 흘려보내며, 신앙에 완전히 저항하거나 순응하는 것이 아닌 변덕스러운 태도로 선교사들을 기만했다. 그것이 기만이라는 것을 알지도 못한 채로 말이다. 복음을 받아들이는 이들의 태도, 즉 유연함과 완고함, 순종과 불복종, 열광과 무관심이 뒤섞인 이들의 변덕스러움 속에는 근본적으로 서구와 다른 타자성에 대한 지향이 있었다. 타자에 의한 흡수 혹은 타자에 대한 저항이라는 이분법적 구조를 벗어난 타자성 말이다.

인류학자인 카스트루는 투피남바족의 식인 풍습으로부터 타자성에 대한 이들의 새로운 통찰을 발견한다. 이들은 적에게 잡아먹힌 조상이나 친구를 위해, 때로는 모욕을 되갚기 위해 다른 부족과 전쟁을 벌인 뒤 포로를 잡아와 인육을 먹는다. 죽은 이의 원수를 갚을 형제와 친척이 남아 있으므로, 복수는 순환의 풍습이 되어 영원히 이어진다. 포로는 태연함으로 자신의 명예를 지키는 동시에 앞으로 벌어질 복수의 시간을 발설한다. 나의 친척이 너희에게 복수할 것이라고, 당신의 친척을 죽이러 올 것이라고 말이다. 포로와 살인자가 서로에게 응답하고 경청하는 이 언어적 제의에는 흥미롭게도 시간의 도치가 등장한다. "즉 포로들이 자신을 죽이려는 자에 대해 이미 복수를 행하고 있다고 말한다는 것이다. (……) 희생자의 과거는 살인자의 과거였으며, 살인자의 미래는 희생자의 미래가 될 것이다. 처형은 과거의 죽음을 미래의 죽음으로 연결하면서 시간에 의미를 부여한다."[16] 적과의 상호 포섭과 호혜적 전제 사이에서 출현하는 이 시간성은 복수 그 자체의 순수한 형식에 대해 생각해보게 한다. 죽음과 기억, 노래와 게걸스러움으로 단단히 묶여 일의적이고 일방적인 시간의 형식을 무화시키는 복수의 시간을 말이다. 이들에게 복수란 되돌아오는 것이 아니라 앞으로 나아가는 것이며, 시간의 순수한 형식으로서 위대한 미래를 발생시킨다. 복수란 타율성의 현현으로서, 사회의 진실이 항상 타자의 손에 달려 있음을 인정하는 모티프가 된다. 그 진리란 외재적 관계의 절대적 필요, 다시 말해 "타자 없는 세계의 사고 불가능성"[17]을 초래한다.

적의 살을 먹는 날카로운 입, 요리되는 자의 대담한 평온, 이 모두를 목격하는 여러 개의 눈 속에서 조직되는 이 인육식人肉食은 과거와 미래가 서로 응답하고 경청하는 시간의 초월론적 종합을 가능하게 한다. "확증해야 하는 근본적인 가치가 정체성이 아니라 교환인 집단"[18]의 시간은 '잘 먹기'로만 상상할 수 있었던 미래를 '함께 먹'[19]고, '먹고 먹히며' 오래도록 지

---

16 에두아르두 비베이루스 지 카스트루, 『인디오의 변덕스러운 혼—16세기 브라질에서 가톨릭과 식인의 만남』, 존재론의 자루 옮김, 포도밭출판사, 2022, 95쪽. 강조는 원문.

17 같은 책, 101쪽.

18 같은 책, 31쪽.

19 해러웨이는 데리다를 비판적으로 점검하며, 인간과 복수종이 얽혀 있는 세계가 희생구조만으로 파악될 수 없음을 이야기한다. 해러웨이는 동물을 향한 전례 없는 절멸주의가 시행되는 와중에도 "죽이기의 다양한 필요성과 노동 속에서 책임지며 살기를 배우는 것", 그리고 "그렇게 함으로써 무자비하게 역사

속되는 불완전한 시간으로 열어젖힌다. 타자의 매혹과 열광적인 환대, 변화와 충동을 감추지 않는 인디오의 짙은 모순과 변덕으로부터 사물과 관계하는 시간의 혜안을 구해볼 수 있을까. 만족할 줄 모르는 채굴의 일방성이 아니라 복수와 증오로 되돌아올 시간, 포로와 포획자 사이의 기이한 적의와 공모로 사회의 보존이 약속되는 시간, 공격과 의례가 되갚아야 할 미래를 알려주는 엄숙한 지속의 시간, 내 안으로 사물을 끌어들인 그 예정된 복수 속에서 불안이 열리고, 그 불안이야말로 공생의 본령이라는 사실을 알려주는 시간 말이다. 사물과의 공존이 열어젖힐 불안은 부글부글 넘치는 인간적인 욕망이 나 자신보다 더 많은 것들로 무너져내릴 수 있는 내파(implosion)의 기회를 준다. 자아를 구성하는 고고학적 흔적인 대상-카섹시스(object-cathexes)가 객체-카섹시스의 기록이 되고, 욕망의 대상 a가 정지된 사물이 아닌 객체의 변덕스러운 소여성을 가지게 된다면 라캉의 실재계는 언제나 절반의 진실만을 말해왔던 것이 된다.[20] 움직이는 것은 인간의 욕망뿐이었던 이 굳건한 팔루스의 구조 속에서 돌연변이처럼 만개할 모순덩어리의 객체가 오이디푸스를 무너뜨릴 핵으로서 이미 자리하고 있기 때문이다.

적이고 비목적론적인 복수종의 우발성에 대해 응답하는 능력을 찾으며 열림 속에 있"게 되는 것을 하나의 계율로 삼는다. 해러웨이가 채식주의, 비건주의를 페미니즘의 교의(feminist doxa)로 삼는 것에 동의하지 않는 것도 이러한 맥락이다. "먹는다는 것은 직/간접으로 죽이는 것을 의미하고 더 잘 죽이는 것은 더 잘 먹는 것과 마찬가지의 의무이다." 죽지 않고 먹는 방법이 없을 때, 다른 죽을 운명의 존재들과 함께 해야할 운명일 때 지상의 존재들에게 "무구와 초월 혹은 최종 평화"는 존재하지 않는다. 해러웨이에게 함께 얽히고 먹고 살고 죽이는 이 복수종의 세계는 희생구조라는 딜레마를 선회하는 차별적 관계성과 응답을 촉발시킨다. (도나 J. 해러웨이, 『종과 종이 만날 때 (복수종들의 정치)』, 최유미 옮김, 갈무리, 2022, 101-106쪽;352-371쪽 참조.)

20   객체와 정신분석학의 접합 지점에 대해서는 다음을 참고. 티머시 모턴, 같은 책, 16-17쪽; 티머시 모턴, 도미닉 보이어, 『저주체—인간되기에 관하여』, 안호성 옮김, 갈무리, 2024, 186-187쪽.

3. 막—말하는 흙, 듣는 살

땅을 파는 손에 걸리는 작은 나뭇가지와 지렁이, 정체 모를 비닐은 좀처럼 가늠할 수 없는 역사로 누적된 흙의 시간을 실감하게 한다. 물질을 몸 바깥으로 흘려보내고 배설하고 내뱉는 인간의 대사가 흙을 구성하고 또 그 경로 속에서 우리 몸을 구성하는 수분과 공기와 미생물이 탄생한다. 몸이 세계와 마주칠 때 발생하는 변화를 다루는 횡단-신체적인 물질 생태학은 이처럼 인간의 몸이 어디에서 끝나고 비인간 자연이 어디에서 시작하는지를 묻는다. 땅에서 자라난 토마토를 섭취하기 위해 한끼 식사로 만드는 소비주의적 시선이 아니라 안과 밖의 경계가 불분명한 관계적 물질성을 감각할 때, 몸의 계보학은 몸만이 아니라 몸을 가능하게 하는 물질성의 우연하고 복잡한 세계까지 확장된다.

정기현의 「농부의 피」[21]는 이처럼 흙과 살을 오가는 횡단적인 신체성뿐 아니라 지층이라는 얇은 막의 진실까지도 품은 작품이다. 회사원인 기진은 천생 농부로서 스스로의 삶을 실감하는 인물로, 남들은 지루하게 여기는 광활한 옥수수밭의 풍경을 매 순간 다르게 볼 수 있는 사람, 문구점에서 산 토마토 씨앗에서 알이 굵은 토마토를 수확할 줄 아는 사람, 대농인 할아버지의 피를 물려받아 동식물과 교감을 나눌 줄 아는 사람이다. 기진은 산책중 우연히 이불처럼 부드럽고 비옥한 땅을 발견한다. 흙을 손안에서 굴려보고, 냄새를 맡다가 끝내 입에 넣은 그는 감탄하며 기쁜 예감을 느낀다.

---

21 정기현, 「농부의 피」, 웹진 《LIM》.

찰기가 있는 초콜릿빛 흙은 입자가 고르고 인간의 치아로 씹기에도 무리가 없을 만큼 부드러웠다. 이런 흙에는 비트, 당근, 가지, 호박, 옥수수, 사과, 토마토, 참외…… 많은 작물들이 주렁주렁 열릴 수가 있었다. 양질의 토양이 기진의 입안에서 머물다가 식도를 거쳐 위장으로, 몸속으로 점점 더 깊이 진입하자 기진의 머릿속에는 그 땅에서 가능할 작물들이 폭발적으로 떠올랐다. 마치 흙의 머리로 생각하고, 흙의 입장에서 기대하기라도 하는 것처럼.

　기진은 곧 난생처음 이런 문장을 떠올렸다. 나에게는 농부의 피가 흐른다! 도시에서 나고 자라 운명을 마주할 기회가 좀처럼 없었지만 그래, 나에게는 농부의 피가 흐른다!

　땅을 마주한 기진은 흙과 위장, 토양과 몸이 감응하는 순간의 감각에 집중한다. 팔거나 먹을 수 있는 식재료나 값비싼 금맥(금 따는 콩밭!)을 찾는 방식으로 땅의 가치를 가늠하는 자본주의적 상상이 아니라 "흙의 머리로 생각하고, 흙의 입장에서 기대"하는 사고의 맞은 물질과의 마주침을 다른 방식으로 상상할 수 있게 한다. 여기에는 "흙으로 기른 과일을 체내화시키는 것이 아니라 그녀 자신의 살을 흙으로 확장"[22]시키는 생태학적인 관계의 정의가 존재하기 때문이다. '입안에서 식도를 거쳐 위장으로, 몸속으로 진입하는 흙'에서 텁텁한 맛과 꺼끌꺼끌한 감촉을 끌어내는 것이 아니라 '흙의 입장'을 발화하는 이 새로움은 비인간 물질을 단지 생동하는

22　스테이시 앨러이모, 『말, 살, 흙—페미니즘과 환경정의』, 윤준·김종갑 옮김, 그린비, 2018, 46쪽.

물질로 의인화하는 관습적 묘사를 넘어서는 절묘한 신중함을 보여준다. 흙과 땅에 대한 오랜 관찰만이 줄 수 있는 재현의 정직성이 물질에 섣불리 살을 붙이거나 언어를 쥐여주는 경솔함을 탈피하고 있기 때문이다. 여기에서 자연과 환경, 인간과 다른 생명체의 삶은 인간 신체의 구성요소로 흡수되거나 주체의 이해를 위해 도구화되는 것이 아니라 예측할 수 없이 넓은 욕망의 영역으로 들어선다.

인간의 머리로 흙의 욕망을 상상하는 불가해한 힘의 끝에는 얇은 막과 같은, 보호하고 가로막는 인지 불가능한 선이 있다. 기진은 땅의 욕망을 느낄 수 있지만, 그 감응의 한가운데 있는 것은 자신이 "농부의 피"를 가졌다는 확신뿐이다. 피처럼 흐르는 운명적 확신이 기진에게 불가해한 사건과 같이 다가온 것처럼, 알찬 작물을 척척 키워내는 비옥한 흙에도 여전히 인간이 이해할 수 없는 미지의 영역이 남겨져 있다. "나에게는 농부의 피가 흐른다!"라는 반복되는 문장에는 피와 살과 흙이 어우러진 성찰과 더불어, 생태적인 마주침의 끝에서도 결코 인간의 선을 초월하지 않으려는 겸손이 숨어 있다. 소설에서 흙과 혀와 위장은 피보다 진한 관계 맺음으로 지탱되지만, 땅은 인간처럼 말하지 않고 작물은 섣불리 얼굴을 들이밀지 않는다. 자연과 문화의 전통적인 분리를 지탱하면서 동시에 넘어서는 이 끈적끈적한 소설의 시선은 "자연이 끄적거리거나 살이 글을 읽는"[23] 비밀스러운 확장성을 의미심장한 차이의 역장 안에서 횡단적으로 기술하고 있다.

소설을 조금 더 읽어나가보자. 탐스럽게 열리는 작물을 근처 청과점

---

23 Vicki Kirby, *Telling Flesh: The Substance of the Corporeal*, Routledge, 1997, p. 127. 스테이시 앨러이모, 같은 책, 47쪽에서 재인용.

에 내다팔며 기진은 '과일의 천재'로서 자신의 삶을 자각한다. "과일의 천재요? 네 과일의 천재요. 과일의 천재라니. 그러게요, 과일의 천재라니." 한 무더기의 흙에서 물질의 성장을 예감하고, 회사 동료들에게 머리통보다 큰 수박을 선물하는 기진의 생산력은 가히 경이롭지만, 여기에는 어쩐지 가느다란 불안이 생략되어 있는 듯하다. 기진은 주인이 누구인지 모르는 땅, 즉 명백히 사유재산인 토지에 침입해 작물을 생산하고 있기 때문이다. 먹고살기 위해서가 아니라 "농부의 운명을 타고난 사람이 재배한 과일"의 탐스러움을 자랑하기 위해 밭일을 하는 기진이 땅의 주인의식에 집중해 있을 때 등장한 땅의 원주인과 그녀가 만들어내는 묘한 기류는 가히 인상적이다. 기진과 땅의 주인은 서로를 "이방인"이자 "손님"으로 바라보기 때문이다. 주인은 자신의 땅이 무단으로 사용되고 있다는 데 황당해하면서도 "자신의 땅에서 벌어지고 있는 오색찬란한 성장들"에 마음껏 화를 내지도 못한 채 감정의 혼란을 느낀다. 반면 기진은 자신이 경작한 압도적인 맛의 수박을 건네며 "세상의 논리를 허물고 땅 주인의 마땅한 권리와 잇속을 침묵하게" 하는 초월적인 시선으로 대응한다.

 흥미로운 것은 개인의 이익과 대농의 운명이라는 두 논리의 경합이 주인의 배려로 말끔히 마무리지어진다는 점이다. 주인의 배려란 기진의 농사일을 승인하는 것, 다만 이 주에 한 번씩 혼자 먹기에 적당한 양의 재배물을 요구하는 것이다. 물질에 집약된 "모든 인과와 개인의 이익"이라는 법은 땅과 들풀을 훑는 손에 흐르는 활기를 따분한 것으로 치부하는 상식적인 기준이 되어 기진의 지위를 단숨에 "중세시대 소작농"처럼 만들어버린다. 기진은 자신에게 그 협상에 저항할 지위와 능력이 없다는 것을 깨닫고 당황한다. 자신은 주인의 심경을 거스르려는 것도, 사유재산을 찬탈하려는 것도 아니었고 단지 땅심과 손의 운명에 충실했을 뿐인데 말이다. 여기에서 기진이 느끼는 당황스러움은 데리다가 말한 '불의의 감각'[24] 속으로 들어서게 된다. 기진은 이미 사유재산이라는 일방적인 역사로부터 소외된 논리에 깊숙이 진입해 있기 때문이다. 물론 소설은 기진의 농사를 무조건적으로 찬양하며 경제 논리를 부정하지도 않으며, 현실원칙을 벗어난 원시적 자연주의를 주창하지도 않는다. 회사원이기도 한 기진은 소박한 비현실성에 목숨을 거는 이상주의자가 아니며, 주인과 기진의 협상 또한 자연스러운 전개로 묘사되기 때문이다. 다만 흙의 마음과 손의 마음이 서로에 의해 헝클어지고 무너지고 변형되는 이 끈끈한 연결을 설득력 있게 전달할 수 없는 곤란은 그만큼 우리에게 채굴을 넘어선 언어가 턱없이 빈곤하다는 증거가 아닐까.[25] 통통하게 열린 그것을 땅에서 꺼내 먹고, 뭉친 흙을 부드럽게 만져 손가락 사이사이로 풀어내고, 벌레의 울음소리로 가득찬 땅에 거름을 주어 마침내 갈퀴처럼 변한 손이 온통 축축한 흙으로 뒤덮이는 기억은 과연 어떤 언어와 정의로 우리를 불의의 감각에 맞설 수 있게 할까. 시배·폭력·선생에 기조한 경쟁석 경제, 댐·광산·발전소·군 기지·동물원의 개발을 밀어붙이는 그 견고한 착취와 강탈의 원리에 말이다.

기진이 이 난처함 앞에서 읊조리는 "한가운데의 감각"은 바로 그 언

---

24   각주 13번 참조.

25   아이슬란드의 작가 안드리 스나이르 마그나손 또한 어느 때보다 격렬해야 할 환경 담론이 웅웅거리는 침묵으로 사그라드는 기이한 구조를 발견한다. 이 "집단 히스테리의 대립물" "일종의 집단 무감동"은 기후변화가 수억 명에게 미치는 영향을 조사한 보고서보다 집무실에 걸린 미술품에 대해 의견을 표하는 것을 더 쉽게 만든다. "우리 모두가 들이마시는 대기에 대해, 인류가 변화시키는 대기 조성에 대해 이야기하려면 어떤 단어를 동원해야 할까? 대양의 미래를, 해양 생물권을 우려할 때는 어떤 단어를 구사해야 할까? 지구의 허파로 손색이 없는 우림에 대해서는 어떤 단어를 써야 할까?" 마그나손의 질문은 지구와 연결된 심오한 경험이 우리의 상상력과 감각으로 직결되지 못하는 미개발의 지대를 상기시킨다. 안드리 스나이르 마그나손, 『시간과 물에 대하여』, 노승영 옮김, 북하우스, 2020, 72-73쪽 참조.

어적 한계와 지구적 생동 사이의 접면을 나타내는 듯하다. 어쩐지 억울하지만 대응할 수 없는 일, 보이지 않는 힘 때문에 눈물이 나는 일, 그럼에도 견디고 해야 하는 일 앞에서 기진이 떠올리는 한가운데의 감각은 종교인인 엄마가 전해준 지혜이다. 그리고 그 지혜는 초월적인 가르침이라기보다는 생활을 견디게 하는 세속적인 논리로 재정립된다. "한가운데의 감각은 기쁨 슬픔 당황스러움 놀라움 경악 한심하게 여김 긍휼히 여김 등 여타 다른 모든 감각들 위에 있었다. 모든 감각들 감정들 위에 있었기 때문에 한가운데의 감각은 다른 말로 설명될 수도 없었다. 기진은 밭 가운데서 한가운데의 감각을 되살려 중얼거렸다. 괜찮아…… 조금만 더 부지런해지면 되는 일…… 어찌되었든 나는 땅을 지켜냈다……" 물질적 착취와 소비주의 아래에서 상호 의존성을 개발하려는 노력이 자주 언어적 한계에 다다르며, 그 부침을 극복하려는 노력이—에코페미니즘의 '영성'과 같이—종종 초월적이고 주술적인 연결 관계에 의존해왔다는 사실로 미루어볼 때, "다른 모든 감각들 위에 있"으면서도 "다른 말로 설명될 수도 없"는 "한가운데의 감각"에 호소하는 기진의 사고는 가히 징후적이다. 물질적 전체성과 연결성을 고찰하려는 시도가 자주 신비주의적 원리로 이어진다는 사실을 내처 밀고 나가, 바로 그 원리를 세속적이고 내재적인 언어로 번역하는 현재 신유물론 담론의 흐름이 겹쳐 보이기 때문이다.[26] 사변적인 언어로 재탄생한 그 세심한 기술들의 진정성을 의심하긴 어렵지만,

---

[26] 애덤 S. 밀러는 객체지향 정치를 '객체지향 신학'으로 번역하는 작업을 통해 신과 은혜, 구원과 같은 신학적 교리를 행위자 기반의 응집과 관계로 풀어낸다. 나아가 티머시 모턴은 최근 기독교적이고 신비적인 영성을 보다 보편적이고 세속적인 차원의 관계망으로 교차시켜 그 안에서 생태 정치의 가능성을 역설하고 있다. 애덤 S. 밀러, 『사변적 은혜—브뤼노 라투르와 객체지향 신학』, 안호성 옮김, 갈무리, 2024; Timothy Morton, *Hell: In Search of a Christian Ecology*, Columbia University Press, 2024.

어쩐지 합리성의 요구와 언어적 임계라는 불안한 역장 앞에 내몰린 조바심이 초래한 거북한 필연처럼 보이는 것은 왜일까. 더 나아가 여성과 자연의 유비를 문제화하던 젠더화된 채굴주의의 긴장을 말끔히 덜어내고 이성적 논리에만 복무하려는 흐름은 근대의 그늘 안으로 회귀하려는 관성처럼 보이기까지 한다.

그러나 소설의 진실은 언제나 객관적인 언어가 더듬을 수 없는 빛을 비추며 너무 느리게, 혹은 너무 빠르게 우리를 앞지른다. 곤경 앞에서도 유연하게 주객을 뒤집으며 합리적 인과로 설명할 수 없는 시간을 마주하는 「농부의 피」의 결말처럼 말이다. 기진은 텃밭의 인삼 뿌리 밑에서 말끔히 정돈된 백골 한 구가 들어 있는 상자를 발견하고, 그 비밀을 감춘 채 직장 동료인 미소씨를 초대한다. 서사 전반에 걸쳐 기진과 명백히 의심스럽고 불안정한 관계를 유지하는 미소씨는 "기진이 다른 사람들과는 다르다는 것을 알아본 자"로서의 지위를 즐기고, 기진을 향한 시시하지만 맹렬한 관심으로 자신의 초월적 위치를 거듭 확인하는 인물이다. 미소씨를 초대한 날, 텃밭에는 뜻밖에도 땅주인이 와 있다. 이슥한 밤, 백골이 묻힌 땅을 밟은 세 사람 사이의 긴장은 강렬한 비밀의 시간 속으로 빠져든다.

기진이 랜턴을 몇 번이나 번갈아 비추었을까? 둘 가운데 서서 기진이 할 수 있는 것은 그런 것이었다. 미소 씨와 땅 주인을 번갈아 비추며 변하는 표정만으로 모든 것을 이해할 수 있을 것 같았다. 셋 중 그 누구도 먼저 입을 열지 못했다. 둘 가운데의 기진이 빛을 옮길 때마다 건너편 끝의 검은 차양과 그 아래 구덩이가 보였다. 그 둘이 백골과 관련되어 있다는 것을, 기진은 본능적으로 깨달았다. 농부의 피를 깨달았을 때의 직감보다 강렬하게.

그러니까 둘은 여기 텃밭에서 시체를 함께 묻고 우연히 나를 경유해서 만났다. 그뒤의 이야기는 기진으로서도 다 상상하기 어려울 만큼 무겁고도 깊었다. 운명의 계시가 고가 아래 작은 텃밭으로 번개처럼 내리꽂히고 있었고 그중 기진의 몫도 있었을까? 분명히 있었던 것 같았는데…… 나의 운명은 운명을 다한 것일까? 하지만 여기 이렇게 내가 일군 텃밭은 무엇이지……

경이로운 솜씨로 텃밭을 가꾸고 생명을 나누어 먹는 손, 시체를 묻고 떠나버린 손, 백골이 된 시체 위를 서성이는 손 사이를 유동하는 번쩍이는 랜턴의 빛은 깊이를 알 수 없는 지하의 시간을 조명한다. 이 작고 협소한 곳에서조차 땅은 비밀스럽게 인간을 살해하고 묻는 고어한 시간을 침묵으로 품는 동시에 알이 굵은 열매가 탐스럽게 결실을 맺을 시간을 견디어낼 만큼 깊고 묵직하다. 그리고 땅은, 한계를 알 수 없이 무섭게 비옥해진다. 폭력으로 지탱되는 인간의 역사와 환희로 가득찬 수확의 시간이 양자택일의 문제로 나뉠 수 없다는 것을 운명의 계시로 쏟아낼 만큼 말이다. 그 고독한 비밀 위에서 마침내 소설의 주인공은 바뀐다. 우직한 땅을 밟고 선 세 사람이 아니라 살아 숨쉬는 장기를 감싼 박막처럼 얇게 깔린 흙의 모순적인 시간으로 말이다. 화해와 충돌이 부글거리는 열광적인 시간, 먹고 먹히는 시간, 살기 어린 적의와 복수의 시간이 어지럽게 번쩍이는 빛 사이를 오갈 때 땅은 비로소 인과와 채굴의 일의적 시간을 벗어나 끈적끈적한 다공성의 우주로 우리를 초대한다. 내 살과 세계의 살이 겹친 이 얇은 박막의 생동은 가늠할 수 없이 깊은 뿌리를 벌거벗은 채로 보여준다. 약탈과 훼손의 패턴이 잊은 연결을, 소비에 중독된 몸이 저버린 당혹스러운 창발의 감각을 말이다.

4. 틈―끈적하고 다정한

더 깊숙한 곳, 더 깨끗한 곳, 더 비옥한 곳을 차례차례 고갈시켜온 채굴의 역사에는 사람의 손이 닿지 않았던 영역을 향한 근대적 개척정신이 있다. 지하와 해저, 극지방은 물론이고 우주마저 채굴의 대상으로 삼아 인류 앞에 무릎을 꿇리려는 불굴의 욕망은 테라포밍(terraforming)의 상상력으로 이어진다. 되돌릴 수 없는 지구환경을 버리고 새로운 터전을 마련하려는 시도는 새롭고 획기적인 희망으로 각광받지만, 정작 이 과정에서 동원되고 폐기될 물질의 심원한 시간은 충분히 고려되지 않고 있다. 계급·젠더·인종 차별과 신자유주의에 의한 환경·경제·정치적 불행 등 개발주의가 가져온 전 지구적 영향을 고려하지 않은 채 행성적 차원의 개발에 대한 유토피아적 상상력만 가동되고 있는 테라포밍의 욕망에는 무한한 우주로 뻗어나갈 만큼 한계가 없는 동시에 고어한 잔혹성을 품고 있는 채굴주의의 무서움이 존재한다.

그렇다면 우리는 지구 밖 행성을 바라보는 일을 중단해야 할까. 끝없이 자원을 추적하고 지구의 깊은 곳을 탐색하는 시도가 계속되는 현실에서 가혹한 욕망의 고리를 끊어내는 윤리의 실현이 결코 쉽지 않다는 것을 우리는 안다. 오히려 우리가 자주 느끼는 감정은 개인으로서의 무력감에 가깝다. 조시현의 「래빗 독스」[27]는 이처럼 테라포밍을 돌아보는 자기반성적 상상력을 바탕으로 지구의 복합적인 차별과 심원한 시간의 연결성을 함께 고려한다. 소설은 2차 철기시대를 맞아 폐허가 된 지구를 그린다. 버

27　조시현, 「래빗 독스」, 『비부패세계』, 청색종이, 2021. 앞으로 인용은 본문에 쪽수만 표기한다.

려진 텔레비전과 비디오, 노트북과 휴대폰 같은 전자기기가 손상 없이 시간을 버텨내 하나의 지질층을 이루며 마침내 땅을 회색으로 물들인 2차 철기시대는 유시 파리카가 '좀비 미디어zombie media'[28]라고 명명한 쓰레기 지층의 미래를 그대로 보여준다. 조시현의 소설에서 손쉽게 버려지고 제대로 썩지 않는 물질의 시간은 끈질기게 인간과 엮인다. 일정한 생활양식을 위해 만들고 사고 쓰고 버려야만 하는 물질적 풍요가 플라스틱처럼 썩지 않는 인간 좀비라는 재난으로 되돌아오고, 좀비 미디어가 마침내 인간의 터전을 잃게 만드는 '비부패 세계'는 "눈앞에서 치운다고 해결될 거란 순진한 믿음"[29]을 끝없이 걷어내어 지금 우리가 발 디딘 현실과의 연결성을 담보한다. "너무 진부해서 하품조차 나오지 않을 정도로"[30] 현실적인 이 SF적 상상력에는 '저 너머'란 관념을 토대로 섣불리 현실을 환상으로 재조정하지 않으려는 신중함이 있다.

「래빗 독스」에서 인간은 새로운 공간을 찾기 위해 지구를 떠나 우주선에서 살아가고 있다. 우주선은 계급에 따라 A구역과 B구역으로 나뉘어 있으며, 가난 혐오와 인종차별 같은 문제도 여전하다. 고등학생인 '나'가 수학경시대회의 부상으로 지구 견학 티켓을 손에 쥐었을 때 "아시안의 피가 흐르고 있기 때문"(44쪽)이라는 수군거림을 마주한 것처럼 말이다. 이

---

28 미디어 고고학이라는 접근법을 통해 물질과 시간의 의미를 이야기하는 유시 파리카는 오늘날 매우 가속화된 속도로 발전하고 끝없이 새로움을 생산하는 디지털 문명이 지속적인 채굴로 환경을 고갈시키며, 계획적 구식화(planned obsolescence)를 통해 제품의 소비 기한을 자의적으로 단축시킨다는 사실을 역설한다. 여기에서 좀비 미디어(zombie media)는 죽은 물질이자 미디어 문명의 소산이지만, 사라지거나 썩지 않고 끈질기게 살아남아 현실에 침투한다. Jussi Parikka, *A Geology of Media*, University Of Minnesota Press, 2015, pp. 141-144.
29 조시현, 「비부패세계」, 『비부패세계』, 17쪽.
30 같은 책, 21쪽.

와 같은 시선은 같은 아시아인이자 B구역 출신인 '시노'에게 더욱 교묘하고 시혜적으로 작용한다. "저 땅에서 시작된 차별이 무관한 그녀의 삶을 내내 옭아매고 있"다는 사실, 그러니까 인간은 "점점 더 교묘하고 세련된 방식으로 같은 일을 저지르고 후회하고 반성"(47쪽)한다는 사실은 지구를 떠나 우주선에 탑승한 세대에게도 문신처럼 작용하고 있는 것이다. 그런 '나'와 시노가 지구에 도달한 순간 느끼는 감정은 의미심장하다.

하지만 지구에 처음 발을 내디뎠을 때의 그 느낌. 그 끈적끈적한 느낌을 뭐라고 불러야 좋을까? 그 행성은 우리를 잡아당기고 있었다. 마치 늪처럼. 다시는 헤어날 수 없을 것 같은 어둡고 깊은 감각이었다. 시노는 나중에 그걸 따뜻하다고 표현했다. 그렇게 다정하게 끌어안아주는 느낌은 처음이었어. 어쨌든 나는 몸을 똑바로 일으키기 위해 애썼다. 놓아주지 않겠다는 듯 붙드는 힘. 귀속시키고 무릎 꿇리려는 힘. 누군가는 이곳을 두고 마더랜드라고 불렀다. 나는 일종의 역겨움을 느꼈고, 이내 토했다.(47~48쪽)

난생처음 경험한 중력의 감각은 '나'에게 끈적끈적하고 역겨운 느낌을, 시노에게는 다정하게 끌어안는 따뜻한 느낌을 동시에 전해준다. 이 감각의 틈으로부터 소설은 '마더랜드'인 지구를 향한 양가감정에 다가선다. 나약하지만 믿을 수 없이 강인한 마음을 주는 곳, 종말 속에서도 빛을 보게 하는 곳, 지키면서도 떠나고 싶게 만드는 곳. 이 양가적인 감정으로부터 테라포밍과 에코포이에시스(ecopoiesis)[31]의 실천이라는 대척적인 정치

---

31   에코포이에시스는 생물리학자 로버트 헤인스가 고안한 신조어로, 그리스어로 '거처'를 뜻하는 '오이코스'와 '제작'을 뜻하는 '포이에시스'를 합친 것이다. 최석현은 '외계'에 대한 벡터를 가이아 지구로

가 함께 분기한다. 중요한 것은 둘 중 하나가 가능하리라는 선택의 개념적인 실마리가 아니라, 두 정치를 향해 동시적으로 뻗어 있는 모순적인 집념을 파악해보는 것이다.

'래빗 독스'는 바로 이러한 양가적이고 부조리한 감정의 진실을 보여주는 은유이다. 대학생들이 만든 조악한 게임인 래빗 독스는 '나'가 지구에서 발견한 2차 철기시대의 유물로, "이렇다 할 스토리 없이 우주를 유영하며 운석과 우주 쓰레기와 외계인의 공격을 피해 엔딩 지점에 닿으면 클리어가 되는 단순한 게임"(50쪽)이다. 달, 화성, 목성, 토성, 천왕성, 해왕성을 따라 레벨업하며 난도가 높아지는 게임은 지구를 건너뛰어 인간에게 호의적인 환경을 조성하려는 테라포밍과 우주적 채굴주의의 욕망을 겨냥한다. 그러나 오랜 시간을 들여 마침내 해왕성에 도달했을 때, 게임은 돌연 "깜찍한 소리와 함께 온갖 빛으로 빛나"(51쪽)는 화면으로 바뀌며 루프를 탄 것처럼 지구로 돌아온다. 게임은 마치 블랙코미디처럼 환경 개선이라는 명목으로 개발주의에 사로잡힌 테라포밍의 포식적 욕망을 패러디하는 동시에, 이 욕망의 끝에 어른거리는 무겁고 끈적한 귀속의 충동을 상기시킨다. 여기에서 단선적이고 일관적인 방식으로 지지될 수 없는 모호한 욕망으로서의 채굴주의의 성격이 드러난다. 테라포밍과 에코포이에시스는 냉소주의와 절망, 종말론과 구원론 사이의 매끄럽고 뚜렷한 선택이 아니라 세계-만들기에 얽힌 접촉 지대로서 두텁게 중첩되고 교차한다. 이탈과 귀속이라는 두 개의 벡터가 뒤얽혀 서로를 형성하는 이 팽팽한 매듭 속

돌려놓는 에코포이에시스의 개념이 테라포밍에 비해 덜 인간중심주의적이면서도 더 객체지향적인 실천을 긍정하며, 미래지향적 근대주의에서 벗어난 국소적 실천을 가능하게 한다고 이야기한다. 최석현, 「인류세, 가이아, 에코포이에시스—신기후체제의 시공간과 객체지향 정치」, 《다시 개벽》 2021년 여름호, 32-34쪽 참조.

에서, 소설은 말끔한 해답을 구하려는 인간의 숨가쁜 최선이 "뭔가를 빚진 기분"과 "알려지지 않은 이야기"(70쪽)를 생산해 성가시고 질척거리는 중력으로 작용한다는 사실을 놀랍도록 단호하게 발화한다.

이와 같은 복합성과 양가성 속에서 토끼와 강아지가 혼종적으로 결합된 래빗 독스 게임의 캐릭터는 적절하고도 흥미롭게 다가온다. "보기에 따라 토끼 같기도 하고 강아지 같기도 한" 모양새, "헤엄치는 듯도, 달려가는 듯도"(69쪽) 한 움직임을 가진 이 우스꽝스러운 캐릭터는 지구 밖으로 나가려는 인간의 욕망이 지닌 진득진득한 혼종성을 그대로 보여주기 때문이다. 이처럼 교차하는 불안, 불가사의한 감정의 틈에는 우리가 당연하게 생각하던 모든 것을 의아하게 바라보도록 부추기는 낯설고도 친밀한 힘이 숨어 있다.

> 그리고 나는 지금, 더 먼 우주를 향해 가고 있다. 먼 옛날 인간들이 상상할 수 있는 가장 먼 곳이었던 게임을 가지고. 나의 미션은 하나. 우리가 살 수 있는 새로운 공간을 찾아내는 것이나. 오래선부터 바라던 일이었는데 어째서 쫓겨나는 기분이 드는 건지는 알 수 없다. 책임이라는 말은 너무 무겁고 그저, 내가 할 수 있는 일을 해야 했다. 모든 게 너무 당연해지기 전에. 뭐라도 다시 시작할 수 있게. 그냥 사라지지는 않게. 그게 정말 최선이지는 않게. 뭐라도, 이어질 수 있게. 지구가 망해가는 순간에도 게임이나 만들고 있었을 사람들의 한심한 얼굴과, 생각해낼 수 있었던 최선의 외계인의 모습을 떠올린다. 고작해야 토끼와 강아지.(78~79쪽)

"이런 거나 만드니까 그런 최후를 맞이하게 되는 거라고 생각하게 만드는 게임"(78쪽), 망해버린 지구의 유물이지만 끝내 버릴 수 없는 이 한심한 게임은 더 먼 우주를 향해 가는 '나'의 마음에 중력이라는 연결성을 부여한다. 광속으로 갈라진 틈, 창백한 우주를 유영하는 우주선과 지구 사이의 심원한 거리를 마침내 끌어안는 힘에 의해 마치 불가피한 운명처럼 벌어졌던 간극은 공생이라는 기이한 응답의 능력으로 되돌아온다. 끈적하고 질척이는 동시에 따뜻하고 다정한 중력, 그 "멀미를 일으키는 힘"은 '나'가 "지구와의 중력을 이어지게 하기 위해 지구 반대편으로 날아가고 있"[32]다는 실감을 전해주기 때문이다. 이 실감으로 인해 지구로부터 빛의 속도로 멀어지는 우주선의 시간은 지구와 끈끈하게 이어진 시간으로 되돌아온다. 최선을 다해 해답을 구할 수 있다는 믿음이 아니라, 바로 그 최선과 현재 사이에서 우리가 휩말려 있는 불안과 불완전함의 매듭을 구하는 것. 이 예기치 않은 협력이 우리를 수시로 엎어뜨리고 주저앉히는 중력이 전해줄 수 있는 변함없는 규칙일 것이다. 멸망과 낙원, 도피와 희망 사이에 벌어진 거리 속에서 "뭐라도, 이어질 수 있게" 그 틈을 잡아끄는 움직임은 "뭐라도 다시 시작할 수 있게" 만드는 빛을 가져올 수 있을지도 모른다.

5. 오염, 공생, 바이러스의 모든 것

물질을 고갈시키는 가속화된 시간을 벗어나는 상상력은 우리가 알 수 없는 힘과 모순된 시간 속에 휩말려 있다는 불쾌함으로부터 나올지도 모

---

32   이성혁, 「종말 이후에도 사라지지 않는 것」, 『비부패세계』 해설, 92쪽.

른다. 이 감염의 감각은 일방적으로 당하는 것이거나 남에게 시키는 것이 아닌 동태적인 동사로 쓰일 때 우리가 서로에게 언제나-이미 이어져 있다는 본질을 드러낸다. 때로는 '잔혹'하고 때로는 '교활'하게 여겨지는 바이러스 같은 비인간 사물은 독단적으로 인간을 침공하는 것이 아니라 능동과 피동으로 이분화될 수 없는 구조 속에서 "행하면서 당하는" 형태로 인간을 말려들게 만든다.[33] 포스트코로나 시대에 등장한 탁월한 팬데믹 후일담인 『247의 모든 것』[34]이 적절히 예증하듯, 감염인을 인공위성에 가두어 머나먼 우주 밖으로 밀어내는 운동성에는 언제나-이미 불온한 적을 선별하려는 혐오와 배제의 이분법이 내포되어 있다. 그러나 먹거나 먹히는 지배의 세계가 아니라 먹고 먹히는 식인의 세계, 복수의 요소들로 공유된 세계, 선형적인 시간 좌표를 무너뜨리는 수천 개의 작은 미래의 세계는 격식 없이 흩어지고 뭉개진 혼종의 역사를 긍정한다. 그리고 그 시간은 "단순한 쓰레깃더미보다 더욱 미묘한 오염의 스타일"[35]로 세계를 상상할 때, 다시 말해 허황된 유토피아나 종말론이 아니라 미래 시제를 작동시키는 사물들의 번틱스러움과 모순을 감각할 때 더욱 선명해질 것이나. 객체들의 진창이 휘말릴 미래는 미약하고 불확실하지만, 문학은 바로 그 처참한 광경 속에서도 우리가 갈급하게 몰두할 각도를 재어 보여준다. 기어다니고, 긁고, 냄새 맡으며 비로소 가능해진 땅에 밀착된 상상처럼, 중력 속에서 버둥거리는 몸짓이 힘겹게 그러모은 멀미 나는 양가성의 힘처럼 말이다.

---

33   서보경, 『휘말린 날들—HIV, 감염 그리고 질병과 함께 미래 짓기』, 반비, 2023, 339-349쪽 참조.
34   김희선, 『247의 모든 것』, 은행나무, 2024.
35   유시 파리카, 「수천 개의 작은 미래들」, 김남시 외, 『평행한 세계들을 껴안기—수천 개의 작은 미래들로 본 예술의 조건』, 현실문화A, 2018, 31쪽.

최선교

후보작

갱신하는 말, 다시 쓰는 미래
— 세월호참사 10주년과 새로운 시적 시도들

최선교

2022년 동아일보 신춘문예를 통해 비평을 발표하기 시작했음.

갱신하는 말, 다시 쓰는 미래
— 세월호참사 10주년과 새로운 시적 시도들

1. 세월호참사 10주년을 앞두고

2014년 4월 16일, 304명의 목숨을 앗아간 참사가 일어난 후로 10년이 흘렀다. 슬픔을 돌보기에도 부족한 시간이지만 여전히 해결되지 않은 이야기가 남아 있다는 사실이 새삼 가혹하다. 참사의 진상규명 자체가 쟁점이 된 이후로 현재까지도 정확한 침몰 원인과 해경 및 청와대 등 주요 기관이 권한 내 조치를 취하지 않은 이유가 밝혀지지 않았다.[1] 세월호 피

---

[1] 세월호참사의 원인 분석은 선체 자체의 결함을 분석하는 '과학적 과정'과 참사 당일 주요 기관들이 자원과 인력을 효과적으로 동원하지 못한 구조적 원인을 밝히는 '사회적 과정'을 동반한다. 전자의 경우는 해운 안전기준을 확립하기 위한 노력의 일환으로 볼 수도 있으나 침몰 원인의 과학적 규명이 세월호참사 진상규명에서 지니는 구체적 의미를 확보할 필요가 있다. 후자의 경우는 참사 당일 주요 기관들의 권한이나 행동 근거규정이 부재하지 않았다는 점에서 단순히 제도적 공백을 원인으로 볼 수 없으며, 개인의 무능이나 조직의 습성이라는 요소까지도 고려해야 한다는 어려움을 안고 있다. 사회적참사 특별조사위원회 『4·16세월호참사 종합보고서 분석 TF 자료집』, 4·16연대, 2023 참조.

해자들이 겪은 혐오나 재발방지 대책의 부재는 이후 한국사회에서 발생한 사회적 재난으로 대물림되었다. 세월호는 한국에서 사회적 참사가 발생할 때마다 호출되어 모욕을 당하며,[2] 윤석열 대통령은 지난 1월 30일 '10.29 이태원참사 피해자 권리보장과 진상규명 및 재발방지를 위한 특별법'을 끝내 거부했다.

재난의 반복, 무능한 국가, 혐오의 대물림을 지켜보는 일은 "여기에서 나와 내 가족과 친구들의 삶을 지속할 수 있을 것인가?"[3]라는 질문을 동반한다. 참사 직후, 문학에 적을 두고 세월호를 생각하는 일 역시 사건을 재현해야 하는 자의 무력감이나 재현 수단인 언어의 근본적인 불안정성을 상기시켰다. 그러나 앞의 질문에 숨겨진 '어떻게'라는 말은 세월호를 기억하려는 다양한 문학적 방식들의 탐색으로 이어지기도 했다. 이 과정에서 추모시집이나 낭독회 등의 형식을 갖춘 공동의 예술활동이 주로 이루어졌다. 양경언은 '304낭독회'를 예시로 들어 '이후'의 말을 구상하는 과정에서 "누군가와는 함께해야 한다는 요청이 작가들의 공동 행동을 부추겼"[4]으며, 과거부터 "공동체성의 환기를 위한 장(場)으로 자주 활용"[5]되었던 낭독회는 행위자와 관람자가 한 공간에 있음으로써 '낭독의 수행성'이 완성되는 자리이므로 역으로 현장에 '없는 사람'을 부각하는 효과를 발생시킨다고 보았다. 한편 시인들은 공동 추모 시나 단원고 아이들의 목소리

---

2 한 국회의원은 10·29 이태원참사 이후 출범한 유가족협의회가 "세월호와 같은 길을 가서는 안 된다"고 말했다. 「권성동 "이태원, 세월호와 같은 길 안 돼"…"유족 왜 욕보이냐" 반발」 한겨레 2022.12.11.
3 하재연, 『내게 와 어두워진 빛들에게』, 문학과지성사, 2023, 105쪽.
4 양경언, 「눈먼 자들의 귀 열기」, 《창작과비평》 2015년 봄호, 280쪽.
5 같은 글, 281쪽.

를 받아 쓴 '생일시'를 묶어 발표했으며,[6] 4·16 기억저장소의 구술증언팀은 2015년 6월부터 4년에 걸쳐 세월호참사 피해자들에 대한 구술증언사업을 진행했다. 생일시나 구술기록은 '시적 주체가 누구인가'라는 질문을 불식시키는 '받아 쓰기' 형식의 글쓰기로 "과거와 현재를 관통하며 그들의 목소리를 들을 수 있는 통로"가 되었다.[7] 당사자의 목소리를 부각한 말하기 이외에도 르뽀나 논픽션이 "사실의 압도적인 힘에 의지해 사건을 기록"[8]하는 대안적 형식으로 등장하기도 했다. 재현 형식의 실험들은 참사 이후 문학의 언어가 응고되지 않는다는 믿음 아래에 이루어졌다. 이 글에서는 여전히 그 믿음이 유효하다는 전제하에 지금의 자리에서 세월호참사라는 정황을 직설적으로 다루지 않으면서 당사자성이나 재현 불가능한 것의 재현이라는 무능감, 애도할 수 없는 슬픔 등을 '품은 채로' 그것을 초과하려는 새로운 시적 시도를 살펴보려고 한다.

2. 다시 쓰기의 역사: 주민현 『멀리 가는 느낌이 좋아』

주민현의 두번째 시집 『멀리 가는 느낌이 좋아』(창비 2023)에는 동시대를 살아가며 숨 쉬듯 들이마시게 되는 온갖 재난상황이 배면에 짙게 깔려 있다. 첫 시집 『킬트, 그리고 킬트』(문학동네 2020)에서 가부장적 이데올

---

6 곽수인 외, 『엄마. 나야』, 난다, 2015.
7 장은영, 「기록, 증언, 정동의 글쓰기: 세월호 이후의 문학」, 『슬픔의 연대와 비평의 몫』, 푸른사상 2020, 81쪽.
8 김형중 「문학과 증언: 세월호 이후의 한국 문학」, 『후르비네크의 혀』, 문학과지성사, 2016, 116쪽.

로기 아래 파열하던 여성 주체의 목소리가 한층 보편적이고 확장된 말하기로 한걸음 더 나아간다. 두번째 시집이 탄생한 자리는 산업재해, 구조조정, 젠더폭력 등의 원리가 만연한 현실이며, 다수의 시편에서 구체적으로 언급되는 재난(가습기살균제 사망 사건, 신당역 살인사건, 평택 SPL 제빵공장 사망사고, 우끄라이나전쟁 등)을 확인할 수 있다. "시인이 보여주는 것은 예외적인 것으로 보도되는 사건 자체가 아니라 우리의 일상에 스미고 새겨진 항상적 재난의 이야기들"[9]이라는 설명처럼, 재난은 개별적으로 두드러지는 사건이기도 하지만 언제나 동시대를 에워싼 강력한 전제이다. 이때 주민현의 시집은 이중의 부담을 안게 된다. 가령 「기억하는 빛」에는 이런 문장이 등장한다. "많은 사람들이 떠나면 언제부터 괜찮아지나". 이 짧은 문장은 항상적 재난을 전제로 한 시세계의 까다로움을 담고 있다. '떠났다'라는 말이 암시하는 암울한 전제와 '괜찮아지다'라는 말에 내재한 회복의 의지 사이에서 균형을 섬세하게 조절해야 하기 때문이다. 치유나 재생으로의 방향전환을 시대적 당위로 발화하는 듯한 뉘앙스는 자칫 시집의 미학적 형식과 메시지를 단순하게 만들기 쉽다. 그런 점에서 동시대적 재난을 전제로 깔고 시작하는 이 시집의 말하기는 재난의 슬픔을 품은—넘어서는 것이 아닌—채로 당위성을 배제한 회복에 주목해야 하는 부담을 안게 되는데, 주민현은 다음과 같은 장면에 주목한다.

이사 온 집에서 내려다보이는
어깨가 동그란 사람들

---

9 오연경 해설, 「'나'의 시대, 그리고 멀리 가는 이야기」, 『멀리 가는 느낌이 좋아』, 170쪽.

브뤼헐의 그림 같은 풍경 속으로

서른다섯 마흔일곱 예순의 여자들이 걸어간다
흙 대파를 사느냐 깐 대파를 사느냐

물질과 생활을 토론하면서

작고 작아져 점으로 찍힐 때까지
바라보는 여자들의 사랑과 미래

　　　　　—「다 먹은 옥수수와 말랑말랑한 마음 같은 것」 부분

　화자의 시선이 닿는 거리에서 여자들이 걸어가며 나누는 대화 소리가 들린다. 그녀들은 "흙 대파를 사느냐 깐 대파를 사느냐"고 하는 지극히 일상적인 대화를 나눈다. 그리고 점점 화자의 시야에서 멀어지면서 "여자들의 사랑과 미래"는 점처럼 작게 찍힌다. 이 대목에서는 '사랑과 미래'라는 말이 어떻게, 얼마만큼의 크기로 그려지는지보다, 무슨 이야기를 하는지 들을 수 있을 만큼 가까이 있던 여자들이 멀어져 점처럼 작아질 때까지 줄곧 응시하는 화자의 시선을 눈여겨보게 된다. 끊어지지 않는 시선은 '흙 대파와 깐 대파'라는 일상적 대화와 '사랑과 미래'라는 추상 사이를 서서히 짙어지는(혹은 옅어지는) 스펙트럼의 형태로 연결한다. 시의 중반부에 이르러 AI와 친구가 되는 법을 묻는 대목에서도 추상적 관념을 실체가 있는 경험과 물질에 잇대려는 시도가 엿보인다. 화자는 "무릎을 꿇고 심장도 내어놓고/이윽고 우정을 말하고 사랑을 말하"는 "그런 것이 인간이라고/말하고 싶"지만 바로 이어서 등장하는 행위는 이런 것이다. "밥 먹고 화장실 가고 춤추고 잠자고". 사랑과 우정을 경험할 수 있는 것이 인간의 특징이라면, "밥 먹고 화장실 가고 춤추고 잠자"는 것은 그것을 가능하게 하는 조건이다. 비슷한 맥락에서 지극히 현실에 밀착한 '흙 대파와 깐 대파'라는 소재는 '밥을 먹는다(혹은 먹인다)'는 행위를 의도하고 실현하는 출발점으로써 '사랑과 미래'를 가능하게 만드는 조건으로 읽힌다.

'흙 대파와 깐 대파'에서 '사랑과 미래'로의 연결은 가까이 있던 여자들이 서서히 멀어지는 동안 이루어졌으므로 현재에서 미래로의 진행과도 무관하지 않다. 주민현의 시집에서 미래는 끊기지 않는 시선을 유지하는 방식으로 그려진다. 시의 말미에 이르러서 "미래는 아직 심어본 적 없는 문장/꿈꾸어본 적 없는 장면"이라고 설명되지만, 이러한 서술은 비관이나 낙관의 자세로 미래를 열어두는 것이 아니라 현재의 삶에 현시된 미래를 믿는 태도를 반영한다. 현재에 현시된 미래를 믿는다면, 실제로 보거나 경험하지 않은 사건/현상을 다루는 '상상'은 현재를 대상으로도 유효해진다. 다시 말해 시인은 '아직 오지 않은 것'뿐만 아니라, '이미 있는 것'을 바라보고 상상함으로써 다가올 미래를 현재의 자리에 최대한 가깝게 붙여놓는다. 그에게 '흙 대파와 깐 대파'에 관해 이야기하는 여자들을 응시하는 행위는 미래를 상상하는 행위와 다르지 않다. 따라서 우리는 미래를 "늘 그려보았다는 듯이/너무 많이 상상해와서 꼭 맞는 옷처럼" 만나게 되는 것이다.

10년이 지난 시점에 진상규명의 미완을 지적하는 것은 과거의 진실을 밝히려는 일이자 미래를 어떻게 살아나갈지 묻는 일이다. 이때 과거의 진실과 안전한 미래는 무엇이 무엇을 위해 필요하다는 식의 선후관계를 넘어 동시적 관계가 된다. 미래는 언제나 과거와 연결된 현재에 현시된 것이기 때문이다. 과거로부터 이어져온 무능력과 혐오가 현재와 미래를 꼼짝없이 속박하는 하나의 서사처럼 느껴질 때, 우리에게는 반드시 '다시 쓰는 방법'이 필요해진다. 이 과정에서 과거와 현재를 잇대기 위한 고통스럽지만 존엄한 싸움은 다음과 같은 시에서 한편의 환상적인 이미지로 구현된다.

우리 뒤로 지나온 길이 다 지워지고

표지판도 사람도 모양만 남아서
보기에 좋구나

우리는 발이 푹푹 빠지기를 좋아하고
처음 보는 방향으로 펼쳐지는 이야기를 따라

멀리 가는 느낌이 좋아
스키를 타고 점프

(…)

우리는 스스로의 갈비뼈를 부러뜨리며 탄생해
점점 더 커지고 있지

그레텔과 그레텔
큰 눈이 올 거야, 그래서 세상을 덮을 거야
마녀가 말하지

눈은 계속 새로운 풍경을 만들고
내리는 게 아니라 올라가는 눈을 본다

(…)

이브와 릴리트
그 사이 어딘가를 통과해 걸어가면서
우리는 흰 실로 새 이야기를 직조한다

텅 빈 자국을 따라 걸어도 이야기가 되는
그것은 퍽 서로의 분위기를 닮은

—「그레텔과 그레텔」 부분

『헨젤과 그레텔』을 모티프로 한 이 시는 이미 결정된 서사의 진행에서 이탈하는 "다시 쓰기의 역사"를 눈 내리는 풍경 속에서 그려낸다. 현재와 미래를 속박하는 과거는 말끔히 폐기되어야 마땅하다고 생각하기 쉽지만, 이 시에서 "우리 뒤로 지나온 길"은 좀더 섬세하게 사유된다. '우리'가 지나온 길은 눈이 쌓여 지워졌지만 "표지판도 사람도 모양만 남아" 있다. 하얗게 덮인 길은 무언가를 지웠지만, 표지판과 사람의 모양만큼은 남아 있다는 점에서 완전히 지워지지 않았다. 지나온 길에 존재했을 것들 위로 눈이 쌓이면서 마치 올록볼록한 모양의 하얀 종이가 만들어진 것 같다. 이 텅 빈 하얀 종이는 주민현의 시집에서 "다시 쓰기의 역사"가 탄생하는 장소이다. 이곳에서 '우리'는 '헨젤과 그레텔' 서사를 만든 "가난한 시절/아이들을 버리던 풍습"이라는 맥락에서 벗어나 스스로 마녀를 향해 걸어간다. 기존 서사에서 악녀로 소비되던 마녀는 오히려 "큰 눈이 올 거야, 그래서 세상을 덮을 거야"라고 말하며 "새로운 풍경"을 예고하는 역할을 맡는다. 이 새로운 풍경에서 "우리는 스스로의 갈비뼈를 부러트리며 탄생해/점점 더 커지"면서 "이브를/아담의 갈비뼈로 만들었다고" 하는 "성경"의 맥락으로부터도 벗어난다. "풍습"과 "성경"이 과거로부터 계승된 의미라고 할 때, 다시 쓰기의 과정을 밟는 이야기는 과거의 맥락에 귀속되지 않고 계승된 의미를 '초과'하는 이미지를 만든다. '우리'가 "점점 더 커지"는 과정은 일방적으로 규정되고 상속된 여성의 이미지에서 벗어나려는 시도이지만, 이때 기존의 여성(마녀, 이브, 릴리트)들은 여전히 호명되며 그녀들의 발자국("텅 빈 자국") 역시 남겨진다. 초과란 원래의 양에 추가분이 더해져야 가능한 상태이기 때문이다. "이브와 릴리트/그 사이 어딘가를 통과해 걸어가면서 (…) 흰 실로 새 이야기를 직조"하기 위해서는 '그 사이'라는 공간을 만드는 '이브'와 '릴리트'의 존재가 기억될 필요가 있다. 이는 남성중심적 맥락에 귀속되었던 여성 주체들의 목소리를 기억하고 그들의 존재를 부정하지 않으면서 그 자리에서 새로운 이야기를 직조하려는 진정한 다시 쓰기의 과정이다.

일본의 사진가 카와우찌 린꼬는 동일본대지진과 쓰나미로 파괴된 지역을 촬영한 사진을 모아 사진집 『빛과 그림자』를 펴내며 다음과 같이 말했다. "파멸 뒤에는 창조해 나갈 수밖에 없다고 생각하니, 이 풍경도 모든 것의 시작처럼 생각되었습니다."[10] 모든 것이 파괴된 장소가 창조의 시작점이 되기 위해서는 항상적 재난이라는 지금까지의 전제를 '0'으로 만드는 대신, 그 장소에서 발생한 일의 흔적을 남기고 기억할 수밖에 없다. "표지판도 사람도 모양만 남"은 풍경처럼 말이다. 현재와 미래를 다시 쓰기 위한 노력은 과거의 흔적이 올록볼록 남은 하얀 종이 위에서 가능하다. 그럴 때 비로소 과거의 불행이 현재와 미래로 은폐된 채 대물림되지 않을 수 있고, 현재와 미래는 과거를 품은 상태로 다시 쓰일 수 있다. 그러니 '잊지 않겠다'라는 다짐은 슬프고 불행한 과거에 매여 있겠다는 뜻이 아니며, '현재를 살아내고 미래로 나아가겠다'라는 선언으로 읽혀야 한다.

3. 말들이 스스로 움직이기 시작할 때 : 변윤제 『저는 내년에도 사랑스러울 예정입니다』

주민현의 시집이 항상적 재난을 전제한 자리에서 미래를 진정으로 다시 쓴다는 것이 무엇인지 말한다면 변윤제의 첫 시집 『저는 내년에도 사랑스러울 예정입니다』(문학동네 2023)는 단일한 맥락에 예속된 말과 이미지가 풀려 나는 과정에 주목한다. 특히 「가만히 있을 수 없는 가만히 동호회」라는 시는 진정한 다시 쓰기의 구체적 방법을 제시한다. 그 방법이 언어를 권력에 저항하는 수단으로 치환하는 것이라는 점에서 세월호참사와

---

10 시노하라 마사타케, 『인류세의 철학』, 조성환 외 옮김, 모시는사람들, 2022, 64쪽에서 재인용.

연결된 최근의 시적 발화 중에서 유독 눈에 띈다. 변윤제는 권력에 균열을 내는 방법으로 '말'을 선택한다. 권력에 대한 저항을 선언적으로 표출하지 않고 '가만히'라는 단어가 예속된 상태에서 탈출하는 과정을 형상화함으로써 새로운 시적 말하기의 한가지 사례를 제시한다.

가만히에게 편지를 씁니다.
가만히야.
나는 한 번도 너 같은 종류의 가만히는 원한 적 없어. 나 혼자만으로 충분한 가만히 동호회.

(…)

코끼리가 없는 코끼리 유치원이나 마찬가지예요.
코끼리가 들어오는 순간 알게 되는 거죠.
우리가 무엇을 동경했는지.
육중한 네 다리와.
유치원을 기둥째 뿌리 뽑는 압도적인 코.
우리 귀여움이 바라왔던 파괴적이고 절대적인 힘.

그대여.
가만히 멈추라고요?
가만히야.
나는 나의 가만히를 끌어안습니다.

가만히의 기다란 코가 내 목을 살며시 조릅니다.

아, 가만히.

그리하여 우리는 가만히 있을 수가 없는 가만히 동호회

—「가만히 있을 수 없는 가만히 동호회」부분

세월호참사 당일 선내에 방송되었던 '가만히 있으라'는 말은 국민을 보호할 의무가 있는 주체들의 직무유기와 무능해서 악하기까지 한 행정편의주의로부터 태어났으며, 국민의 생명과 안전을 보장해야 하는 국가와 시스템이 붕괴하였음을 증명한 문장이다. 이 시는 바로 그 문장에서 시작한다. 그러나 울분이나 좌절 혹은 작위적인 풍자의 뉘앙스조차 좀처럼 드러내지 않고 '가만히'라는 말을 지독하게 반복한다. 심지어 유머가 가미된 문체로 '가만히'라는 말을 되풀이하고 변주함으로써 '가만히'의 의미를 자동반사적으로 연결되는 부정성의 맥락으로부터 자유롭게 만들고자 한다. 이러한 말하기는 '가만히 있으라'라는 말을 단순히 탈정치화하려는 시도일까? 그것만은 아니다. 이 시의 반복적 말하기는 권력 주체에 의해 발화되고, 의미가 부여되고, 맥락이 고정된 말을 다성적으로 전유하면서 결론적으로 발화 주체의 권력에서 벗어나고자 하는 첨예하고 영리한 투쟁이다.

"가만히 멈춰라"라는 말을 들은 순간부터 동호회가 '시작'되었다는 능청스러운 첫 문장에서 이미 이 시의 말하기가 울분, 좌절, 분노를 넘어선 지점에서 전개될 것임을 예감할 수 있다. "가만히 멈춘다는 건 무엇인가요. 멈추는 것과 가만히 멈춤은 무슨 차이일까요. (…) 가만히 멈추면 가만히가 무엇이 되지요?"처럼 집요하게 반복되는 질문 속에서 역설적으로 우리가 알던 '가만히 있으라'의 의미가 점차 흐릿해진다. 대체 '가만히'란 어떤 뜻인지를 고민하게 되는 혼몽한 상태에 빠지는데, 이와 동시에 반대의 상황이 발생한다. 참사 이후로 언제나 '가만히 있으라'라는 말은 우리를 세월호로 돌려보냈으며, 결과적으로 누가 '가만히'라는 말을 세월호에 붙여버렸는지, 그 말이 어떤 은폐된 권력의 작용을 담고 있었는지 등의 기억이 선명해지기 시작하는 것이다.

그리고 깨닫는다. 우리는 누군가에 의해서 '가만히'라는 말을 빼앗긴 것일지도 모른다는 사실을. 화자가 '가만히'에게 편지를 쓸 때, '가만히'는 청자이자 동시에 행위자처럼 그려진다. "가만히야./나는 한 번도 너 같은 종류의 가만히는 원한 적 없어"라고 쓰자마자 오히려 "그림자가 떨어져 나가고" "먼지떨이가 부서져버리고" "제 등이 척추에서 떨어져나가"면서 평소 '가만히' 있다고 생각하던 사물들이 일탈적으로 움직인다. 사물들의 일탈적 움직임은 맥락에 복속되거나 의미에 종속된 상태에서 벗어나려는 의지의 시적 재현이며 이때 '가만히'라는 말의 의미는 '원래 그런 것'이라고 전제되던 맥락에서 이탈한다. '가만히'의 의미를 다성적으로 확장하는 행위는 말의 의미를 규정하는 암묵적 전제로서의 권력에 저항하는 일이다. 사과를 '사과'라고 부르자는 규범을 의도적으로 해체하면서 예속된 상태에 저항하려는 시도이다. 따라서 이 시가 '가만히'의 의미를 의도적으로 헷갈리게 만들 때, 그날 '가만히 있으라'라던 명령이 가지고 있던 힘은 점점 약해지고 '가만히'라는 말이 스스로 움직이기 시작한다.

코끼리가 등장하는 이 시의 후반부는 수없이 많은 사람의 목숨을 앗아갈 만큼 압도적이지만, 엄청난 슬픔 앞에서 왜소해지는 '말'에게 제 몫의 권리를 찾아주려는 시도이다. "코끼리 유치원"이라는 명칭은 작고 어린 아이들이 모여 있는 평범하고 일상적이며 평화로운 공간을 떠올리게 한다. 하지만 실제 "코끼리가 들어오는 순간", 코끼리는 거대한 실체를 가진 존재였다는 사실을 깨닫게 된다. "우리 귀여움이 바라왔던 파괴적이고 절대적인 힘"은 유치원을 송두리째 부수고도 남을 만큼 굉장하다. 변윤제가 이 시에서 그리고자 하는 '말'의 힘이 이러하다. '코끼리 유치원'이라는 말이 연상시키는 이미지에 익숙해져서 잊고 있던 실제 코끼리의 압도적인 힘처럼, '말'은 거대한 슬픔을 담기에 무력하다고 믿어지기 전에 스스로 움직여 커다란 힘을 증명할 수 있다. 시의 마지막 대목에서 '나'가 '나의 가만히'를 끌어안는 장면은 그날 이후로 굳어버린 말을 움직이게 만들겠다는 선언이자 이미 말은 스스로 움직일 수 있다는 증명이다. '나의'라는 표현에서 말이 '나'의 소유이며 '나'가 그것을 다룰 수 있다는 듯 암시되지만, "가만히의 기다란 코가 내 목을 살며시 조"르는 순간의 압력을 느끼며 '나'는 그것이 '나'의 의지를 능가할 힘을 가지고 있었음을 깨닫는다. 그러므로 '가만히'라는 표현과 상반되게 스스로 움직일 수 있는 '말'의 힘을 깨달은 이 시는 참사 이후 문학적 언어를 잠식했던 무능함을 딛고 일어선다.

예속의 상태가 앞을 향해 나아가려는 추동의 의지에 의해 타파되지 않는다는 점이 흥미롭다. '가만히'라는 말을 곱씹고 또 곱씹는 반복적 행위 끝에 '가만히'의 움직임이 포착된 것처럼, '멈춤'의 상태에 '도달'하려는 상태를 거쳐 역설적으로 이 시집은 움직인다. 가령 「그 자체로 완전한 맛소금」이라는 시는 어제도 오늘도 몇십년 혹은 몇백년 후에도 그 맛이 변하지 않는 "맛소금을 찍어 먹는 모임"을 그린다. 하지만 시의 말미에 이르러 '나'가 "조개처럼 입을 꽉 다물어보"자 "맛소금을 씹고 씹어 은빛 알갱이를 만드는 어패류처럼" 그 안에 품은 진주의 가능성이 보인다. 영구불변한 것 같은 맛소금의 맛처럼 과거와 현재와 미래의 순환 속에서 변화의 가능성은 희박해보이나, 어제의 것과 오늘의 것이 포개어질 때 만들어지는 은빛 알갱이가 있다. 이것이 "과거와 현재와 미래가 있다는 사실을 사랑"(「양자역학적인, 겹장」)할 수밖에 없는 까닭이다.

시집의 2부를 구성하는 '알파카' 연작시에서 알파카는 일종의 기표로 등장한다. 그러나 알파카는 단일한 의미로 해석될 수 없을 만큼 다종한 방식으로 행동하면서 한가지 맥락에만 귀속되지 않는 기표에서 발생하는 힘을 강조한다. "우리 숫자는 정말 많다고요. 상상 초월"(「알파카 공동체」). 2부의 부제이기도 한 '알파카 공동체'가 한마리의 알파카로 완성될 수 없듯이 알파카는 한가지 맥락에서만 묘사되지 않으므로 그만큼 다양한 방향에서의 독해를 요청하고, 복수의 독해가 개입될 때 비로소 완성된다. '알파카'나 '가만히' 같은 말은 계속해서 반복되지만 결코 같은 궤적을 그리지 않는다. 그리고 이 궤적을 독해하는 과정은 '공동체'라는 말이 암시하는 사회적이고 정치적인 연대가 완성되는 방식과 연결된다. "반드시 한 명분 이상의 몫이 개입될 때만 비로소 완성되는 시적인 정치성, 정치적인 시성(詩性)"[11]을 의도하는 변윤제의 시집은 언어에 관한 사유가 현실의 동력으로 이어질 수밖에 없는 필연성의 원리를 담고 있다. 세월호참사 이후

---

11 졸고, 「예속된 언어를 구출하기」, 『저는 내년에도 사랑스러울 예정입니다』, 128~129쪽.

시민들의 추모와 연대의 행렬이 전국적으로 이어졌다. 세월호는 촛불광장을 구성하는 중요한 단어였고 참사의 기억은 광장을 움직이는 거대한 동력이 되었다. 시집을 여는 '시인의 말'에는 다음과 같은 말이 적혀 있다. "누군가의 죽음은 공동이 함께 살아내고 마는 삶의 끊임없는 장소가 되는군요." 응고된 언어를 버려두지 않고, 죽음을 죽음으로 버려두지 않으려는 시도는 결국 죽음을 삶의 장소로 바꾸어놓았다. 누군가의 죽음은 공동의 삶을 위한 수단이 아니라, 공동의 삶이 펼쳐지는 장소가 되었다. "죽음은 무언가가 되어가고 있군요. 긍정인지 부정인지 모를 이 끊임없음 앞에서./나는 기어코 사랑을 떠올릴 수밖에 없었습니다."

4. 나가며

주민현의 시집이 재난을 전제로 한 시세계에서 보이고 들리는 현재 상황에 시선을 유지함으로써 그곳에서 이어질 미래를 그렸다면, 변윤제의 시집은 재난의 원인이기도 했던 문장(말)을 갱신하면서 권력에 저항한다. 2014년 6월에 발표된 「문학인 시국선언」에는 이런 말이 적혀 있다. "그러나 우리는 포기할 수 없는 사랑의 힘으로 우리가 살고 있는 이 세상의 피폐를 응시하고자 합니다. 이미 우리 것이 아닌 국가가 아니라, 함께 사는 이웃들의 박해받는 슬픔이 가진 생명력을 믿고자 합니다. 여전히 말은 무력하고 인간을 위한 세상은 멀어 보입니다. 하지만 그 먼 곳이 반드시 가야 할 길임을 알기에 우리는 우리가 해야 할 일을 포기하지 않으려 합니다."¹² 10년이 흐른 이 자리에서 몇가지 문장을 다시 써볼 수 있을 것이다. 말은 무력하지 않고 인간을 위한 세상은 멀지 않다고. 말은 스스로 움직일 수 있으며, 인간을 위한 세상은 인간이 살고 있는 지금에 이미 현시되고 있다고. 뚫어지게 바라보고 지독하게 질문을 반복하는 것이 중요하다. 그것만이 '잊지 않겠다'라는 말을 아무것도 아닌 소리로 남겨두지 않는 방법이다. 2021년 광화문광장 재구조화 공사로 인해 세월호기억공간이 서울시의회 앞으로 이전했지만, 이듬해 서울시의회 사무처는 부지 사용기간 연장을 거부했고 이를 불법 가설건축물로 규정하고 자진 철거를 압박하고 있다. 세월호기억공간 앞에서는 공간의 존치를 요구하는 시민들의 1인 시위가 계속되고 있다.

---

12 2014년 6월 2일 문학인 754명이 세월호참사와 관련한 정부의 대응을 비판하고 진상규명을 촉구하며 '우리는 이런 권력에게 국가개조를 맡기지 않았다' 제하의 시국선언을 발표했다. 전문은 2014년 6월 3일자 한겨레 온라인 기사 「문학인 시국선언」에서 확인할 수 있다.

하혁진

○ 후보작

멸망 이후의 에피파니
― 영매가 된 주체들

하혁진

문학평론가.
제20회 대산대학문학상 평론 부문을 수상했고,
2022년 계간 《창작과비평》을 통해 비평 활동을 시작했다.

멸망 이후의 에피파니
—영매가 된 주체들[1]

"우리는 세계를 잃어버렸지만 영혼을 얻었다."
—티머시 모턴, 『하이퍼객체』

멸망이라는 디폴트

멸망할 것이다. 이것은 지독한 저주도, 도저한 비관과 냉소도 아니다. 몇 년 전 박쥐와 천산갑을 비롯한 동물들이 선언했듯 인류가 갈 길이 비로소 정해졌을 뿐이다. 푸른 별의 주인이라 자만했던 인류가 "절멸의 재료"라는 사실이 이제야 수면 위로 드러났을 뿐이다. "지금처럼만 해라". 머지않아 "절멸의 레시피"로 만든 "절멸의 성찬"[2]이 차려질 것이다. 또한 이것

---

[1] 이 글은 박은지, 『여름 상설 공연』(민음사, 2021), 손유미, 『탕의 영혼들』(창비, 2023), 한연희, 『희귀종 귀신눈물버섯』(문학동네, 2023)을 주요 텍스트로 삼는다. 이하 해당 시집에서 인용할 경우 작품명만 표기한다.

[2] 동물 임시 연대, 「절멸 선언문」, 이동시 엮음, 『절멸』, 워크룸프레스, 2021, 10쪽. 이 선언문은 2020년 8월 20일 창작 그룹 '이동시(이야기와 동물과 시)'가 서울 세종문화회관 앞에서 벌인 '절멸—질병×시

은 아직 도래하지 않은 시간과 사건을 예언하는 묵시록이 아니다. 멸망은 지금 이 순간에도 가장 낮은 곳에서부터, 가장 약한 곳에서부터 부지런히 진행되고 있다. 평등한 종말이라는 헛된 기대조차 허락하지 않은 채로 멸망은 이미 벌어지고 있다. 멸망은 부정할 수 없는 시대의 디폴트다. 적이 없는 멸망전을 계속해온 인류는 결국 '끝의 끝'에 도달했다.

요컨대 "발아래 아무것도 없는 상황", 당연하다 생각했던 "지반이 무너지고 있다는 느낌의 공유"[3]는 지금 여기를 살아가는 인간들이 가장 확실하게 체감하고 있는 세계감이자 "새로운 보편성"[4]이다. 크로노스적 시간관과 진보에 대한 믿음에 근거한 '미래'는 태평한 시절의 유물이 되었다. 인류의 탐욕으로 엉망진창이 된 자연과 생태의 거대한 연결망은 미래 그 자체를 불확실한 것으로 만들었다. 아직 오지 않은 시간이 영영 오지 않을 시간일지도 모른다는 느낌, 어쩌면 그것이야말로 전 세계 7억 명의 확진자와 700만 명의 사망자를 남긴 '팬데믹'[5] 이후 인류가 도달한 새로운 보편, '뉴 노멀'이 아닐까. 다시 시작된 일상과 마스크를 벗은 얼굴에는 전례 없는 공포가 보이지 않는 공기처럼 스며들어 있다. 그것은 내가 알고 있던 세계가 증발해버렸다는, 이렇게 쉽게 사라져버릴 것을 유일무이 절대불변의 세계라고 믿었다는 후회와 두려움이다.

시대의 감각과 길항하는 문학의 사정도 다르지 않았다. 최근 시에서

대, 동물들의 시국선언'이라는 제목의 릴레이 퍼포먼스에서 낭독되었다.

3 브뤼노 라투르, 『지구와 충돌하지 않고 착륙하는 방법—신기후체제의 정치』, 박범순 옮김, 이음, 2021, 38쪽.

4 같은 책, 28쪽.

5 코로나19 실시간 상황판(https://coronaboard.kr/). 인용한 수치는 2023년 9월 기준으로, 통계의 주체와 대상이 모두 인간이라는 점에서 '최솟값'에 불과하다.

두드러지는 경향 중 하나는 주체와 타자가 만나는 장으로서의 세계가 불안정하다는 인식이다. 세계는 폐허이거나 환상이다. 수렁이거나 허공이다. 걷잡을 수 없는 재난의 현장이거나, 깔끔하게 멸균된 실험실이다. 이렇듯 세계라고 부를 만한 것이 부재하는 상황에서 주체는 커다란 혼란에 빠진다. 왠지 모르게 자폐적이고 어딘가 무력한 주체의 모습[6]은 그러한 혼란의 증상이다. 이에 대해 박동억은 "2020년대의 시 전반에서 반복하는 정조는 세계 상실"[7]이라고 진단한다. 그는 "무엇이 소중한 자연이고, 무엇이 비교적 중요하지 않은 자연"인지 구분할 수 있는 능력을 상실한 상태를 "'생태적 아노미'"라고 명명하며, "생태적 아노미란 '나'를 지지하는 타자를 상상할 수조차 없는 존재론적 빈곤의 상태를 뜻한다"[8]고 설명한다. 그에 따르면 세계의 상실과 타자의 부재와 주체의 빈곤은 일련의 연쇄 속에 있다. 더이상 아무것도 남아 있지 않다는 문장이 겨냥하는 마지막 심급은 주체 자신이다.

한편 인아영은 "인간이라는 종의 재발견"에 주목한다. 그는 "심오하고 알 수 없는 내면을 지닌 유일하고 절대적인 존재가 아니라 생태학적인 관계망 속에 꼼짝없이 연루되어 있는 만연하고 상대적인 존재"가 동시대 문학이 그리는 인간의 초상이라고 말하며, "세계를 인간의 존재만으로는 충

---

[6] 뒤에서 살펴볼 세 권의 시집에서 예시를 찾자면 다음과 같은 시가 있다. "그러니까 약간 죽은 체하고 있으면/괜찮아/숨 쉴 구멍이 생기고/월급도 나오고//조금 죽은 체하고 있어야 하지만"(박은지, 「(   )에게」), "어른이여, 나는 하는 일이 없고 할 일이 없고 계획한 일이 없습니다 나는 아무것도 하고 싶지 않습니다 어른이여, 나는 살아 있는 사람 역할입니다"(손유미, 「아는 어른을 지날 때 드는 생각」), "어리둥절한 상태/나를 지워버린 상태/기쁨과 슬픔을 개나 줘버린 상태//나는 도저히 지금 뭘 해야 할지 자신이 없습니다/이런 상태에서는 도저히 아무것도……"(한연희, 「나의 찬란한 상태」).

[7] 박동억, 「생태적 아노미와 기후시」, 『침묵과 쟁론』, 푸른사상, 2024, 54쪽.

[8] 같은 글, 45쪽.

분히 설명할 수 없게 된 사정은 2020년대 문학이 공유하고 있는 시대적 공통 감각"[9]이라고 덧붙인다. 흥미로운 부분은 최근 시의 "생태학적 사유"를 "문학의 오랜 테마인 '타자'라는 개념"[10]과 연결하는 대목인데, 기후생태적 상상력을 보여주는 시들을 둘러싼 근래의 비평적 흐름은 확실히 '인간-주체'가 '비인간-타자'를 대하는 태도를 중심으로 논의되어왔다. 그러나 인아영은 "타자에 대한 사유가 결국 '나'라는 주체의 문제로 회귀될 수밖에 없는 현시점의 비평적인 장력"을 정확하게 짚어내며, "주체 중심적인 사고로부터 완전하게 벗어날 수 없다면, 타자와의 화해 불가능성을 윤리의 결정적인 준거가 아니라 하나의 불가피한 조건으로 받아들일 수는 없을까"[11]라고 묻는다.

그의 말처럼 언젠가부터 '주체와 타자'는 시 비평의 주요한 분석틀로 자리잡았다. 수많은 담론들이 생겼다가 사라졌지만 그런 와중에도 변함없이 자리를 지켰던 건 다름 아닌 주체와 타자라는 방법론 자체였다. 그러나 최근의 시들은 그러한 이분법적 도식을 근본적으로 재사유할 것을 요청한다. 멸망 이후의 세계에서 시적 주체와 타자는 서로가 서로에게 불가결의 조건이기 때문이다. 다시 말해 세계를 상실한 주체는 타자 없이 자신의 존재를 증명할 수 없고, 언어를 갖지 못한 타자는 주체 없이 자신의 존재를 발화할 수 없다. 시라는 형식 속에서 주체와 타자는 '공생존'한다. 2000년대의 시적 주체가 '타자 되기'의 미학을 실험했고, 2010년대의 시

---

9 인아영, 「개와 나무와 양말과 시—2020년대 시에 나타난 '타자'와 비인간 물질의 정치생태학」, 《문학동네》 2022년 봄호, 93-94쪽.
10 같은 글, 94쪽.
11 같은 글, 95쪽, 97쪽.

적 주체가 '타자 되지 않기'의 윤리를 지켰다면, 2020년대의 시적 주체는 타자 없이 존재할 수 없는(존재한 적 없는) 자신의 근원적 조건을 절실히 깨닫는 중이다. 그러므로 주체에게 타자를 발견하기 위한 노력과 자신을 발견하기 위한 노력은 구분되지 않는다. 주체는 유령, 귀신, 요괴, 요정, 동물, 식물, 행성, 로봇 등, 그것이 무엇이든 자신이 살아 있음을 느끼게 해줄 타자를 향해 자기의 존재를 열어둔다.

주의해야 할 것은 이러한 변화를 주체의 권력을 타자에게 양도하는 것으로 이해해서는 곤란하다는 점이다. '열린 주체'는 자신의 존재가 헤아릴 수 없을 만큼 무한한 관계 속에 애초부터 연루되어 있었음을 깨닫는 주체에 가깝다. 그리고 그렇게 시적 주체가 타자와의 연결 속에서 자신의 위치를 재조정하는 과정은, 인류가 세계의 '불안정성'과 '불확정성' 속에서 종種의 위상을 재형성하는 과정과 오버랩된다[12]. 그렇다면 멸망한 세계에 남겨진 주체가 어떻게 (자신을 포함한) 무언가가 살아 있다는 사실을 감각하는지 구체적인 시를 통해 살펴보자. 미리 말하자면 주체는 불현듯 나타나 자신의 존재가 그곳에 있음을 알리는 "기이한 낯선 것"[13]들과 조우하게 될 것이다. 인간의 앎과는 무관하게 실재하는 그것들은 종종 인식을 초월해 주체를 "공존의 언캐니한 낯설음"[14]에 빠지게 하지만, "항상-이미 출몰"[15]해

---

12 "불안정성은 타자들에게 취약한 상태를 말한다. 예측 불가능한 마주침은 우리를 변모시킨다. 우리는 우리 자신조차 통제할 수 없다. 공동체의 안정적인 구조에 의존할 수 없는 우리는 가변적인 배치로 내던져지고, 이로써 우리와 관계된 타자뿐 아니라 우리 자신도 재형성된다. 우리는 현재의 상황에 의존할 수 없다."(애나 로웬하웁트 칭, 『세계 끝의 버섯―자본주의의 폐허에서 삶의 가능성에 대하여』, 노고운 옮김, 현실문화연구, 2023, 52쪽)

13 티머시 모턴, 『하이퍼객체―세계의 끝 이후의 철학과 생태학』, 김지연 옮김, 현실문화, 2024, 19쪽.

14 같은 책, 51쪽.

15 같은 책, 61쪽.

있는 그것들이야말로 발 딛고 서 있을 세계가 사라진 상황에서 주체가 감각할 수 있는 유일한 마주침의 대상이다. 예측할 수 없고 번역할 수 없는 타자와의 만남, 그것은 주체를 통제되지 않는 세계로 인도하는 길잡이다.

거대한 나무와 요괴의 발자국

멸망한 세계의 주체가 가장 먼저 상실하는 것은 미래라는 가능성이다. 내일이 없다는 감각은 주체를 무력하게 만드는데, 이는 박은지의 시에서도 마찬가지다. "활활 타오르는 불을 구경"하던 주체는 나지막이 속삭인다. "저게 우리의 미래야"(「눈을 뜰 수 있다면」). 불타는 미래를 앞둔 현재 역시 안온할 리 없다. "마른장마"가 계속되는 바깥에는 "사이렌 소리"(「비를 쏟아 낸 얼굴」)가 여전하고 "검은 우박"과 "폭발음"(「텐트 앞에서」)은 익숙할 지경이다. 일상과 재난을 구분할 수 없는 세계에서 주체는 언제에도, 어디에도 안전하게 발붙이고 서 있을 수 없다. '낭떠러지'로 둘러싸인 마을이 시의 배경으로 자주 등장하는 것은 그 때문이다. "매일 허물어지고" "매일 무언가 사라지는"(「정말 먼 곳」) 세계에서 주체는 그야말로 온몸으로 멸망을 느낀다. 바로 그때 꿈은 일종의 도피처가 되어준다. 주체는 시시각각 무너져내리는 현실로부터 도망쳐 꿈이라는 무의식의 시공간에 자신의 존재를 숨긴다. 마치 그것만이 유일한 생존법이라는 듯이 "속수무책으로 꿈을"(「짝꿍의 자랑」) 꾼다.

하지만 꿈은 일시적인 도피처에 불과하다. 꿈은 현실의 대안이 될 수 없다. 꿈과 현실이 긴밀하게 연결되어 있기 때문이다. 몰락한 세계의 주체는 꿈을 꾸는 동안에도 계속되는 현실의 상실을 보고 듣고 느낀다. 요컨대 현실에 개입하는 꿈이 아니라, 꿈에 개입하는 현실 때문에 박은지의 시적 주체는 꿈과 현실을 구분하지 못한다. 특히 정체를 알 수 없는 '낯선 소리'를 예민하게 감각하는 것은 박은지의 시가 지닌 특징인데, 사라진 존재가 남긴 낯선 소리는 "한 계절 내내 꿈의 기록을 뒤져도"(「녹지 않는 눈」) 그 의미와 행방을 해석하고 추측할 수 없기에 주체는 다시금 현실로 소환된다. 이때 꿈이 남긴 잔해는 '돌'의 이미지로 형상화된다. 꿈속에서 주운 사라진 것들의 이름은 현실의 돌이 되고, 주체는 그 돌을 "마을 사람들의 집 앞에 쌓"(「짝꿍의 이름」)는다. 주체는 보이지 않지만 분명히 존재하는 상실의 흔적을 부지런히 운반하며 꿈과 현실의 이음매가 된다.

따라서 박은지의 시에 등장하는 환상적인 이미지들은 단지 환상인 것만은 아니다. 그것은 꿈과 현실의 연결 속에서 현현하는, 둘 중 어느 쪽으로도 환원되지 않는 기이하고 낯선 이미지다. '거대한 나무' 역시 마찬가지다. 환상과 실재를 겹쳐 보는 주체는 나무를 볼 때도 눈앞의 나무만이 아니라 나무의 너머를 함께 본다. 「죽은 나무들」에서 멸망의 징조인 나무는 언제 어디에서 터질지 모르는 "러시안룰렛"처럼 인간의 능력으로는 예측할 수 없는 존재다. "축축하고 딱딱한" 나무는 마을의 이곳저곳에서 마치 계시처럼 발견될 뿐이다. 주목해야 하는 것은 주체가 나무를 개별의 나무가 아니라 "거대한, 하나의" 나무로 본다는 점이다. 존재를 수많은 존재 간의 연결로 바라보는 총체적 시선으로 인해, 나무는 현상만으로는 전부 설명되지 않는 기이한 존재로 그려진다. 시의 배경으로 등장하는 "모두를 삼킬 만큼 거대한" 불길과 연기 역시 나무라는 객체를 보다 높은 차원으로 줌아웃시키는 장치다. 다시 말해 거대한 나무는 주체의 인식과 현실을 초월하는 거대한 타자다.

창밖엔 꽃눈
내다보지 않아도
왼쪽엔 단풍, 오른쪽은 앙상한 가지
그 아래 젖어드는 낙엽, 그 옆으론 바람꽃
더 멀리는 초록이 무성한
한 그루의 나무라고 하기에는 너무 거대한 나무

모든 계절을 살아 내는 거대한 나무가 좋아
거대한 나무도 예전엔 평범한 나무였을걸
나무줄기를 두 팔로 안을 수 있는 평범한 나무
바람의 곡선을 따라 하나의 계절만 살아 내고 말이지
물음에 물음으로 답하며 창을 닫았다
우리의 몸 위로 흔들리는 거대한 나무의 그림자

—「몽타주」중에서

인용한 시의 주체 역시 한 그루의 나무 앞에 있다. 제목에서 알 수 있듯이 이 나무는 여러 겹의 시간이 하나의 개체 안에 '몽타주'된 나무다. 주체는 봄-여름-가을-겨울, 과거-현재-미래가 겹쳐진 나무를 바라보며 "한 그루의 나무라고 하기에는 너무 거대한 나무"라고 말한다. 인간이 감각할 수 있는 시간보다 훨씬 광범위한 시간을 내재한 나무는, "평범한 나무"라는 인식으로부터 멀어지는 한편 새로운 시간감을 선물한다. 시의 후반부에 등장하는 "오리 배"가 그 증거다. 오리 배는 "물결을 따라" 움직이는 존재, 다시 말해 시간의 흐름에 의해 "일정한 방향으로 밀려나는" 존재다. "어디로 가야 하는지 알 수 없었지만/갈 수 없는 곳과 돌아갈 곳은 명확"하다고 말하는 주체는 오리 배에 올라 "땀을 흘리며 페달을 밟"는데, 그 순간 주체는 정해진 방향대로 떠밀려가지 않기 위해서는 안간힘이 필요하다는 사실을 깨닫는다. 그렇게 "한 계절에" "모든 계절이 뒤섞여 들어오"는 것을 느끼는 주체에게 현재는 단순한 현재가 아니다. 현재는 과거의 결과이자 미래의 원인이다. 지금 여기는 수많은 시공간과 연결되어 있다. 이렇듯 주체가 현재를 새롭게 감각할 수 있게 된 것은 "모든 계절을 한 번에 살아 내는" 나무가 선물한 상상력 덕분이다. '범시간적' 존재인 거대한 나무는 멸망한 세계의 주체가 다시금 현실에 발붙일 수 있는 말뚝이 되어주고, 그에 따라 주체는 개체를 초월한 시간의 풍요를 깨닫는다.

> 왼쪽 창문이 마을과 사과밭, 갈대숲과 작은 폭포를 지나는 동안
> 오른쪽 창문은 이름 모를 산을 통과하고 있었다
> 우리는 열차 안에서 도시락을 먹으며 아름다운 창문을 보았다
>
> 얼어붙은 강을 모두 지날 때까지
> 요괴와 요정 중 누가 더 현실적인지 우기다가
> 요괴의 종류에 대해 들었다
> 사람을 돕는 요괴, 사람에게 장난치는 요괴, 사람을 해치는 요괴
>
> (……)

나무를 자세히 봐 봐 요괴의 발자국이 보여

  질주하는 열차 안에서 어떻게 그게 보이냐는 코웃음에도 너는 진지한 얼굴을 잃지 않았다

  나는 자꾸 나무와 나무 사이만 보게 되었는데

  우리를 따라오는 요괴의 움직임이 보이는 것 같아 겁이 났다

  아직 잊지 못한 잘못이 빠른 속도로 뒤따라와 빈자리에 앉았다

  왼쪽 창문이 동백 군락지 위로 쏟아지는 볕을 지나는 동안

  오른쪽 창문은 여전히 이름 모를 산이었다

  우리 어디서 내리지? 얼마나 남았지?

  너는 아무 대답 없이 오른쪽 창문만 바라보았고

  요괴 앞에 늘어놓을 잘못의 종류를 헤아리다 나는 괜히 억울해졌다

  터널로 들어서자 양쪽 창문을 가득 채우는 얼굴들

  그제야 너는 나를 바라보고 악수를 청했다

  ―「횡단 열차」 중에서

저 멀리와 지금 여기를 동시에 감각할 수 있게 된 주체가 느끼는 기척은 "요괴의 발자국"까지 확장된다. 인용한 시에서 열차 안의 '우리'는 한자리에 앉아 두 개의 풍경을 바라본다. 왼쪽으로 보이는 생의 풍경과 오른쪽으로 보이는 "이름 모를 산"은 요괴와 요정의 차이만큼이나 멀게 느껴지는데, 둘 중 "누가 더 현실적인지 우기"던 대화는 "착한 사람과 나쁜 사람을 구별할 줄 아는 요괴는 사람이 만든 이야기에나" 등장한다는 대화

로 이어진다. 그런데 선문답처럼 흘러가던 대화는 나무를 자세히 보면 요괴의 발자국이 보인다는 '너'의 말과 함께 현실의 풍경과 접속한다. '나'는 "질주하는 열차 안에서 어떻게 그게 보이냐"며 코웃음치지만 그럼에도 불구하고 "요괴의 움직임이 보이는 것 같아 겁이" 난다. 결국 이 시의 진실은 열차가 좌우의 풍경을 일순간에 어둠 속에 빠뜨리는 터널 속으로 진입했을 때 드러난다. '나'가 "양쪽 창문을 가득 채우는 얼굴들"을 발견하기 때문이다. 물론 거기에는 아직 남아 있는 질문이 있다. '나'가 본 것은 창에 비친 승객들의 얼굴이었을까, 아니면 발자국의 주인인 요괴들의 얼굴이었을까. 섣부른 인간은 질문에 대한 대답을 서두르고 싶겠지만, 대상의 너머를 보는 주체는 기이하고 낯선 존재들이 이미 우리 곁에 가득하다는 사실 자체에 주목할 것이다. 무너져내리는 세계를 횡단하는 열차 안에서 주체는 비로소 그것을 깨닫는다.

탕의 영혼들과 나눠 쓰는 몸

시는 기본적으로 타자를 향한 말 건넴이다. 그런데 만약 말을 걸 대상이 아무도 남아 있지 않다면 시적 주체는 무얼 할 수 있을까. 손유미의 주체는 모두가 떠나간 세계에 홀로 남아 있다. 불 꺼진 방 안에 홀로 남아 "영원히 혼자일 것 같은"(「저 먼」) 시간, 어제는 이미 끝났지만 내일은 영영 오지 않을 것 같은 새벽을 견디는 중이다. "평화롭지? 평화로워라 우리 평화롭지? 안전하다 대수롭지 않다 의연하다 나란하고 가지런하다"(「모두 모여 태양 모양」) 같은 중얼거림은 주체가 정반대의 감각, 즉 거대한 불안을 느끼고 있다는 사실을 도리어 강조한다. 이렇듯 손유미의 시는 재난과 멸망, 디스토피아적인 풍경을 직접적으로 그리지 않음에도 불구하고 세계가 이미 끝나버렸다는 인상을 주는데, 이를 통해 알 수 있는 것은 주체에게 '타자 없음'과 '세계 없음'이 사실상 동의어라는 점이다. 인간이 거울 없이 자신의 얼굴을 볼 수 없듯이, 주체는 타자 없이 자신의 존재를 감각할 수 없다. 따라서 고립된 주체가 다음과 같이 생각하는 것은 자연스러운 수순이다. "이 가구의 마지막 주민으로서 이런 밤을 어떻게 보내야 하나 어떤 행인이라도 마주치고 싶다 행인 몇이라도 행인 몇이라도……"(「밤 시절」). 주체는 세계를 복원하기 전에 먼저 타자를 발견해야 한다.

 그런 주체에게 다가오는 것은 인간이 아닌 존재, 즉 비인간의 기척이다. 귀신 쫓는 음식으로 알려진 팥죽을 끓이던 주체는 "누군가, 왔다 인기척이 들렸다"고 말하며, "한눈을 팔지 않았다면 맞이할 수도 있었을 중요한 순간을 놓쳐버렸다"(「팥알만큼이나 팥알만큼이나」)고 덧붙인다. 요컨대 손유미의 시적 주체는 철저한 고립을 견디는 동시에, 언제 어디에서 불현듯 나타날지 알 수 없는 미지의 타자를 향해 자신의 존재를 열어둔다. "폐쇄 폐쇄 폐쇄 폐쇄……"를 거듭했음에도 불구하고 "나를 드나들 수 있는 문"이 "열몇개는 된"(「령 영 넋」)다고 고백하는 주체는 마침내 '손(손님/귀신)'을 맞는다. 무엇으로부터 달아나고 있는지조차 잊어버린 채로 무작정 달리던 주체가 "마침내/멈추고 시간을/죽이며 서/있을 때" 느닷없이 들려오는 목소리는 마치 기다렸다는 듯이 말한다. "너를 알아 내가"(「쓰르라미 울 무렵」). 이때 낯선 목소리는 자신의 존재가 거기에 있음을 알리는 목소리일 뿐만 아니라, 주체 역시 그곳에 있음을 증명해주는 목소리다. 주체는 정체 모를 타자의 호명에 의해 역으로 자신이 살아 있음을 감각한다. 자신을 알아보는 존재가 아직 남아 있다는 사실을 깨달은 주체는 보이는 것과 보이지 않는 것, 인식할 수 있는 것과 인식할 수 없는 것, "그 사이에 숨어 있을 목소리"(같은 시)를 찾아 달린다.

이제 주체는 신 대신 "귀신의 손을 잡는다"(「수의壽衣 같은 안개는 내리고」). "신은 하나였지만/내 것은 아닌 것 같았다"고 말하는 주체는 기약 없는 구원에 대한 부질없는 기대와 기다림 대신에 늘 존재했으나 가시화되지 않았을 뿐인 세계의 이면, "거울의 뒷면"(같은 시)과 손을 잡는다. "수의 같은 안개" 속으로 손을 뻗으며, "저 안엔 친구들이 많"(같은 시)다고 되뇐다. 그렇게 홀로 남겨진 밀실인 줄 알았던 세계는 수많은 귀신들을 응접하는 거실이 된다. 그리고 그러한 마주침은 더 많은 존재와의 만남을 촉진한다. 예컨대 「애관극장 앞에서」의 주체는 별안간 한 통의 문자를 받는다. "'애관극장 앞에서 만나'". 발신인을 알 수 없는 연락에 주체는 "뭐라 답장해야 할지 몰라 망설이"는데, 잠시 후 한 통의 문자가 더 도착한다. "꼭". 결국 주체는 "안내자"라고 불리는 존재를 따라 길을 나서고, "나를 따라와요/갈 데가 있잖아요"라고 말하는 안내자는 마치 모든 전말을 알고 있다는 듯이 주체를 이끈다. 심지어 "삼각 깃발"까지 흔드는 안내자에게 주체는 "우리 둘뿐인데 그러지 말아요"라고 말하지만, 안내자는 "누가 둘이래요?" 하고 반문한다. 그리고 안내자를 따라 길을 걷던 주체는 갑자기 안내자가 "둘, 셋. 넷, 여섯……"이 되는 것을, 알 수 없는 존재들이 길을 가득 채우는 것을 목격한다. 이렇듯 주체의 인식을 초과하는 타자와의 이웃 됨은 만남이 만남을 부르고, 존재가 존재를 낳는 기이한 행렬에 함께하는 일이다. 보이지 않는 세계에 분포해 있는 존재'들'의 틈바구니에서 주체는 "고장난 영사기"처럼 "별안간 보이지 않아야 할 게 보이기 시작"(「상영」)한다.

나는 불은 때를 밀고

영혼들은 제 뼈에 내 근육을 다진다

나는 없애고

영혼들은 불린다

아 아 아

나의 근육과 영혼들은 비누를 묻힌 채 탕 사이를 오가고

서로가 마시는 음료를 나누다 자기들끼리

자, 이제 탕을 나갈 시간이야 모두 모여 오늘은

누가 집엘 갈 거야? 허벅지가 닿을 정도로

모여 앉아 의논을 하다가 먼저

나가버린 건

젖은 머리의 내가 아니고

나를 다진

큰 몸이

텀벙

텀벙

집으로 돌아간다

아

아 이전에도 이런 일이 있었니? 나는 묻는데

아 아 아 모두들 어디론가 사라지고
목욕탕의 울림만 남아서

저렇게 돌아가면 집이 다 젖겠는데……
나 혼자 걱정을 하고

—「탕의 영혼들」 중에서

    보이지 않던 것들을 보기 시작한 주체는 자기 안에서도 수많은 영혼을 발견한다. 그리고 때때로 '보는-인간'과 '보이는-영혼'의 지위가 역전되는 것도 경험한다. 인용한 시의 공간적 배경은 목욕탕인데, 그곳은 "나는 없애고/영혼들은 불"리는 공간, 즉 주체가 자신의 일부를 타자에게 양도하는 것처럼 보이는 공간이다. 그런데 "자, 이제 탕을 나갈 시간"이라며 영혼들이 모여 앉아 의견을 나누는 장면에서 이 시의 숨겨진 내막이 밝혀진다. "오늘은/누가 집엘 갈 거야?"라는 물음에 "먼저/나가버린 건//젖은 머리의 내가 아니"기 때문이다. 주체는 "큰 몸"을 가진 영혼이 "텀벙/텀벙

집으로 돌아가는 것을 멍하니 지켜보며 "이전에도 이런 일이 있었니?"라고 묻지만, 영혼들은 대답 없이 "어디론가 사라"져버린다. 이로써 몸의 주인이라 믿었던 주체는 과거에 먼저 목욕탕을 나갔을 영혼 중 하나의 지위로 강등된다. '나'라는 주체는 고정된 개념이 아니라 하나의 몸을 나눠 쓰는 무수한 타자와의 관계 속에서 만들어지는 상대적 존재인 것이다. 요컨대 손유미의 시적 주체는 "기어코 자신이//없어질 때까지 서 있"고 나서야 "수많은 얼굴들"(「접속」)을 마주할 수 있게 된다. 주체의 인식을 초과하는 타자와의 접속은 때때로 감당할 수 없는 혼란을 야기하지만, 그로 인해 주체의 인식이 더 큰 세계로 확장되기도 한다.

어느 날 물속 같은 낮잠 속에서 그이는 근미래 얼굴을 만났다 무너진 미래를 뒤집어쓰고 있는 자신을 만났어 미래의 그이가 말했다

여실히 보이는 시간이 필요하다 이 허망과 무상을 이길 만한 힘이 필요해 내게도 네게도 그러므로 우리에게는 우리는 우리를 이렇게 포기할 수 없으므로 네가 그곳에서 그런 것들을 준비해달라 근미래에서 기다릴 테니

그러므로 그이는

산으로

묘목을

심으러

다녔다

(……)

이게 다 무슨 소용인가 싶은 나날도 생기네 꿈속 같은 어지러움과 혼동 이게 다 무엇인가 내팽개치고 싶은 나날이 그렇지 않은 나날보다…… 많아지네 그러므로 그이는 무력해졌지 그이가 할 수 있는 힘이란 심긴 걸 죄 뽑을 수 있을 정도 시작하지 않았으므로 실패하지 않은 이가 될 수 있을 정도 그리하여 그이는

두려워졌다 이런 식으로 미래의 나를 만나도
되는 것인가 두려웠다 만나야 하는 것인가
두려워…… 어느새,

산그늘 속에서도
두렵고 괴로워
그이는

그이의 몸을 나무 몸통에 묶어버렸다 어디에도
가지 못하도록 그러므로 미래에도 갈 수 없네
도저히 그이는 미래의 그이를

만날 수 없었으므로 이런
모습으론 그 누구도
기꺼울 수 없어
그러나 이젠
모두

지난 이야기로 우리가 신경 쓸 이야기는
하나도 없고 다만

가네 산에 오래전 그이가 심어둔
시간 아래 뜻하지 않게 자란
버섯 그래서 수확하기 위해

누구도 침범하지 않은
우리 수확 미래가
있는 곳으로

우리에겐 작지만 여실한 미래가 필요해 그러므로 유심히 바라본다 습한 땅을 고개가 떨어질 정도로 수확 미래 하기 위하여 개나리광대버섯 독우산광대버섯 흰알광대버섯 댕구알버섯 붉은사슴뿔버섯을 피해 두루 평이한 시간을 찾네 이 그늘과 습기의 어지러움을 찔러

—「우리 수확 미래」 중에서

인식의 확장은 미래의 '나'와 조우하는 장면으로 이어진다. 인용한 시에서 현재의 '나'는 마치 유령을 만나듯 미래의 '나'를 만난다. "무너진 미래를 뒤집어쓰고" 나타난 "근미래 얼굴"은 현재의 '나'에게 "허망과 무상을 이길 만한 힘"으로서 "여실히 보이는 시간"이 필요하다고 호소한다. 그의 요청에 따라 나무를 심던 현재의 '나'는, 그러나 눈앞에 맞닥뜨린 절망이 너무 크고 깊다는 사실에 "어지러움과 혼동" 그리고 "무력"을 느낀다. 이미 모든 것이 끝나버렸을지도 모른다는 절망 앞에서 현재의 '나'가 할 수 있는 일이라고는 뿌려둔 희망을 다시 거두는 일, 아무것도 시도하지 않음으로써 실패조차 하지 않는 일 정도다. 그 사실에 부끄러움을 느낀 현재의 '나'는 미래의 '나'를 다시 만나지 않기 위해 자신의 "몸을 나무 몸통에 묶어버"린다. 하지만 이 시의 희망은 예기치 않은 곳에서 발견된다. 그것은 "오래전 그이가 심어둔/시간 아래 뜻하지 않게 자란/버섯"의 이미지로 형상화되는데, 기대하지 않았던 버섯은 예측하지 못한 결과로서 '우리'가 함께 수확해야 할 미래가 된다. 감히 헤아릴 수조차 없는 우연의 중첩인 버섯은 주체의 인식을 초라하게 만들지만, 역설적으로 주체의 시야는 넓어진다. 거대한 산을 훼손하는 사람들과 그에 대항하는 사람들이 모두 사라진 후에도 자연은 계속해서 이어질 것이라는 깨달음이 되살아나는 것은 그 때문이다. 그렇게 "우리는 너무 얼마간의 잠깐"이라는 사실을 깨달은 주체의 반성과 각성은, 그리고 "버섯의 마음씨"로 세계를 재건하기 위해 늦게나마 모여드는 군중의 모습은, 시간과 자연이라는 거대한 타자와의 연결 속에서 시가 수확한 인간의 현재이자 미래다.

내 안의 도깨비와 미치광이버섯

"우주는 절대 비어 있지 않다"(「기계 속 유령」). 인간의 언어로 번역할 수 없는 기이한 존재들의 목소리가 세계를 가득 채우고 있음을 인정한다면 말이다. 낯선 존재로 가득한 우주에 비해 인간의 주파수는 좁기만 하다. 그래서일까. 한연희의 시적 주체는 구천을 떠도는 억울함과 원통함을 듣기 위해, "내다버린 마음"(「광기 아니면 도루묵」)을 먹고 자란 귀신들의 웅얼이를 듣기 위해, 스스로 귀가 세 개인 요괴가 되기를 서슴지 않는다("귀 둘로는 모자라/커다란 귀 하나를 들여왔습니다", '시인의 말'). 그리고 그러한 태도는 세상이 외면하는 존재들을 끈질기게 응시하는 시선으로 이어진다. 예컨대 한연희의 시에서 일상은 나날이 "썩어가는 과정을 반복"하는 것에 불과하지만, 주체는 썩을 대로 썩어버린 딸기를 바라보며 "딸기 안에는 구더기가 있고, 구더기 아래엔 이야기가 있을 것"(「딸기해방전선」)이라고 말한다. 주체는 지독한 악취를 뿜어내는 부패한 존재들 사이에 "끈적하게" 달라붙어 있는 "말 못한 사연"(같은 시)들을 집요하게 추적한다. 부패는 타락인 한편 본래의 목적으로부터 해방되는 것을 의미하기에, 주체는 짓무르고 터져버린 이야기와 함께 지금껏 마주한 적 없는 새로운 세계에 진입한다.

이렇듯 한연희의 시에서 끝은 또 다른 차원의 시작이다. "끝이 난 시점/거기엔/경계선이 있고/넘어서기에 딱 좋"다고 말하는 주체는 생과 사, 인간과 비인간, 물질과 비물질의 경계를 분방하게 넘나들며 "와글와글한 이야기"(「손고사리의 손」)를 수집한다. 인간이 자의적으로 구분해 놓은 경계와 구획을 우스운 것으로 만들며 "종횡무진 누비는"(같은 시) 이야기들은 그 자체로 불가사의한 힘을 가진 존재, 즉 괴물이다. 한연희의 시는 그러한 '괴물-이야기' 앞에서는 주체 역시 이야기를 받아 적는 손님일 뿐이라고 말한다. 그런데 '발화의 주체'가 '이야기의 주인'이 되지 않는 것은 가능할까. 인간이 인간의 언어로 말할 때 '괴물-이야기'는 불가피한 오역의 한계에 부딪히는 것은 아닐까. 한연희의 시는 그러한 오역을 최소화하기 위해 대상을 "정면으로 응시해야 한다"고, "호기심 같은 건 꾹 눌러놔야 한다"(「공포조립」)고 말한다. 인간적인 시선은 대상을 있는 그대로 보지 못하게 방해하기 때문이다. 복을 불러온다고 알려진 두꺼비가 주체를 혼란에 빠뜨리는 시나(「타오르는 손잡이」) 인간의 감정과는 무관한 울음소리를 내는 까마귀가 주체를 조롱하는 시는(「아주 가까이 봄」) 자신의 불완전성을 망각한 채 자가당착의 논리에 빠져 허우적대는 인간중심주의에 대한 풍자다. 한연희의 시적 주체는 여태껏 인간은 대상의 "겉면만 뚫어지게 쳐다"봤을 뿐이라고, "안쪽에겐 도통 관심 없었"다고, "막상 아주 가까이 다가가면 불확실했던 마음이 이렇게나 선명"(「인절미 콩빵」)하다고 말한다.

그런 점에서 '실내'는 세계의 괴물성으로부터 인간을 과보호하는, 그리하여 대상을 왜곡하고 변형하는 인간의 오만한 시선과 관점을 가능하게 만들어주는 조건이다. 인간이 "환상을 버리"고 "목적을 잊"기 위해서는 먼저 "실내를 벗"(「실내 비판」)어야 한다. "폭력을 보호할 실내"(같은 시)가 없을 때, 인간은 비로소 혹독한 세계의 진실을 제대로 마주할 수 있기 때문이다. "먼지와 소음과 간섭이 없"는 안온한 "유리 돔" 안에서 인간은 기껏해야 "방부제에 절어버린 꽃"(「미드웨이 섬」)에 불과하다. 그러한 사실을 깨달은 주체는 유리창과 벽을 깨고 "야생의 경계선"(「야생식물」) 앞에 선다. 물론 날것의 자연이 가진 위력을 제대로 마주하는 일은 공포와 불안을 동반한다. 특히 한연희의 시에서 '계곡'은 인간의 계획이나 의도와는 상관없이 낯선 것이 출몰하는 예측 불허한 공간으로서의 자연을 상징하는 장소다. 예컨대 "근심과 걱정이 없어진다"는 뜻을 가진 "무수골"은 인간이 지은 이름과는 무관하게 "의미를 알 수 없는 말을 중얼거"(「계곡 속 원혼」)린다. 이때 발화자를 특정할 수 없는 중얼거림은 주체를 불쾌하게 만드는데, 이 불쾌함은 자신의 인식을 초월하는 존재가 가까이 있다는 데에서 비롯되는 감각이다. 자연은 "희귀종 눈물귀신버섯"(같은 시)처럼 언제나 인간의 인식을 초월하는 존재를 남긴다. 명명할 수 없는 혼과 원한으로 가득한 '계곡'은 결코 '캠핑장'이 될 수 없다. 풍경의 안으로 들어가면 들어갈수록 더욱더 멀어지고 점점 더 알 수 없게 되는 계곡은 말 그대로 '불쾌한 골짜기'다.

거울을 들여다보면
미간을 잔뜩 찌푸리게 된다고
거기에는 자신과 상관없는 자기가 서 있다고
시옷이 말한다
곧 도깨비로 변해버릴 것처럼
붉으락푸르락 화가 나서는
외모의 결함에 대해 지껄인다
그러나 나는 안다
(……)
사실 너를 낳은 것이
도깨비라는 것을 말이다

거울 속의 네가 너를 본다
엉킨 너의 머리를 연신 빗질하지만
그것은 쉽사리 끝나지 않고
도깨비가 어떻게 해서 너를 주고 갔는지를 떠올린다

멍청한 도깨비라고 놀려대는 인간들이 살았더랬죠, 인간과 도깨비들은 원래 한마을에서 잘 지내던 사이였는데 말이죠, 그만 욕심이 그득그득한 몸을 불리기 위해 인간이 인간성을 버리기로 했고요, 그래서 도깨비의 것을 빼앗기 시작했더랬죠, 마지막엔 도깨비를 불에 태워 구워먹은 겁니다, 그리고 얼마 후엔 마을 사람들이 하나둘 죽기 시작했대요, 죽으면서 사립문이 되거나 빗자루가 되거나 요강으로 변해버렸어요, 생명이란 하나도 남지 않게 되었죠, 유일하게 여자애만 도깨비 살을 먹지 않았고 그 마을을 벗어날 수 있었대요, 사실은 도깨비가 살기 위해 변한 여자애였다는 것은 전설처럼 남아 떠도는 이야기, 뭐, 그런 거예요, 그러니 도깨비 살을 먹고 죽은 멍청이들에게 분노하며 여자애는 살았어요, 영영 문손잡이 같은 곳에 영생을 가두고 자신을 잊어버리게 된 엄마를 찾으며, 자신이 인간인지 도깨비인지 분간하지 못한 채 살아온 이야기, 깨어나서 살아도 죽은 것처럼 살아야 한다는 것,

　　(……)

한입 먹은 그 비릿한 맛은 사라지지 않는다
뱃속에 있던 무언가가 기어나왔다

그게 혼자 섰고 말을 했다

그러다 훌쩍 커버린 네가

오늘처럼 온종일 거울을 들여다본다

—「시옷과 도깨비」 중에서

    자연의 불가해함과 불가항력을 경험한 주체는 거울 앞에 서서 자신을 바라보다 "거기에는 자신과 상관없는 자기가 서 있다고" 생각한다. 새롭게 마주한 자연의 민낯이 인간성이라는 개념 역시 재고하게 만드는 것이다. 한편 인용한 시는 도깨비 전설을 시 속의 이야기로 포함하고 있는데, 흥미로운 부분은 인간이 자신의 탐욕을 채우기 위해 인간성을 버렸다고 말하는 대목이다. 그에 따르면 인간성은 본래 도깨비와의 친연성을 내포하는 것이었다. 다시 말해 인간성이 인간 중심성과 동의어가 되기 전부터 인간은 기이하고 낯선 존재들에 대한 친밀함을 이미 갖고 있었다는 것이다. 인간성의 새로운 측면을 부조하는 이야기를 조금 더 따라가보자. 탐욕을 버리지 못하고 도깨비의 것을 빼앗고, 심지어 그들을 불태워 살점을 나눠 먹은 인간들은 모두 죽거나 사물로 변한다. 구약의 대홍수를 떠올리게 하는 이야기 속에서 유일하게 살아남은 생존자는 살기 위해 여자애로 변장한 도깨비뿐인데, 유일한 생존자가 도깨비라는 사실은 모든 인간이 도깨비의 후손이라는 것을 의미한다. 주체가 거울 속 자신의 모습을 낯설게 바라봤던 것도 "너를 낳은 것이/도깨비"라는 사실과 연관되어 있다. 이렇듯 한연희의 시에서 주체는 세계의 괴물성을 긍정하고, 괴물인 타자와 친밀할 뿐만 아니라, 자신 역시 괴물이라 생각하는 경우가 많다. 그들은 "거울 밖으로 일제히 튀어나오는" 도깨비를 바라보며 "시시한 옷꾸러미를 벗"듯 인간(人)이라는 탈을 벗는다. 그렇게 시시한 인간이(人) 된 주체는 자신의 팔뚝 살을, "여리고 연약"하지만 "절대 끊어지지 않는 힘이 있"는 "도깨비 살"을 만지작거린다.

    회색깔때기버섯을 먹고 싶어요
    그 이름을 차근차근 발음하다보면
    어둡고 창백한 면을 보게 되지 않을까요

    몸 바깥으로 나온 기다란 촉수를 잡아 뺐어요
    어쩌면 버섯이 동물도 식물도 아닌 것처럼
    나는 이도 저도 아닌 귀물이지 않을까요

    (……)

    힙사이지거스 마모레우스
    프로클로로코쿠스 마리누스
    다른 차원에서 유래한 것 같은 이름을
    찾아내고 읽어보았어요

    누군가는 미치광이버섯을 먹고 심장이 멎거나
    탑 아래로 그저 온몸을 내던져 곤두박질치거나
    그렇게 세계를 철저히 무너뜨리고 싶어서

새하얗고 투명한 원피스를 골라 입고

음악과 전혀 어울리지 않는 춤을 추러 다녀요

(……)

때때로 버섯은 순하고 여린 치유자로서 식탁에 놓이지만

그런데도 생명은 너무 빨리 사그라들어요

그게 자연의 순리이니 뭐니 하면서

내버려두기만 할 순 없어서

버섯을 채취한 자에게 누가 벌을 내리지요?

총을 든 자를 누가 막아내지요?

왜 심연은 여길 들여다보지요?

독이 든 포자를 퍼뜨리려고 주름을 펼쳤어요

꼭꼭 숨겨둔 내면이 훤히 드러나 보여요

죽음을 끄집어내요

그렇게

나는 버섯의 일원이 되었습니다

―「버섯 누아르」 중에서

"어둡고 창백한" 세계의 이면을 경유한 한연희의 시적 주체가 멈춰 선

대상은 다름 아닌 "버섯"이다. 획일화된 기준과 구분을 벗어난 버섯을 바라보며 주체는 자신 역시 "이도 저도 아닌 귀물이지 않을까요"라고 생각한다. "다른 차원에서 유래한 것 같은 이름"들은 끝내 번역할 수 없는 타자성을 깨닫게 하지만, 그럼에도 불구하고 버섯과 자신의 유사성을 발견하며("새하얗고 투명한 원피스를 골라 입고/음악과 전혀 어울리지 않는 춤을 추"는 주체의 모습은 "눈에 띄지 않는 응달에서 눈에 띄려고 점점 새하얘"지는 버섯의 모습과 겹쳐진다), 오만과 편견으로 가득한 인간의 "세계를 철저히 무너뜨리고" 싶다고 말하는 주체는 "버섯의 일원"이 된다. 버섯과 인간 사이에 '우리'라고 부르기 어려운 간극이 있음은 물론이다. 그러나 한연희는 인간과 비인간, 물질과 비물질, 산 자와 죽은 자, 주체와 타자를 마치 "주먹밥"처럼 "끈적끈적"하게 뭉쳐서 "예측 불가능한 쪽으로"(「주먹밥이 굴러떨어지는 쪽」) 굴려나간다. 어쩌면 그것은 그리 "대단한 일"은 아닐지도 모르지만, 세계의 불안정성과 불확정성을 직시한 '미치광이' 주체들이 벌이는 "작은 소동"(같은 시)은, 인간으로 하여금 자신의 존재가 수많은 타자와 불가분의 관계에 있음을 깨닫게 한다. 그렇게 "인간이었다가 이내 영혼이었다가 깜빡깜빡하는/혼란 속에서"(「12월」) 한연희의 시적 주체는 복잡하게 얽혀 있는 세계의 불가사의함을 정면으로 마주한다.

인간이라는 디폴트

지금까지 살펴본 세 권의 시집을 연결해 하나의 별자리로 만든다면 그 별자리의 이름은 '영매'가 아닐까. 비단 이 시집들만 그런 것은 아니다. 최근 시의 주체들은 영혼과 인간을 매개하는 영매처럼, 인간의 인식과 언어로 환원되지 않는 기이하고 낯선 타자를 향해 자신의 존재를 열어두고 있다. 그들은 멸망한 세계의 가장자리에서 예측할 수 없는 타자와 만난다. 폐허 속에 현현하는 번역할 수 없는 목소리는 멸망 이후의 에피파니다. 잊지 말아야 할 것은 그러한 만남의 한쪽 끝은 언제나 인간이었고, 앞으로도 인간이라는 점이다. 서두에서 언급했듯 2020년대의 시적 주체는 타자 없이 존재할 수 없고 존재한 적 없는 자신의 근원적 조건을 절실히 깨닫는 중이지만, 그것이 곧 주체의 지위를 포기하는 것을 의미하지는 않는다. 인간에 비해 훨씬 광범위한 시공간에 분포하는 객체들은 '인간=세계'가 아님을 깨닫게 하지만, 그렇다고 해서 인간이 인간의 자리를 손쉽게 포기할 수 없는 것과 마찬가지다. 요컨대 "무한한 힘의 인식과 무한한 사물들의 존재 사이에서 발생하는 비대칭의 감각"[16]은 인간을 "생물권이라 불리는 거대한 개체 내부"에 새롭게 "발붙이고 서 있게"[17] 하지만, 그 순간에도 인간은 인간의 두 발로 서 있을 뿐이다. 물론 우리에게는 이러한 한계를 슬퍼할 겨를조차 없다.

　황정아는 "지금은 '영광의 시대'를 뒤로하며 '우점종' 자리에서 우아하게 물러날 때가 아니라 '영광의 시대'에 만든 온갖 폐해를 바로잡는 우점종으로서의 마지막 책무를 이행할 때"[18]라는 적확한 문장을 통해서, 지금 여기의 인간이 이행해야 할 역할과 의무를 지적한 바 있다. 다시 말해 '신유물론적 전회' '물질적 전회' '비인간 전회' 등 인간의 위치와 위상을 재고

16　같은 책, 50쪽.
17　같은 책, 42쪽.
18　황정아, 「물질과 문학, 그리고 인간-되기」, 《문학동네》 2022년 봄호, 167쪽.

하는 담론들이 그 어느 때보다 활발하게 논의되고 있는 요즘, 그러한 고해성사가 너무 쉽고 빠른 반성문은 아닌지 진지하게 성찰해볼 필요가 있다. 누군가는 이를 두고 '인간으로의 재전회'라고 부를 수도 있겠지만, 그조차도 반만 옳다. 우리는 한 번도 인간이 아니었던 적이 없기 때문이다. 어쩌면 '주체로의 회귀'는 비단 시의 문제, 인간의 문제만은 아닐지도 모른다. 니체의 차라투스트라가 영원회귀에 대해 선언했듯 "존재의 둥근 고리는 영원히 자기 자신에게 충실하다"[19]. 다만 존재는 영원히 새롭게 태어날 수 있을 뿐이다. 따라서 우리에게 필요한 것은 새로운 인간, 자연과 생태의 거대한 연결망 안에서 자신의 위치를 사유하는 인간, 해석할 수 없고 번역할 수 없는 타자와의 무한한 관계 속에서 자신의 위상을 감각하는 인간이다. 인간에 대해 증언할 단 한 명의 인간도 남지 않을 때까지, 인간은 인간을 포기하지 말아야 한다. 세계를 잃은 대신 영혼을 얻은 시적 주체들이 이미 그렇게 하고 있듯이 말이다.

---

19 니체, 『차라투스트라는 이렇게 말했다』, 장희창 옮김, 민음사, 2004, 303쪽. "'아, 차라투스트라여.' 짐승들이 이어서 대답했다. "우리처럼 생각하는 자들에게는 모든 사물 자체가 춤춘다. 만물이 다가와서 손을 내밀고 웃다가는 달아난다. 그리고 되돌아온다./ 모든 것은 가고, 모든 것은 되돌아온다. 존재의 수레바퀴는 영원히 굴러간다. 모든 것은 죽고, 모든 것은 다시 피어난다. 존재의 세월은 영원히 흘러간다.""

제26회 '젊은평론가상' 심사경위 및 심사평

한국문학평론가협회는 2000년도부터 '젊은평론가상'을 제정, 운영해왔다. 그간 수상자의 면모에서 확인할 수 있는 것처럼, 이 상은 우리 문단에서 남다른 시각과 개성적인 목소리를 뚜렷하게 보여주는 평론 작품에 주목해왔다. 한국의 문학작품이 노벨문학상을 비롯해서 여러 세계적인 문학상을 수상하는 일이 그리 드물지 않은 일이 된 저변에 우리 문학의 가치를 보다 깊이 있게 분석하는 한편, 그 의미를 독자들과 공유하고자 애써온 평론가들의 노력 또한 있었음을 상기할 필요가 있다고 본다. 올해로 26회를 맞은 '젊은평론가상'이 이와 같은 평론가들의 활동에 작지만 강렬한 응원을 보냄으로써 우리 문학장 전체에 동력을 불어넣는 중요한 역할을 감당해왔다고 자부한다.

제26회 '젊은평론가상'을 선정하기 위해 한국문학평론가협회는 2024년 한 해 동안 각종 문예지에 발표되었던 평론 작품들을 면밀하게 살펴보았다. 그리고 동시대 한국문학의 의미망을 조망하면서도 자신만의 개성적 시각을 보여주는 작품에 주목한다는 '젊은평론가상' 제정의 원칙에 부합하는 평문들을 선별하고자 했다. 구체적인 심사의 진행과정은 다음과 같다.

먼저 2024년 11월 9일에 본 협회는 임원들에게 수상 후보 작품을 추천해줄 것을 공지하였다. 이후 2025년 2월 26일에는 회의를 개최하고 심사위원 각자의 의견에 따라 다수의 추천 작품을 교환하면서 구체적인 논의를 진행했다. 선정 작품에 대한 의견을 좁히기가 여의치 않아 각 심사위원들이 다시 한 번 숙고를 한 뒤 3월 4일 온라인으로 회의를 진행한 끝에 다음 10편의 수상 후보 작품들을 확정하는 것으로 의견을 정리하였다.

1. 김보경, 「경이의 세계, 시라는 경이」, 《문학동네》, 2024년 여름호
2. 박다솜, 「너를 먹이는 것이 나의 존재 방식—돌봄의 숭고함과 모성 정체성의 결탁」, 《오늘의 문예비평》, 2024년 가을호
3. 박동억, 「SF시란 무엇인가」, 《딩아돌하》, 2024년 여름호
4. 백지은, 「마음대로 사는 사람아」, 《자음과모음》, 2024년 여름호
5. 이은지, 「문학의 (이중의) 정치—문학의 민주주의에서 문학의 공화주의로」, 《문학들》, 2024년 가을호
6. 이희우, 「매력의 두 문제—매력의 경제와 감성적 배움」, 《문학과사회》, 2024년 봄호
7. 장은영, 「부서진 신체들이 우리 앞에 떠오를 때」, 《현대비평》, 2024년 가을호
8. 전청림, 「막과 틈의 야생—젠더화된 채굴주의와 사물의 시간」, 《문학동네》, 2024년 가을호
9. 최선교, 「갱신하는 말, 다시 쓰는 미래」, 《창작과비평》, 2024년 봄호
10. 하혁진, 「멸망 이후의 에피파니—영매가 된 주체들」, 《문학동네》, 2024년 여름호

1차 회의에서 정리한 이상의 수상 후보 작품들에 대해 간단한 의견을 교환한 후, 심사위원 각자는 개인적으로 평문을 검토하는 시간을 가졌다. 2025년 4월 7일, 수상작을 결정하기 위해서 세 번째 회의를 개최했다. 이 모든 과정은 매년 그런 것처럼 비평문들이 보여주는 다양한 문제의식과 각 평문들이 보여주는 비평적 성과들로 인해 심사위원들 간의 치열한 의견을 주고 받으면서 다시 우리 문학의 힘을 확인하는 시간이기도 했다. 이번에도 역시 오랜 논의를 거쳐 백지은 평론가를 제26회 젊은평론가상 수상자로 결정하였다.

　백지은 평론가는 2007년《세계의 문학》평론 부문에서 신인상을 받으면서 문학평론가로서 활동을 시작했다. 한국 사회의 변화를 주목하면서 그 모순에 침묵하지 않고 동시대를 살아가는 독자들에게 누구보다도 예민한 시선을 공유하고자 하는 그는 『독자시점』, 『건너는 걸음』 등의 평론집을 통해 우리 시내 문학의 의미를 탐색하는 비평적 글쓰기에 매진하고 있는 평론가이다. 평론에세이로 이름 붙인 『그때 그 말들』은 이같은 그의 비평적 감수성을 잘 보여주고 있다.

　이번 수상작으로 결정된 평문 「마음대로 사는 사람아」는 김화진의 소설집 『나주에 대하여』를 '마음'에 주목하면서 상세하게 분석하고 있는 글이다. 여기에서 백지은은 '마음'이 보이지 않으면서도 사람들 사이에서는 실체적인 무엇인가를 주고받는 것이 가능하게 만드는 일종의 '매체'로 보고 있다. 이같은 수많은 마음들이 상호 연결되고 조절되면서 펼쳐지는 세계의 모습으로서 김화진 소설 작품의 특이성을 분석하면서, 결국 작품 속

등장인물들의 관계망에 사회적 구성물인 동시에 개인적 자율성의 성격을 가지고 있는 '마음'을 겹쳐두고 있다. 이는 사회적 변화에 민감하게 반응하는 그의 비평적 감수성을 다시 한 번 명확하게 보여준다. 나아가 그의 비평적 관점은 소설 구성적 원리에 대한 새로운 관점과 함께 사회적 억압이 내면화되는 현실 속에서 소설읽기를 통한 자율성이라는 의미로 나아간다는 점에서 평가할 만하다.

그의 비평적 행보와 평문에서 확인할 수 있는 비평적 성과는 우리 문학의 가치를 보다 확산시키는 한편, 평단을 더욱 풍요롭게 만들 수 있을 것이라고 믿으며 이 작품을 수상작으로 선정했다. 2025년에도 한국문학평론가협회는 좋은 작품을 선정하게 되어 기쁜 마음으로 백지은 평론가에게 축하를 드린다. 그가 보여준 비평 작업이 이번 수상을 계기로 더욱 의미있는 세계를 구축해나갈 수 있기를 바란다.

심사위원

오형엽, 곽효환, 김남석, 김동식, 심진경, 이재복, 최현식, 홍용희

작품 출전

백지은, 「마음대로 사는 사람아」
　　__《자음과모음》, 2024년 여름호

김보경, 「경이의 세계, 시라는 경이」
　　__《문학동네》, 2024년 여름호

박다솜, 「너를 먹이는 것이 나의 존재 방식 — 돌봄의 숭고함과 모성 정체성의 결탁」
　　__《오늘의 문예비평》, 2024년 가을호

박동억, 「SF시란 무엇인가」
　　__《딩아돌하》, 2024년 여름호

이은지, 「문학의 (이중의) 정치 — 문학의 민주주의에서 문학의 공화주의로」
　　__《문학들》, 2024년 가을호

이희우, 「매력의 두 문제 — 매력의 경제와 감성적 배움」
　　__《문학과사회》, 2024년 봄호

장은영, 「부서진 신체들이 우리 앞에 떠오를 때 — 최세라, 김사이의 노동시에 대하여」
　　__《현대비평》, 2024년 가을호

전청림, 「막과 틈의 야생 — 젠더화된 채굴주의와 사물의 시간」
　　__《문학동네》, 2024년 가을호

최선교, 「갱신하는 말, 다시 쓰는 미래 — 세월호참사 10주년과 새로운 시적 시도들」
　　__《창작과비평》, 2024년 봄호

하혁진, 「멸망 이후의 에피파니 — 영매가 된 주체들」
　　__《문학동네》, 2024년 여름호